멍청한 유대인
똑똑한 이스라엘

박 기 상 지음

멍청한 유대인 똑똑한 이스라엘

ⓒ 박기상, 2001

초판1쇄	2001. 12. 15.
지은이	박기상
편 집	홍석봉/박상문
마케팅	이태준
펴낸이	최은자
기 획	강준우
관 리	정현주/유명신
디자인	김한태한
펴낸곳	인물과사상사
등 록	1998. 3. 11(가제17-204호)
주 소	서울시 강동구 성내동 434-10 광명빌딩 3층
전 화	02) 471 - 4439
팩 스	02) 474 - 1413
우 편	134 - 600 서울 강동우체국 사서함 164호
E - mail	personak@orgio.net
홈페이지	http://inmul.co.kr

값 8,200원

ISBN 89 - 88410 - 53 - X 03300
파손된 책은 교환하여 드립니다.

멍청한 유대인
똑똑한 이스라엘

박 기 상 지음

카메라와 옷 몇 벌에 내 청춘의 무게를 싣고

"할렐루야!"

"쉬-잉 꽝!"

이스라엘 하면 우리가 먼저 떠올리는 건 무엇일까? 아마도 '예수님이 태어난 기독교의 성지', '폭탄 터지는 나라' 정도가 대부분일 것이다. 내가 이런 나라에 일 년의 여정으로 떠나겠다고 나섰다.

나는 기독교 신자가 아니다. 그렇다고 유학을 가고자 했던 것도 아니다. 서른을 눈앞에 둔 나이에 일 년을 기분전환용으로 보내기에는 너무 긴 시간이다. 사람들에게는 그냥 다큐멘터리 작품을 만들기 위해 간다고 했지만 방송국에서 사전제작 의뢰를 받아 놓은 것도 아니었다.

대체 우리 나라가, 아니 내가 이스라엘과 무슨 인연이 있다는 걸까? 내 계획을 들은 주변의 반응은 대부분 이랬다. "아무래도 네가 뭔가를 잘못 생각하고 있는 것 같다." 사실은 내 자신도 이러한 고민을 하고 있었다. 그리고 이러한 망설임은 출국 당일, 공항에까지 이어졌다. 나는 무슨 생각으로 나와는 아무런 인연이 없는 이스라엘로 떠난 것일까?

1998년 어느 겨울 아침, 전철 안에서의 일이다. IMF 위기의 여파 탓인지 그날 따라 전철 안이 한산하게 느껴졌다. 회사에 출근하는 사람들로 한참 북적댈 시간인데도 말이다. 평소 나는 전철 안에서 신문을 읽는 버릇이 있었는데 그날은 왠지 나의 시선이 자꾸만 사람들의 얼굴로 향하고 있었다.

피곤한 듯 잠에 빠진 사람들, 축 늘어뜨린 어깨에 반쯤 눈을 감은 사람들, 앉은 사람이나 서 있는 사람이나 하나같이 말이 없었다. 나이도 다양하고 하는 일도 달라 보였지만, 그때만은 모두 약속이나 한 것처럼 삶에 지친 표정들이었다. 전철을 타고 가면서 나는 문득 내 자신을 생각해 보았다.

'내 얼굴은 어떨까. 나 역시 저런 표정일까? 혹시 저 얼굴들 중에 나도 들어 있었던 것은 아닐까?'

나름대로 내가 하고 싶은 일을 하며 살겠다는 생각은 있었지만 결국 나도 저런 모습으로 살게 되는 것은 아닌지, 자신이 없었다. 당시 나는 학생 신분을 벗어났지만 직장을 갖고 있지 못했다. 그렇다고 내게 뚜렷한 인생 목적이 있는 것도 아니었다. 비디오 저널리스트를 자처하며 미래를 설계해 보았지만 길은 너무 좁고, 힘들게 느껴졌다. 막연함이 거대한 산맥처럼 길을 가로막고 있었다.

그 막연함을 확신으로 바꾸기에는 내 자신의 실력이 너무 미흡했다. 세상은 변하고 있는데……, 현실도 미래도 잿빛이었다. 그리고 이러한 고민은 한편에서 내 또래의 절박한 고민이자 자화상이기도 했다.

먼저 사회에 진출하여 번듯한 직장을 갖게 된 선배와 친구들이 한순간에 거리로 내몰리는가 하면 더 많은 졸업생들이 취직을 하지 못한 채 일단 어디든지 들어가야 된다는 강박감에 쫓기고 있었다. 사람들은 바쁘게 움직였지만, 살아있다는 느낌보다는 그 무엇에 끌려가고 있다는 생각이 들었다. 취사선택의 여지가 없는 현실의 중압감이 어깨를 짓누르고 있었다.

IMF 이후 경기가 조금씩 회복되면서 벤처 열풍이다, 인터넷 사업이다 해서 젊은 세대들은 자기 나름대로 진로를 모색해 가는 현상이 두드러졌다. 평생직장이라는 신화 대신 평생직업이라는 개념이 우리 사회에 퍼지기 시작했다. 그러나 이러한 변화를 자신의 구체적인 인생 행로와 연결시키기란 매우 어려운 일이다. 커다란 변화는 오히려 개인들이 알아차리지 못하는 가운데 진행되거나 상당한 시간이 지나고서 뒤늦게 세상이 변했음을 알게 되는 경우가 대부분이기 때문이다.

이러한 흐름 속에서 나는 부속품이 되기는 싫었다. 우리 사회가 요구하는 평범한 인생의 이정표를 별 의심 없이 따라간다는 것이 싫었다. 어떤 화려하고 특이한 것을 원했다는 것이 아니라 주체적으로 나의 생각과 의견을 전달하고, 이를 사람들과 공유하고 싶다는 욕심이 내게는 있었다. 그것이 영상이건 글이건 음악이건 어떤 형태로든. 이러한 고민 속에서 나는 이스라엘로 가기 위한 준비를 진행시켰다.

물론 거기에는 뭔가 튀고 싶다는 욕망이 있었음을 부인할 수는 없을 것이다. 또 성공을 위한 발판으로 삼자는 욕심도 있었을 것이다. 그리고 답답한 현실을 벗어나 외국의 새로운 환경 속에서 인생의 전환점을 마련해 보자는 뜻도 있었을 것이다. 나는 지금도 그 정확한 동기를 모른다. 그만큼 이스라엘로 향하는 나의 마음은 불안함과 두려움에 휩싸이곤 했다.

내가 좋아하는 '참으로 곧은 길은 굽어 보인다' 라는 옛말이 있다. 나는 힘들 때마다 이 말을 떠올리며 내 자신을 합리화시키곤 했는데 이스라엘 행에서도 마찬가지였다. 비록 남들에게 인정을 받진 못하고 있지만 나만의 시각으로 사람들에게 나의 메시지를 전달하고 싶었다. 작게는 내 자신을 새롭게 발견하고, 크게는 우리 사회가 안고 있는 문제에 대해 이스라엘에서의 경험이 어떤 대안을 제시해 줄 수도 있을 것 같았다. 실제 여행을 준비하면서 우리 사회와 유대 사회를 비교하는 가운데 나는 그 동안 상식처럼 여기던 것들이 아집과 편견의 하나일 수도 있겠다는 생각을 해보게 되었다.

3년 가까이 나는 이스라엘에 대해 나름대로 공부하며 돈을 준비했다. 그리고 1999년 나는 나름대로 그럴싸한 계획을 갖고 중동으로 가는 비행기에 올랐다. 그곳은 책과 다른 세상이 펼쳐져 있다는 사실을 모른 채…….

이 책은 이스라엘에서의 경험과 자료를 토대로 귀국 후에 쓴 것들이다. 한편에선 한국인으로서의 상식과 편견을 돌아보며 나와 우리 사회를 새롭게 발견해 갔던 내 청춘의 여정旅程이다. 그 과정에서 실수를 저지르고, 좌충우돌하며 많은 일들을 겪었지만 늘 혼자였던 것은 아니다. 특히 최창모 교수님, 이강근 목사님, 다큐저널리스트 주철현 씨, 이영길·윤정식 씨 부부로부터 많은 도움을 받았다. 이분들은 책에 필요한 자료 사진도 흔쾌히 보내주셨다. 감사의 뜻을 전한다. 그리고 역시 사진을 보내주신 이스라엘 키부츠 연합 한국대표부에도 감사의 뜻을 전한다.

아무쪼록 늘 새로운 삶을 찾아가고자 하는 분들에게 이 책이 자그마한 힘이라도 되었으면 좋겠다.

2001년 12월 1일
박 기 상

3부 이스라엘에 예수는 없다

4부 부딪힌 만큼 보인다

1부
현실과 책은 다르다

파라오와 걸인들

Welcome to Egypt! 이집트에 도착했음을 알리는 기내 방송이 또렷이 들려왔다. 창 밖으로는 옅은 어둠 속에 거대한 사막이 펼쳐져 있었다. 어릴 적 TV에서나 보았던 스핑크스와 피라미드의 나라, 나는 지금 그 무대 위를 날고 있는 것이다. 설렘과 흥분을 가라앉히는 사이 비행기는 카이로 공항에 바퀴를 내리고 있었다. 아침 7시. 벌써 강렬한 햇살이 공항 안을 이곳 저곳 비추고 있다. 적도에 가깝기 때문일까?

한국에서 이스라엘로 가는 방법에는 세 가지 코스가 있다. 이스라엘의 텔아비브 공항을 통해 직접 들어가는 방법과 일단 이집트나 요르단으로 가 거기에서 육로로 들어가는 방법이다. 나는 그 중에서 이집트를 거쳐 이스라엘로 가는 방법을 택했다. 우선 어릴 적부터 숱한 신비로움 속에 갖가지 상상을 불러일으키던 피라미드의 나라에 가 보고 싶었기 때문이다. 그리고 아랍의 맹주를 자처하며 이스라엘과 네 차례의 중동전을 치렀던 나라라는 점도 그 이유였다.

비행기에서 내려 공항 청사로 걸음을 옮길 때에도 나는 여전히 뭔가 신비롭고 환상적인 나라에 왔다는 생각에 휩싸여 있었다. 그런데 공항 안으로 들어서는 순간이었다. 갑자기 달라진 분위기가 내 시야에 가득 들어왔다. 몇 시간 전, 말레이시아의 콸라룸푸르 공항에서 보았던 것과는 너무 대조적인 분위기였다.

입국심사를 받기 전 화장실에 들렀는데 청소부가 있었다. 그는 나를 보자 반갑게 웃으며 친절하게 화장지를 건네주었다. 내가 처음으로 접한 이집트 사람이었다. '사람들이 친절하구나' 하는 생각과 고마운 마음에 아랍어로 "슈크란*고맙습니다*"하고 말했다. 그런데 갑자기 그가 손을 불쑥 내미는 것이 아닌가. 그는 "바쿠시"라는 말에 이어 "money, money!"라고 외치고 있었다. 순간 나는 너무 뜻밖이라 당황할 수밖에 없었다. 내가 여행 책자에서 읽었던 '바쿠시' 라는 말의 의미를 떠올렸던 것은 그로부터 잠시 뒤였다. '바쿠시' 란 말은 일종의 '팁' 인데 '서비스에 대한 봉사료' 라는 의미보다는 자선의 뜻이 더 강하다. 그래서 전혀 모르는 사람들에게도 '바쿠시' 라고 외치며 돈을 요구하는 게 이곳의 문화란다. 이집트 사람들은 가난하고 이곳에 오는 관광객들은 부자이니 그들에게 적선을 요구하는 게 아무 문제가 없다는 생각일까? 나는 이집트에 있는 동안 하루에도 몇 차례나 이런 사람들을 떼어놓느라고 홍역을 치뤄야 했다.

화장실에서 급히 나온 나는 입국세를 내기 위해 환전소로 갔다. 달러가 필요했던 것이다. 그런데 환전상이 내 볼펜을 슬쩍 가져가더니 기념으로 줄 수 없냐고 태연하게 말을 하는 것이었다. 표정 하나 바꾸지 않은 채……. 어이가 없어 단호히 거절하고 입국심사대로 갔는데 이번에는 굉장히 불친절한 공항 직원들이 나를 기다리고 있었다. 영어도 잘 못하고, 물어도 사람 무시하며 그냥 휙휙 지나쳐 버리는…….

낯선 땅에 생전 처음 와, 지리도 모르는 나는 결국 여행 책자에 의존해 앞으로의 일정을 짤 수밖에 없었다. 일단 카이로 시내로 들어 가기 위해 공항을 나왔지만 나를 맞이한 것은 사막의 열기였다. 때는 겨울이었지만 우리의 여름보다 더 덥고 끈적끈적했다. 그런데 그때 나를 본 택시기사들이 우르르 몰려왔다. 그리고는 어디까지 가느냐고 다그치듯이 물었다. 그들의 눈빛은 하나같이 '봉'을 잡았다는 듯이 광채를 발하고 있었다. 내가 태어나서 보는 가장 강렬한 눈빛이었다. 그들은 "아주 편하게 카이로까지 데려다 주겠다, 아주 저렴한 가격(40파운드, 우리돈으로 1만5천 원)이다"라면서 연신 나를 설득하려고 했다. 그러나 왠지 믿음이 가지를 않았다(귀국길에서는 택시를 탔는데 8파운드로 해결을 보았다). 나는 간신히 그들을 뿌리치고 버스를 이용했다.

이후 나는 이집트 사람들의 계속되는 엄청난 바가지 공세에 시달렸다. 여행 책자에서는 이곳의 물가가 싸다고 소개되어 있었는데 어찌된 일인지 이집트 사람들이 부르는 가격들은 거의 일본 수준이었다. 매번 물건을 살 때마다 가격 때문에 협상을 하고 때로는 말다툼까지 해야 했다. 한번은 택시를 이용했는데 처음 요구한 가격의 절반까지 깎았지만 나중에 알고 보니 그것도 다섯 배나 바가지를 쓴 가격이었다. 이 나라 사람들은 도대체 정가 개념이라는 게 없어서, 한참을 깎아도 결국은 '바가지 신세'를 면할 수가 없었다.

카이로의 택시들은 미터기를 아예 꺾어놓고 다니는 경우가 대부분이다. 물론 세워 놓아도 작동이 되지 않는다. 양심적인 사람들은 이런 짓을 안 할 것 같지만 나라가 가난하고 관광객들을 상대하다보니 어쩔 수 없는 현상인 것 같다.

여기에서 나를 더욱 놀라게 한 것은 이집트의 교통 문화였다. 이곳은 아예 중앙선이나 신호등 개념이 없다. 이집트를 여행할 분들은 조심하라. 이곳의 차는 사람을 봐도 절대로 서지 않는다. 사람이 알아서 피해야 한다. 신호등도 중앙선도 절대로 믿지 마라. 씽씽 달리는 차들 사이로 유유히 빠져나가는 이집트 사람들을 보노라면 가히 예술의 경지에 도달했다는 생각이 절로 든다. 더욱이 차도르chador로 머리와 온몸을 가린 뚱뚱한 이집트 아주머니들마저 남자 못지 않게 곡예를 하는 데에는 말문이 막힐 지경이다. 도대체 누가 대한민국의 운전 문화를 비난하는가. 이곳에 비하면 우리의 드라이버들은 천사이다.

어쨌든 이집트에 대한 첫인상은 좋을 수가 없었다. 서울 하늘을 그립게 하는 카이로의 대기오염, 겨울인데도 우리의 여름보다 찐득거리는 기후, 더러운 거리와 건물, 여행자를 봉으로 보는 상인들, 시도때도 없이 돈 달라고 손 내미는 사람들……. 이집트에 온 지 불과 몇 시간만에 나는 대한민국이 그리워졌다. 밖에 나가면 고생이라는 말은 이래서 생겼나보다. 이집트에 온 첫날부터 너무 진저리가 나서 이곳에서 며칠 동안 여행하고 이스라엘로 가겠다는 계획을 취소할 수밖에 없었다.

뒤에 나는 이때의 경험을 한국의 친구들에게 이메일로 보냈는데 그 내용은 "피라미드는 절대로 이집트 사람들이 만들지 않았다. 그들은 피라미드와 같은 위대한 건축물을 만든 이들의 후손일 수 없다"는 것이었다. 이집트 사람들에게는 정말 미안한 말이지만 그때의 경험은 이런 생각을 갖게 하기에 충분했다.

뒷날 이스라엘에서 아랍 사람들을 만나 이런 이야기를 했더니 그들은 하나같이 정색을 하였다. "그건 네가 이집트 사람을 잘 몰라서 나온 편견이다. 우리는 그들이 피라미드를 만들었다는 사실을 조금도 의심하지 않는다. 세계적으로 이집트 사람들이 여러 분야에서 두각을 많이 나타낼 정도로 굉장히 똑똑하다. 단지 그들이 가난해서 그렇지 겉모습만으로 그들을 평가하지 말기 바란다."

정말 가난하다는 것은 서러운 것이구나. 저 위대한 문화유산의 후손들이 관광객들에게 손을 벌려야 되고, 외계인이 피라미드를 만들었을 거라는 이야기를 들어야 되니. 정말 남의 이야기 같지 않은 일이었다. 그리고 첫

인상이 왜 그리 중요한지를 절실히 깨닫는 계기가 되었다. 알게 모르게 나 역시 다른 사람들에게 좋지 않은 첫인상을 남긴 일들이 많았으리라는 것을 생각하면 아찔했다. 이런 생각에 주의를 기울이거나 노력을 해봤다는 기억이 좀처럼 없었기 때문이다.

나는 유쾌하지 않았던 이집트와의 첫만남을 뒤로 하고 국경 통과지대인 라피아*Rafia*로 갔다. 이스라엘로 가기 위해서다. 라피아로 가는 길에는 수에즈 운하와 타는 듯한 사막이 있었다. 차 안에 에어컨이 있긴 하지만 무늬만 에어컨이지 털털거리는 손바닥만한 에어컨은 무더운 바람을 내보내고 있었다. 겨울인데도 끈적끈적한 더위가 사람을 짜증나게 하는 이집트. '대체 이런 기후에서 하루 이틀도 아니고, 평생을 사는 사람들은 어떤 사람들일까?' 수천 년을 이런 곳에서 살아온 이집트 사람들을 생각하면 인간의 적응력이 그저 놀라울 뿐이었다.

라피아 국경 근처에는 실탄이 든 총을 휴대하고 있는 군인들이 있었다. 이스라엘 쪽은 이집트에 비해 보안이 철저하다는 인상을 주었다. 이스라엘로 입국하는 절차는 이집트에 비해 까다로웠다. 짐 수색을 받고, 이어서 여군으로부터 입국심사를 받았다. 여행 책자에서는 이스라엘 입국심사 때 머뭇거리거나 당황하는 기색이 있으면 곤란한 경우를 당할 수 있다고 적혀 있었다. 잘못한 것은 없지만 영어로 듣고 말하는 것이 익숙하지 않아 실수라도 할까봐 여간 조바심 나는 것이 아니었다. 그러나 다행히도 질문 내용이 간단했다. 그런데 마지막으로 비자 신청에서 나는 그만 낭패를 보고 말았다.

여행 책자에는 육로로 이스라엘에 입국하면 최고 1개월 체류

비자를 받을 수 있다고 되어 있었다. 그 정보만 믿고 그렇게 비자를 신청했더니 여군이 아주 선선하게 고개를 끄덕이는 게 아닌가? 순간 안도했지만 뭔가 이상하다는 생각이 뇌리를 스쳤다. 걱정했던 일이 너무 쉽게 풀렸기 때문이다.

그런데 나중에 다른 사람들을 만나보고서 안 일인데 그들은 모두 3개월 체류비자를 받았다고 했다. 이게 어떻게 된 건가? 한 마디로 책의 정보가 엉터리였던 것이다. 이스라엘에 입국해서 알았지만 이스라엘에서 체류연장 비자를 받기는 굉장히 까다롭고 시간도 많이 걸리는 일이다. 그 책 덕분에 나는 비자 문제로 이스라엘에서 엄청 고생을 해야 했다.

여기에 책의 도움(?)을 받은 일이 하나 더 있었다. 책에는 반드시 신고해야 될 품목으로 비디오 카메라도 적혀 있어서 순진하게 신고를 했더니, 내 여권에 확인 도장을 꽝! 찍어주는 것이었다. 순간 아차 싶었다. 이것도 나중에 안 사실이지만 신고 안 해도 아무런 문제가 없었다. 그러나 이스라엘은 이집트 등을 제외한 대부분의 주변 아랍국과 적대관계에 있었기 때문에 여권에 이스라엘 스탬프가 있으면 입국을 거부당한다는 것이다. 그런데 결국 내 여권에 이스라엘의 흔적이 남게 되었다.

원래 나는 이스라엘에 있으면서 요르단을 거쳐 시리아나 레바논도 가 보려고 계획을 세워놓았다. 그러나 나의 계획은 이스라엘에서 끝이 날 수밖에 없었다. 몇 년 전부터 준비했던 계획이 이스라엘에 입국하면서부터 어긋나고 있었던 것이다. 황당하고 허탈했다. 이미 지난 일이라고 자신을 달래기에는 너무 억울했다. 그렇게 원했던 이스라엘에 들어왔건만 시작이 엉망이었다.

처음부터 이런 일을 겪고 나니 앞으로의 시간들이 암담했다.
'이래 가지고 내가 일 년을 제대로 버틸 수 있을까?' 수도인 예
루살렘으로 가는 버스에 몸을 실으며 이제는 좋은 일만 있을 거
라고 자신을 달래볼 수밖에 없었다. 그러나 그때까지도 아직 나
는 이스라엘이 주위에서 듣고, 책으로 본 것과는 다르리라는 것
을 모르고 있었다.

고시생이 서쪽으로 간 까닭은?

비디오 카메라와 이스라엘!

고시를 공부하던 대학 3학년 때까지만 해도 이 둘은 나의 인생과 전혀 관계가 없는 말들이었다. 삼대독자로 태어나 북한산 자락을 휘젓고 다니던 개구쟁이 시절에서 법전에 파묻혀 살던 대학 시절에 이르기까지 '이것은 나의 인생이다' 라고 할 만큼 진지하게 삶을 모색하며 성찰했던 적은 없었다.

1991년, 대학에 입학한 후 거의 일 년을 놀면서 보낸 나는 2학년이 되면서 마음먹고 고시를 준비하기 시작했다. 시험에 합격할 때까지 공부할 생각이었기에 이후 다른 진로에 대해서는 별다른 관심을 갖지 않았다. 이런 나에게 실로 우연히 계기가 찾아왔다.

고시 준비를 시작한 지 2년이 지났을 무렵의 일이다. 학교에서는 총학생회장 선거가 있었다. 졸업할 때까지 시위 한 번 참여해 본 적이 없을 정도로 주위에 무관심했던 나로서는 관심을

가질리 만무했다. 고시에 합격해 나 하나 잘 되면 그만이라는
식의 생각만 하고 있었기에 당연한 일이었다.

　그런데 어느 날 수험서 책장이나 넘기고 있던 나를 절친한 친
구 하나가 찾아왔다. 한 학생회장 후보의 선거운동을 도와주고
있던 녀석이었다. 그리고는 죽어라 공부해도 될까말까한 고시
준비생에게 선거운동을 같이 하자고 부탁에 부탁을 거듭하는
것이었다. 계속되는 닦달에 결국 나는 마지못해 약속을 하고 말
았다. 내가 태어나서 처음으로 다른 사람을 도운 사건이었다.

　별다른 선거운동 경험이 없었던 나는 학교 안의 동아리를 찾
아다니며 회원들을 접촉하는 일을 맡았다. 그런데 이 과정에서
나는 뜻하지 않게 중요한 경험을 몇 가지 하게 되었다. 남들이
들으면 웃을지 모르겠지만 사람들과의 만남을 통해 '새로운 나'
를 발견하게 된 것이다.

　사실 나는 남들 앞에서 말 한 번 제대로 해본 적이 없었다. 그
런데 내가 곧잘 사람들 앞에 서게 되었고, 굉장히 드물기는 했
지만 내 이야기에 박수를 쳐주며 인정하는 사람도 만나게 되었
다. 그때마다 나는 가슴 깊숙한 곳에서 뭔가 알 수 없는 것을 느
끼곤 했다. 그리고 선거가 끝날 무렵이 되어선 그 동안 나를 사
로잡았던 고시에 대한 집착을 거의 놓게 되었다. '고시는 내 길
이 아니다' 라는 생각이 점점 강하게 고개를 쳐들었던 것이다.

　이후 나는 나의 메시지를 사람들에게 전달하는 것에 대해 관
심을 갖기 시작했다. 비록 선거운동에서는 남의 메시지를 전달
하느라 바빴지만 선거가 끝나자 나만의 메시지는 무엇이고, 이
를 어떻게 하면 효과적으로 전달할 수 있는가에 대한 관심이 일

기 시작한 것이다. 이는 결국 매스미디어의 총아라 할 수 있는 방송, 그리고 방송국 PD라는 직업에 관심을 갖게 되었다. 다음 해 고시시험에서 떨어진 나는 주위의 반대에도 불구하고 미련 없이 고시를 그만두었다. 내가 가고 싶은 길을 가겠다는 결심 때문이었다.

그러나 방송국 PD가 되는 길은 쉽지 않았다. 군대를 갔다와야 했고, 짧은 기간 동안 고시 준비와는 전혀 다른 시험을 원점에서부터 다시 시작해야 했던 것이다. 여기에 IMF 위기마저 닥치면서 취업문은 더욱 좁아졌고 케이블 방송국 등의 취업도 낙타가 바늘 구멍 지나기였다. 몇 번은 다른 직종에 취직해서 신입사원 연수도 다녀왔지만 그때마다 이건 내가 하고 싶은 일이 아닌데 하는 생각에 등을 돌리곤 하였다.

나는 반드시 방송 쪽에서 일해야 된다는 생각은 아니었지만 그게 뭔지를 잘 알 수 없었다. 그냥 막연하게 내가 꿈꾸는 일을 하고 싶다는 바람만 갖고 있을 뿐이었다. 자연 노는 날이 많아지면서, 이런 나의 태도를 이해하지 못하는 주변 사람들도 늘어났다. 힘든 시간들이 계속되었다. 이런 나에게 희망의 등불처럼 다가온 말이 있었는데 그것이 바로 'VJ*비디오 저널리스트*'였다. 이름 석자 외에는 나를 수식할 말이 없었는데 이젠 그러한 말이 생긴 것이다.

내가 이 말을 듣게 된 것은 실로 우연한 일이었다. 방송 분야 진출을 준비하던 친구 몇 명을 만나 "디지털 기술의 발달로 1인 제작 환경이 조성되고, 앞으로 이것이 방송의 주류로 등장하게 된다", "나처럼 방송국에 소속되지 않은 사람도 뜻과 실력이 있으면 자신의 영상과 메시지를 담은 작품을 만들 수 있는 시대가 온다"는 이야기를 들은 것이다.

나중에 이것이 현실과는 동떨어진 이야기라는 것을 깨닫게 되었지만 그때는 뭔가 새로운 비전이 보이는 것만 같았다. 내가 뜻을 가지고 계속 매진하면 나의 꿈을 이룰 수 있다는 길을 발견한 것이다.

얼마 후 나는 이런저런 노력을 통해 방송국의 몇 개 프로그램에 참여해 6mm비디오 카메라로 촬영 작업을 시작했다. 내가 찍은 화면이 방송에 나간다는 설렘이 피곤함을 잊게 하였다. 정말 해보고 싶었던 일이지 않은가! 그런데 작업이 거듭될수록 또 다른 의문이 고개를 쳐들기 시작했다. 나의 작품, 나의 영상을 만든다는 느낌이 사라지는 대신 내가 단순한 부속품이나 하청업자가 돼가는 건 아닌가 하는 의문이 생겼다. 물론 그때는 내 작품을 만들 정도의 실력은 없었지만 분명 이건 아닌데 하는 생각이었다.

그러던 어느 날 선배 집에서 TV를 시청하고 있을 때였다. 한국에 거주하는 여러 외국인들의 다양한 생활상을 보여주는 프로그램이었는데 같이 TV를 시청하던 선배가 무심코 이런 말을 던졌다. "야, 너도 이 좁은 나라에만 있지 말고 쟤들처럼 밖에 나가서 부딪쳐라."

선배는 별 생각 없이 던진 말이었지만 나에게는 그게 아니었다. 그것은 태풍을 일으키는 나비의 작은 날갯짓이었다. 그 순간부터 나는 외국에 나가야 된다는 생각에 사로잡혔다.

"그래, 뭔가 나가서 부딪치고 견문을 넓히자. 그래서 나를 업

그레이드 시키자."

지금 생각해 보면 실로 막가파 식의 생각이었다. 그러나 당시에는 나의 고집을 돌릴 제어장치가 없었다. 일단 나가야 된다고 생각하니 무슨 수를 써서라도 그렇게 해야겠다는 생각뿐이었다. 다만 어느 나라이냐가 문제가 되었다.

처음 생각한 곳은 뉴욕이었다. '세계 문화의 중심지', '다양한 인종 전시장'이라는 뉴욕에 가면 세계의 다양한 문화를 체험하고 영어도 늘리고, 친구도 사귀면서 내 고유의 저널리즘을 만들 수 있을 것 같았다.

그런데 뉴욕에 갔다온 친구들의 반응은 신통치 않았다. 내 생각이 너무 추상적이라는 것이었다. 그들은 그곳에 가면 '국제 미아'가 되기 십상이라는 말까지 했다. 결국 나는 방향을 돌려야 했다. 사실 듣고 보니 맞는 말들이었다. 무엇보다 경제적으로 뒷받침이 되지 않았다. 그때 히브리어(이스라엘 공식어)를 전공하는 친구들이 있었는데 우연히 나의 고민을 듣고 이런 말을 해주었다.

"야, 차라리 이스라엘로 가. 그 나라는 이민국가여서 뉴욕 못지 않은 문화적 다양성을 갖고 있어. 국제적으로는 작은 아메리카로 불리는 나라야. 거기다가 키부츠*Kibbutz*(이스라엘의 생산·소비 활동을 공동으로 하는 공동체)의 볼런티어*Volunteer*(자원봉사자)로 가면 먹여주고 재워주기 때문에 뉴욕보다 비용도 훨씬 적게 들어. 그리고 대부분의 사람들이 영어를 하기 때문에 어학연수도 겸할 수 있고."

이것이 이스라엘과 나의 첫 만남이었다. 그 친구들은 이미 이

이스라엘의 예루살렘은 유대교는 물론 기독교, 이슬람교의 성지이다. 사진 중앙 부분에 보이는 돔이
이슬람교 사원이다.

스라엘을 다녀온 경험이 있는 녀석들이었다. 나는 그들의 말에 귀가 솔깃해졌다. 이스라엘은 나의 첫경험을 위한 최적의 조건을 갖고 있었다. 나는 곧바로 건국대 히브리어학과의 최창모 교수님을 찾아갔다.

그로부터 3년 뒤, 이스라엘로 떠나기까지 나는 돈을 마련하는 한편, 이스라엘에 대한 공부를 꾸준히 해나갔다. 이스라엘을 향한 나의 의지는 지극히 개인적인 이익을 위한 것이었다. 속된 말로 이곳에선 일이 잘 안 풀리니 밖에 나가면 뭐라도 건질 것이 있고, 사람들도 외국물 좀 먹었다고 인정해 주지는 않을까 하는 얄팍한 생각이 있었다. 그러나 지극히 개인적인 동기에서 시작된 이스라엘과의 만남은 나에게 여러 가지를 생각하게 했다.

　이스라엘의 역사와 사회를 공부하면서 나는 조금씩 유대인들에게 흥미를 느끼기 시작했다. 그리고 이스라엘에 대한 관심은 역으로 나와 우리 사회에 대한 관심과 질문으로 이어졌다.

　나는 1971년생이다. 베이비붐이 최고조에 달했을 때 태어났고, 매번 입시 때마다 사상 최고의 경쟁률을 겪었던 세대다. 사람마다 다르게 생각하겠지만 이런 경쟁 속에서 내가 느낀 것은 우리 사회가 평범한 인간을 요구하고 그래서 점점 사람들을 획일화시키고 있다는 것이었다.

　때로는 내가 무슨 막중한 자리에서 십자가를 진 사람도 아닌데 왜 이렇게 오버하는 것일까 할 정도로 거창한 고민을 한 적도 있었다. 아무런 조직도, 후광도, 간판도 없는 백수 처지에 허황된 고민을 한다는 핀잔을 들었을 때는 나의 결정에 심각한 회의도 들었다. 정말 나에게는 실력이 있는 걸까? 가서 새로운 것을 보고 오더라도 과연 내 말에 귀를 기울여 줄 사람은 있는 걸까? 자기 앞가림 하기도 어려운 판국에 나는 너무 큰 꿈을 꾸는 것은 아닐까, 출국하는 마지막 날 공항에서까지 나는 고민에 고민을 거듭해야 했다.

낮선 땅에서의 첫날 밤

Shalom샬롬('안녕'이라는 뜻의 히브리어) Israel! Shalom Jerusalem!

내 눈앞에는 성경에서나 상상할 수 있던 고대의 성곽이 펼쳐져 있다. 나에게는 이곳이 마치 사각의 링처럼 느껴진다. '너도 이곳에 왔느냐? 어디 나랑 한판 질긴 인연을 맺어볼까?'

이스라엘의 수도 예루살렘과의 첫 만남이다. 그러나 몇 년 전부터 간절히 소망하고 준비했던 곳에 왔다는 감격보다는 걱정이 앞섰다. '이 나라에서 앞으로 어떻게 살아가야 될까' 막막한 심정을 달래고 있는데 예루살렘의 상징이랄 수 있는 올드시티 *Old City* 성의 다마스쿠스문*Damascus Gate*이 시야에 들어왔다.

내가 왔을 때는 라마단*Ramadan*이라는 이슬람교도들이 금식을 하는 기간이었다. 낮 동안의 금식을 끝낸 사람들이 밤을 즐기기 위해 문 주변을 가득 채우고 있었다. 삼삼오오 모여 앉아 이야기하는 사람들, 물건을 팔려고 목청을 높이는 상인들…….

낮 시간의 억제되었던 본능들이 한꺼번에 풀려났는지 모두가 활기차고 들뜬 모습이었다. 실탄이 장전된 총을 들고 돌아다니던 유대 군인들의 모습도 찾아볼 수 없었다. 너희들끼리 알아서 잘 놀라는 뜻일까?

첫인상이 중요하다는 말이 있다. 그런데 직접 눈으로 보는 이스라엘의 실상은 나를 당혹하게 만들었다. 흔히 이스라엘은 선진국으로 분류된다. 거기에 전 세계에서 가장 돈이 많다는 유대인들의 천국이지 않은가! 하지만 그 첫인상은 이스라엘이 선진국이라는 상식과는 다른 느낌을 주고 있었다.

나는 라피아 국경에서 예루살렘까지 약 5시간 동안 버스를 타고 왔다. 그런데 여행길에서 이상한 점을 발견했는데 대부분의 집과 마을이 고지대, 즉 산 위에 있다는 것이다. 그리고 높은 건물들이 별로 없었다. 수도인 예루살렘도 마찬가지였다. 해발 800m에 위치해 있는 예루살렘의 신도시 지역을 보면 입이 다 벌어질 정도였다. 아니 어떻게 저런 고지대에 집을 지을 생각을 했을까? 그리고 높은 건물들도 왜 이렇게 없을까? 물론 높은 건물이 많다고 그 나라가 부유하다고는 할 수 없겠지만 이스라엘은 땅덩이가 넓은 나라가 아니다. 좁은 국토를 효율적으로 쓰려면 건물을 높게 짓는 게 낫지, 왜 굳이 비싼 비용을 들이며 고지대에 집을 짓는지 나로선 의아할 수밖에 없었다.

그리고 이곳의 교통 문화도 생각과는 달랐다. 이집트보다는 나은 편이지만 선진국의 이미지와는 많이 동떨어져 있었다. 우리와 비교해도 별로 나을 것이 없어 보였다. 거기에 거리를 채우고 있는 차들은 모두 외제차였다. 포드, 벤츠, 크라이슬러, 도

예루살렘의 상징 다마스쿠스문은 예루살렘 성문 중에서 가장 번화한 곳이다.

요타, 혼다, 시트로앵, 거기에 한국의 현대, 기아 차에 이르기까지. 우리보다 분명 잘 사는 나라라고는 하지만 그곳에는 국산 자동차가 하나도 없었다.

낮에 본 유대인 군인들도 한국에서 듣고 보았던 모습과는 달랐다. 이스라엘 군인 하면 주변의 수많은 아랍국 군대들과 맞서 연전연승을 했을 만큼 용맹하고, 정신무장이 잘 되어 있을 것이라 생각했다. 하지만 눈으로 직접 보는 군인들은 그런 상식과는 전혀 달랐다.

우선 길에서 만난 이스라엘 군인들은 대부분 한국군의 '말년병장'을 능가하는 복장을 하고 있었다. 헤어스타일은 자유분방했고, 양말은 총천연색이었다. 휴대폰을 들고 다니는가 하면 여군들과 다정하게 팔장을 끼고 있었다. '이거 아무래도 무늬만 선진국인 게 아닌가?'

이스라엘에 온 첫날, 생각과 다른 이스라엘의 인상에 놀라면서 한편으로 많은 걱정이 들었다. '내가 이스라엘에 대해 너무 안이한 생각을 한 게 아닐까?' 물론 눈으로 보는 현실이 머릿속에서 생각했던 것과 다를 거라는 생각은 했지만 이건 아무래도 아닌 것 같다는 느낌이 계속 드는 것이었다.

이스라엘의 첫인상이 나의 어깨를 축 처지게 했지만 그렇다고 한국으로 돌아갈 수도 없는 일이었다. 지리도 모르는 곳에서 당장 오늘 잠잘 곳을 찾는 것이 급선무였다. 마침 한국에서 아는 분의 소개로 이곳에 계시다는 한국인 사진작가의 주소를 갖고 있었다. 방향을 전혀 몰라 택시를 이용했는데 유대인 택시기사가 유창한 영어로 친절하게 목적지까지 데려다 주었다. 그는 처음에 80세겔*Shekel*(이스라엘 화폐 단위. 우리돈으로 약 2만 원)을 요구했다. 우리보다 이곳 물가가 좀 비싸다고는 들었지만 그래도 좀 지나치다는 생각이 들어 택시비를 깎았다. 그런데 나중에 알고 보니 이 역시 바가지 요금이었다. 역시 택시기사들의 바가지 요금은 국적과는 별 상관이 없나보다.

그날 나는 그 사진작가의 집에서 짐을 풀게 되었다. 매우 따뜻하게 환영해 주셨다. 그런데 좁고 좁은 것이 세상이었다. 그분 집에 먼저 와 머물던 손님 중에는 한국에서 알고 지내던 분도 계셨다. 그들과 긴 시간 이야기를 나누며 이런저런 이야기를 듣게 되었다.

이곳에는 약 400명 가량의 교포가 있다고 한다. 대부분이 학생 아니면 성직자, 무역상사원이라고 한다. 또 한인교회가 있어 매주 함께 예배를 드린다고 하였다. 교포들끼리 교류도 활발하고 단결도 잘 되고 있다는 느낌이 들었다. 나는 그분들에게 나의 생각과 계획을 간단히 설명하고 조언을 구했다. 그런데 그분들의 대답이 나의 예상과는 전혀 다른 것이었다.

"글쎄요, 생각은 좋으신 것 같은데 약간 잘못 생각하신 것 같군요. 이 나라에 있는 유대인들 중에서 똑똑한 사람은 별로 없어요. 똑똑한 사람들이 툭하면 폭탄이 터지고, 테러가 발생하는 나라에서 살겠어요? 실제 똑똑한 사람은 다 밖에 있어요. 조지 소로스나 스필버그 같은 사람들 보세요. 모두들 밖에 있는 사람들이지 여기 있나요? 이스라엘은 디아스포라*Diaspora*(해외에 있는 유대인)와 미국이 매년 30억 달러 정도를 무상지원해 주니까 버티는 나라예요. 그리고 이곳 유대인들이 얼마나 거만한지 아세요? 절대로 미안하다는 말 안 하고 성적으로도 굉장히 문란해요."

이 말들을 듣는 순간 눈앞이 캄캄해졌다. 이곳 교포들의 유대인에 대한 생각은 대부분 부정적이었다. 한국에서 생각했던 나의 구상이 거대한 벽에 부딪치는 순간이었다. 대화는 계속되었다.

"이곳 이스라엘은 아랍인들을 빼면 유대인이 약 500만 명 정도 됩니다. 내수시장이 작지요. 덕분에 미국이 조금만 도와줘도 금방 큰 효과가 나타나요. 대한민국을 보세요. IMF 위기 때 30억 달러의 지원을 받는다고 해도 큰 효과가 있겠어요.

그래도 이 나라는 굉장히 흥미로운 점이 많아요. 밖을 보세요. 자동차는 전부 수입하는 나라가 비행기 만들고 원자폭탄 만들고 있어요. 사람마다 보는 눈이 다르니 한 번 잘해 보세요. 혹시 저희가 보지 못하는 면을 볼 수도 있잖아요.”

　대화를 마치고 잠자리에 들었다. 그러나 누웠다고 잠이 올리 없었다. 낯선 땅에 왔다는 긴장감도 있겠지만 교포들이 들려준 이야기가 귓가를 맴돌면서 떠나지를 않았다.

　‘내가 성급한 판단을 했나? 정보가 부족한 상태에서 책과 남의 말에만 너무 의존했던 걸까? 저 사람들은 나보다 오래 있었고 이곳 사정을 잘 아는데도 그렇게 말하고 있지 않은가. 과연 내가 이곳에서 새로운 것, 의미 있는 메시지를 발견할 수 있을까? 설령 그런 것이 있더라도 남들도 보지 못한 것을 나라고 볼 수 있을까? 내가 너무 무모했던 것은 아닐까?’

　꼬리에 꼬리를 무는 고민으로 잠을 설칠 수밖에 없었다. 그리고 기대했던 것들이 하나둘 허물어지는 허탈감 속에서 당장 한국으로 돌아가지 않는다면 선택은 하나밖에 없다는 생각에 이르렀다. 더 이상 물러설 곳도 없지 않은가. 더 이상 기댈 곳도 없다면 용감해진다고 했던가. 이스라엘에서의 첫날 밤은 그렇게 지나가고 있었다.

한국인이 울타리를 벗어났을 때

긴장되고 혼란스러웠던 이스라엘에서의 첫 하루가 지나갔다. 이곳에 오기 전에 품었던 이스라엘에 대한 이미지는 이미 사라지고 없었다. 미지의 세계에 왔다는 경이감도 없었다. 대신 무지의 세계에 홀로 남겨졌다는 두려움이 가득할 뿐이었다.

이론과 실제는 다르다는 말은 여러 번 들었지만 나한테 해당될 줄은 몰랐다. 하지만 다른 선택의 여지가 없었다. 아예 오지 않았다면 모를까, 일단 왔으니 마음 편히 부딪혀 보기로 했다. 달리 방법이 없었다. '까짓, 정 안 되면 구경이나 하다 돌아가지 뭐.'

나는 이스라엘 제2의 도시 텔아비브*Tel Aviv*로 갔다. 키부츠에 들어가기 위해서였다. 이곳 사정에 어두운 나로서는 새로운 환경에 적응할 시간과 장소가 필요했다. 그런 점에서 키부츠는 여러 모로 유리했다. 또 볼런티어로 들어가 하루 일정량의 노동을 제공하면 숙식이 해결되니까 돈도 아낄 수 있었다.

그리고 영어를 더 능숙하게 구사할 수 있도록 공부할 수 있는 환경도 필요했다. 이 나라는 히브리어와 아랍어가 공용어이지만 대부분의 사람들이 영어를 쓴다. 키부츠에는 전 세계 영어권의 사람들이 모이는 곳이므로 회화 실력을 향상시키는 데 도움이 될 거라 생각했다.

이 외에도 내가 키부츠를 선택한 데에는 다른 몇 가지 이유가 더 있었다. 그런데 키부츠에 대해 생소해 할 독자가 있을지도 모르기에 간단히 키부츠의 역사를 살펴보기로 하자.

키부츠의 역사는 1910년 드가니아*Degania* 키부츠가 생기면서 시작되었다. 즉 이스라엘의 건국 이전부터 시작된 것이다. 그러나 이스라엘에 키부츠가 본격적으로 등장한 것은 역시 유대인들이 팔레스타인에 대거 귀국하면서부터였다. 이 시기에 많은 동유럽계의 유대인들이 사회주의 이념을 갖고 이스라엘에 키부츠를 세웠다. 이곳의 구성원들을 '키부츠닉' 이라고 부르는데 바로 이스라엘 건국의 주역이라고도 볼 수도 있다. 나는 이들과의 만남을 통해 한편에서 유대인 사회에 대해 알고 싶었던 것이다.

그리고 마지막으로 변화하는 세계에 대응해 키부츠는 어떤 변신을 꾀하고 있는지 알고 싶었다. 키부츠도 일종의 사회주의 이념의 한 형태인데 현재 세계는 자본주의 물결이 급속히 퍼지고 있고, 이스라엘도 그 영향을 받고 있다. 사회주의적 성격을 가진 키부츠 역시 거대한 세계사의 변화 속에서 점점 그 이념을 상실한 채 사라지고 있다. 이러한 자본주의 물결 속에서 어떻게 키부츠는 그 시스템을 변화시켜 가고 있는지 궁금했던 것이다.

이스라엘의 키부츠에 볼런티어로 가는 방법에는 크게 두 가지가 있다. 먼저 자기가 가고 싶은 키부츠를 선정해 직접 전화나 이메일을 보내는 방법이다. 조금 귀찮고 시간이 많이 걸리지만 수수료를 낼 필요가 없어 돈을 절약할 수 있다(때로는 의료보험도 요구하지 않아 돈을 더 절약할 수 있다. 실제 의료보험에 가입하더라도 거의 혜택을 못 받는다고 보면 된다). 또 하나는 텔아비브시에 있는 세 개의 키부츠 소개소 중 한 곳에 등록을 하고 소개를 받아 가는 방법이다. 약 100달러 정도의 수수료가 들지만 시간을 절약할 수 있다는 장점이 있다. 또, 한 번 등록하면 키부츠를 옮길 일이 생기더라도 추가 비용 없이 계속해서 이용할 수 있다. 한국의 어느 여행사는 키부츠를 갈 때 자기들 여행사를 통하지 않으면 안 되는 것처럼 말하는 곳이 있지만 사실과 다르니 현혹되지 않기를 바란다.

현지 사정에 어두운 나는 키부츠 소개소를 통하기로 했다. 그런데 텔아비브시의 버스 터미널에 도착해 그곳의 여행자 정보 센터에서 관련 정보를 알아보던 중 우연히 한국인 아가씨를 만나게 되었다. 그녀 역시 키부츠 볼런티어로 나보다 몇 달 먼저 와 있었다. 간단히 수인사를 나누고 여러 가지를 물어본 뒤 내가 이 나라에 온 목적을 이야기했다. 그러자 그녀는 의외라며 몇 가지 정보를 주며 내게 당부하는 것이었다.

"키부츠에 가기 전에 텔아비브시에 있는 디젠고프 호스텔 *Dizengoff Hostel*이란 곳에 한 번 가 보세요. 그곳에 가면 키부츠에 볼런티어로 왔다가 나와서 블랙잡*Black Job*(비자를 발급 받은 목적과 달리 불법적으로 하는 일)을 하는 한국인들을 만날 수 있을 거예요. 그곳이 바로 블랙잡 하는 사람들의 아지트예요. 가서

키부츠 전경. 변화하는 세계 속에서 키부츠 역시 과거의 전통이 사라져 가고 있다.

보시고 느껴 보세요. 우리 젊은이들이 밖에 나와서 어떻게 생활하고, 왜 방황하고 있는지 꼭 보세요.

지금 한국의 교육에는 문제가 많아요. 우리가 학교와 사회에서 배운 이스라엘과 유대인은 이렇지 않았어요. 2000년 동안 방랑하다 나라를 되찾고, 사막을 옥토로 바꾼 근면하고 애국심이 강한 민족이라 배웠고, 그래서 뭔가 좋은 이미지를 갖고 이 나라에 왔는데……. 가서 보세요! 가서 두 눈으로 직접 보시고, 어떤 일이 벌어지고 있는지, 현실을 있는 그대로 사람들에게 전해 주세요!"

그녀의 비장한 말에 또다시 나의 가슴은 요동쳤다. '이 사람도 나처럼 이스라엘의 실상을 접하며 커다란 괴리감을 느끼고

있구나. 정말 이스라엘은 내가 생각한 것과 다른 것인가!'

결국 그날 나는 예정에도 없던 곳을 들르게 되었다. 물론 나는 이스라엘에 오기 전에 이들 한국인에 대한 이야기를 들은 적이 있었다. 그러나 그때는 이야기를 듣고도 가볍게 지나쳐버렸다. 그런데 막상 와서 이런 이야기를 들으니 마음이 무거울 수밖에 없었다.

그녀가 말한 디젠고프 호스텔은 텔아비브 시내 중심의 디젠고프 광장 근처에 있었다. 사람들에게 물어물어 찾아갔는데 먼발치에서 보니 꾀죄죄한 차림의 동양인이 호스텔 앞에서 담배를 피우고 있었다. 직감적으로 한국인이라는 것을 느낄 수 있었다. 얼굴에서 '나, 한국인이야' 하는 배타적이고 폐쇄적인 표정을 팍팍 풍기고 있었던 것이다.

내가 갔을 때 그곳의 하루 숙박비가 40세겔(1달러에 약 4세겔)이었는데 한국인만 36세겔로 할인해 주고 있었다. 얼마나 많은 한국인이 이용한다는 이야기인가? 안으로 들어가니 약 15명의 한국인이 방 세 개에 모여 숙박하고 있었다. 지저분한 환경에 얼굴은 하나같이 초췌해 보였다. 대화를 해보니 이곳에서는 한국*South Korea*, 남아프리카 공화국*South Africa*, 남아메리카*South America*가 '3대 S-마피아'라고 불린단다. 그만큼 블랙잡을 하는 사람이 많다는 뜻이다.

이스라엘에서 들은 이야기에 따르면 블랙잡을 하는 한국인은 약 50명쯤 된다고 했다. 나이는 20대 초반에서 30대 중반까지 다양했고, 주로 여행비용을 마련하기 위한 목적에서 일을 하는 사람들이 많았다. 좀더 나은 보수를 찾아 닥치는 대로 일을 하면서 어느새 이스라엘 생활의 쓴맛, 단맛을 다 맛보게 된 사람들 같았다. 마약에 손을 대기 시작한 사람들도 있고, 에일랏 Ailat(이스라엘 남쪽에 위치한 항구도시)에서는 한국인 여자 두 명이 창녀로 일한다는 이야기도 들었다. 좋은 이야기는 별로 없는 셈이었다.

내가 만난 교포들처럼 그들 역시 유대인에 대한 감정이 좋지 않았다. 비자문제로 고민하는 사람들이 많은데 몇 명은 체류기간이 넘어 불법 체류중이었다. 이들이 하는 일은 세탁소일에서 막노동, 영화 출연 등 다양했지만 대부분 육체노동이었다. 보통 하루에 7~9시간 정도 일을 하며 기본 보수는 한 시간에 15세겔, 보통 우리돈으로 하루 3만 원에서 3만5천 원 정도를 버는 셈이었다. 그런데 이 정도의 수입이면 한국에서도 충분히 벌 수 있는 돈이지 않는가! 그나마 이곳에서는 일이 매일 있는 것도 아니었다. 3일에 하루나 이틀 정도를 일하는 것이 보통이었다. 또 비싼 물가 때문에 생활비로 나가는 돈이 많아서 실제 돈을 모은 사람은 극소수에 불과한 것 같았다. 마치 한국에 불법 체류하고 있는 동남아시아인들을 보는 것 같았다.

훗날 나는 블랙잡을 했다는 학교 선생, 야콥을 알게 되어 이에 대해서 물었던 적이 있었다. 그때 그가 들려준 대답은 이랬다.

"내가 이곳에서 3일 일해 번 돈이 체코에서 한 달 동안 교사로 일해 번 돈과 비슷하다. 그래서 힘든 노동일이라고 하더라도 선택의 여지가 없었던 것이다."

하지만 야콥의 경우에는 충분히 이해할 수 있는 일이었다. 그런데 문제는 한국인이었다. 한국인이 이곳에서 하는 일은 대부분 3D업종이다. 한국에서도 창피하다고 꺼리는 일이었다. 왜 이곳까지 와서 힘든 일을 하는 걸까?

그런데 그 이유가 한편에서는 재미있고, 한편에서는 서글펐다. 이곳에선 한국에서처럼 주위 시선을 의식할 필요도, 창피하다고 손가락질을 할 사람도 없다고 한다. 즉 한국에서처럼 체면에 구애받을 필요가 없다는 것이다. 더욱이 이 나라에선 우리나라처럼 직업에 대한 편견이 심하지 않았다. 그래서 누구나 주저하지 않고 이런 일을 할 수 있다는 것이다.

나는 이들을 보며 안타까운 마음에 한숨까지 나왔다. 아마 고국에 있는 사람들도 이들을 향해 "한국에선 묶여 지내다가 밖에 나가니 멋대로 철없이 행동한다"고 비난할지 모른다. 맞는 말이다. 안에서 못하던 일을 보는 눈이 없다고 평소와 다르게 행동하는 것은 좋지 않은 일일 수 있다.

그런데 내 경험에 의하면 외국인들 중에서 이런 식으로 이중적인 행동을 하는 사람들은 거의 없었다. 내가 이스라엘에 체류하면서 만났던 대부분의 외국인 볼런티어는 평균 나보다 나이가 어린 사람들이 많았다. 고등학교를 갓 졸업하거나 20대 초반의 사람들이 많았다. 여자 혼자 오는 경우도 많았다. 그렇지만 나이에 비해 대부분 이스라엘에서의 생활에 잘 적응했다. 물론 이들도 자기 나라에서는 하지 않았을 철없는 행동들을 하는 경우가 많다. 그러나 그것은 주로 사생활에 관련된 일에 국한되었다. 우리처럼 직업의 편견과 같은 선입관 때문에 이중적인 행동을 하는 사람들은 거의 없었다.

그들과 하룻밤을 지내고 나서 내가 너무 민감하게 반응하는 것은 아닌가 하는 생각이 들었다. 실제 이곳에 볼런티어로 와서 블랙잡을 하는 사람은 소수에 불과하고, 다른 나라 사람도 하는데 굳이 한국인만 색안경 끼고 볼 일은 아니라는 생각이 들었다. 어차피 어디를 가도 문제를 일으키는 사람은 있는 법이니까.

그러나 이런 생각은 내가 키부츠에서 볼런티어 생활을 하면서 바뀌게 되었다. 소수만의 문제는 아니라는 것을 깨달았기 때문이다. 비록 행동으로 옮기는 사람들은 소수일지언정, 블랙잡에 대해 유혹을 느끼는 사람이 상당히 많다는 것을 느낄 수 있었다. 어떤 일이든 머릿속의 생각을 실제 행동으로 옮기는 사람은 소수이기 마련이다. 그러나 그 배경에는 보다 많은 사람들이 그 문제 주변에서 어른거리는 것이다. 단지 표면에 드러난 숫자만을 놓고 문제가 된다느니 안 된다느니 하는 것은 피상적인 관찰이라는 생각이 들었다.

나는 이스라엘에서 생활하는 동안 이 문제에 대해 나름대로 많은 고민을 해보게 되었다. 그리고 그 과정에서 몇 가지 중요한 사실을 깨닫게 되었다. 블랙잡이 한국의 독특한 '패거리 문화'와 '키부츠 볼런티어 프로그램의 문제'와 연관되어 있다는 결론을 내리게 된 것이다. 그러나 본격적으로 이 문제를 거론하기 전에 먼저 알려주고 싶은 정보가 있다. 독자들 중, 특히 이스라엘의 키부츠에 볼런티어로 가려는 분들은 귀담아 들었으면 한다.

볼런티어 생활은 어떤 키부츠를 선택하느냐에 따라 큰 차이가 난다. 키부츠 분위기에 따라 볼런티어 생활이 거의 결정된다고 해도 과언이 아니다. 따라서 좋은 키부츠를 선택하는 것은 매우 중요한 일이 된다. 그렇지만 처음 이스라엘에 가는 분들은 키부츠를 선택할 정보나 판단 기준이 없을 것이다. 다음은 내가 이스라엘서의 경험을 통해 나름대로 터득한 방법들을 소개해 보겠다.

일단 한국의 여행사를 통해 단체로 어떤 키부츠에 들어가는 것은 별로 권장하고 싶지 않다. 그래서 이보다는 키부츠 소개소를 통해 개인적으로 가는 방법을 권하고 싶다. 전화나 이메일로 알아보고 가는 방법은 돈을 절약할 수 있지만 미리 키부츠의 분위기를 알고 선택하기 힘들다는 단점이 있다.

따라서 돈이 좀 들더라도(100달러면 적지 않은 돈이지만) 키부츠 소개소를 통하는 게 좋다. 이스라엘에 있는 키부츠 소개소는 모두 텔아비브시에 있는데, 〈KPC*Kibbutz Program Center*〉, 〈Kibbutz Adventure〉, 〈Project 67〉 등 세 곳이 있다. KPC는 한국의 한 여행사와 연결되어 그 여행사를 거치지 않고 개인적으로 등록하려는 한국인은 받아주지 않는 경우가 많다(웃기지 않은가? 자기 여행사를 거치지 않았다고 아예 등록조차 못하게 만든 것은 또 뭐야). 나는 그 중에서 〈Project 67〉을 추천해 주고 싶다.

〈Project 67〉은 텔아비브시 버스 터미널에 있는 여행자 정보 센터에 가서 물어보면 위치를 알 수 있다. 그것도 어려우면 144(우리 나라의 114)에 전화해 전화번호를 확인해서 찾아가면 된다(참고로 144는 무료이다).

이곳에서 등록하면 약간 쌀쌀맞게 생긴 여자가 어떤 키부츠를 원하느냐고 물을 것이다. 그러면 눈 딱 감고 볼런티어 숫자가 많은 곳에 가고 싶다고 이야기해라. 이 여자가 여러 가지를 설명하고 유도심문을 하겠지만 키부츠를 선택할 때는 지역에 상관없이 가장 중요한 기준이 외국인 볼런티어(한국인 제외) 숫자라고 우겨라. 보통 30명 이상의 볼런티어가 있는 곳에 보내달라고 하면 된다. 이런 키부츠가 없다면 최소한 20명은 넘어야 된다. 왜냐하면 좋은 키부츠일수록 볼런티어들이 오래 남기 때문이다. 좋지 않은 키부츠는 볼런티어들이 다른 곳을 찾아 곧바로 떠나기 때문에 그 숫자가 적을 수밖에 없다. 물론 숫자가 많다고 꼭 좋은 것은 아니지만 키부츠의 분위기와 볼런티어의 숫자는 비례하는 경우가 보통이다. 그리고 가능하면 한국인이 없는 키부츠로 배정해 달라고 요구하는 것이 좋다. 한국인이 3명 이상 있다면 피하는 게 좋다. 나머지 다른 조건은 여느 키부츠나 대등소이하니 크게 신경쓸 것 없다. 참고로 내가 추천하고 싶은 곳은 사리드*Sarid*와 하니타*Hanita*라는 키부츠이다.

부딪쳐야 변한다

대한민국의 보통남자(?)라면 군대를 갔다오기 마련이다. 그래서인지 "너와 내가 아니면 누가 지키랴~" 식의 군가를 사회에서도 듣는 일이 어렵지만은 않다. 또 어렸을 때부터 신물나게 접하는 구호가 있다. "뭉치면 살고 흩어지면 죽는다!" 이것뿐만이 아니다. "우리가 남이가!" 이 한 마디면 개인의 다양한 선택과 의견이 나올 가능성은 원천봉쇄 되어버린다. 대신 패거리로 뭉쳐 일사불란하게 행동하게 된다. 분위기가 이렇게 돌아가는데 누가 감히 "아니오"라고 말하면서 왕따를 자청하겠는가!

나 역시 예전부터 이런 노래나 구호를 별 생각 없이 따라하거나 무의식적으로 동조하게 되는 일이 많았다. 학교에 다닐 때 내가 가장 미워한 녀석들은 선생님한테 단체기합을 받을 빌미를 제공하는 녀석들이었다. "잘못했으면 혼자 벌받지, 왜 우리까지 끌어들이는 거야." 정말 물귀신은 물이 없어도 생존하는데 아무 지장이 없다는 것을 학창 시절 여러 번 느꼈다. 군대에서 물귀신은 '고문관'이란 이름으로 바뀌었지만 역시 그런 존재는 사라지지 않았다. 무슨 휴대폰 광고처럼 때와 장소를 가리지 않고 출몰했던 것이다. 그리고 이들 때문에 항상 단체기합을 받곤 했다.

그런데 지금 생각해보면 나는 단체기합을 준 선생이나 교관을 욕했던 적은 거의 없는 것 같다. 분노의 화살은 늘 원인제공자, 물귀신이나 고문관에게 향했을 뿐이다. 때로는 나 혼자 벌받을 것을 남과 같이 나누면서 오히려 위안을 삼기까지 한 적이 있었다. 한 사람의 잘못으로 모든 사람이 벌을 받는 것에 대해 왜 우리는 의심해 본 적이 별로 없는 걸까? 그것이 우리에게는 자연스럽고 익숙한 사고방식이었기 때문일까?

그러나 이때까지는 물귀신이 한국에만 자생하는 줄 알았다. 하지만 물귀신은 생각보다 훨씬 용감했다. 좁은 한국 내에만 갇혀 사는 것을 원치 않았다.

내가 관찰한 바에 의하면 이스라엘에서 한국인들이 블랙잡을 하는 이유에는 크게 두 가지가 있다. 이스라엘에 키부츠 볼런티어로 오는 방식에 문제가 있다는 것이며, 다른 하나는 폐쇄주의 문화 때문이다.

우리 나라에 소개된 키부츠 볼런티어 프로그램은 외국의 볼런티어들과 키부츠의 공동생활을 통해 유대인의 문화와 역사를 알고, 영어도 배우고, 새로운 문화와 노동의 소중함을 체험하는 것으로 소개되고 있다. 모두 옳은 말이다.

그런데 문제는 키부츠의 상황이 변하고 있다는 것이다. 현재 이스라엘에는 약 270여 개의 키부츠가 있다. 러시아와 동구권

등이 몰락하는 흐름과 맞물려 사회주의의 이상을 간직하고 있
던 키부츠의 전통 역시 많이 흔들리고 있다. 예전처럼 '함께 하
고 함께 나눈다'는 방식은 점차 사라지고 있다. 많은 키부츠가
말이 키부츠지 실제로는 자본주의 시스템으로 바뀐 곳이 많다.
그리고 이런 경향은 점차 확대되고 있다. 도시 생활을 선호하는
많은 젊은이들은 이제 더 이상 키부츠에서의 삶을 선택하지 않
는다. 우리의 농촌을 생각하면 쉽게 이해할 수 있을 것이다.

물론 아직까지 사회주의 시스템을 보존하고 있는 키부츠들도
있다. 이런 키부츠들은 대개 잘 사는 곳들인데 숫자는 그리 많
지 않다. 반면 가난한 키부츠에선 볼런티어가 그들의 문화와 생
활을 같이 공유한다는 정신은 이미 사라진지 오래이다.

키부츠도 중국이나 아시아에서 온 임금노동자를 쓰는데 이들
이 하는 일은 볼런티어와 별 차이가 없다. 그런데 볼런티어에게
는 숙식을 제공하며 한 달에 10만 원 정도만 주면 되니 세상에
이렇게 값싼 노동력이 어디 있나. 볼런티어를 대하는 생각이
노동비를 절감할 수 있는 값싼 노동 인력으로 바뀌고 있는 것
이다.

앞서 말했듯이 한국인의 대다수는 국내 여행사를 통해 4~6
명 단위로 한 키부츠에 들어간다. 여기에서 하나의 문제가 시작
된다. 초창기의 시스템을 많이 간직하고 있는 부유한 키부츠에
간 사람들은 비교적 생활도 잘하고 잘 즐기다 온다. 부유한 키
부츠는 보통 규모도 커서, 외국인 볼런티어도 많고, 음식도 잘
나오고, 일도 별로 힘들지 않고, 일하는 시간도 적은 편이다. 자
연 개인 시간도 많고 서로가 어울릴 시간도 많을 수밖에 없다.

키부츠의 식당에서 식사를 하고 있는 볼런티어들. 사회주의의 모습을 간직하고 있는 키부츠의 전통은 흔들리고 있지만, 아직까지 키부츠에는 도전하고 체험할 가치가 충분히 있다.

이런 키부츠에선 만족하게 생활할 수 있으니 아무래도 탈이 날 가능성이 적다.

그런데 이런 키부츠가 상대적으로 많지 않다. 못 사는 키부츠일수록 규모도 작고, 음식도 형편없고, 일도 많은 편이다. 메기도*Megiddo*라는 키부츠를 가 봤더니 하루에 10시간 일하는 경우도 있었다. 그렇다고 용돈 형식으로 주는 포켓머니*Pocket Money*를 많이 받는 것도 아니다. 우리돈으로 10만 원 정도. 이런 작은 규모엔 볼런티어가 10~15명 정도 있는데, 여기에 한국인들이 떼로 들어오면 그 안에 다시 작은 한국인 사회가 형성된다. 같이 있으면 서로 의지할 수 있어 좋긴 하지만 다른 나라의 문화나 사고방식을 자신만의 눈으로 보고 느낄 수 있는 기회가 줄어든다. 여기서 가장 큰 문제 중의 하나가 영어이다. 우리는 일단 영어가 능숙하지 못하므로 외국인 볼런티어와 어울리는 데 한계가 있다. 키부츠를 찾는 대부분의 볼런티어는 주로 영국영어를 쓰지 미국영어는 많이 쓰지 않는다. 평소 우리에게 익숙한 발음이나 악센트와 달라서 더더욱 대화하기가 힘든 것이다.

나 역시 처음에는 이런 언어소통 문제로 많은 고생을 했다. 당연히 말이 짧아질 수밖에 없고 대화에서 소외당하기도 했다. 그 중에는 우리의 이런 사정을 이해해 일부러 천천히, 정확히 말해 주는 친철한 친구들도 있지만, 개인주의 문화가 강한 대부분의 친구들은 그냥 무시하고 자기들끼리 이야기한다. 가끔 별 뜻 없이 한 말인데 오해받기 쉽고, 말이 짧으니 조용한 사람으로 여기게 되고, 그렇다고 이런 마음을 풀 정도의 실력은 안 되니 답답하기만 하다. 결국 자연스럽게 어울리게 되는 건 함께 들어간 한국인들이다. 혼자 있으면 어쩔 수 없이라도 부딪쳐 보겠지만 여럿이 있으니 의지하기 쉬운 쪽으로 가는 것은 너무도 당연한 일이다.

또 이곳 유대인들은 여행 책자에 나오는 것만큼 친절하지는 않다(여성에게는 엄청 친절하지만!). 키부츠에서 일해 본 사람은 알 것이다. 이곳의 일들이 노동의 소중함을 깨닫게 하기보다는 '내가 이런 일하러 여기까지 왔나' 하는 생각이 들게 한다는 것을.

이스라엘은 지역적으로는 중동이지만 문화는 유럽문화권이다. 여기에 오면 가장 가고 싶은 곳이 유럽이고, 오기 전부터 '유럽은 한 번 가봐야지' 하는 생각으로 오게 된다. 그런데 돈이 문제다. 유럽은 물가가 비싼데다 가고 싶은 나라도 많아서, 자연히 돈에 대한 유혹을 받을 수밖에 없다. 결국 '그래, 이런 재미없는 곳에서 하루 8시간 일하고 한 달에 10만 원 받을 바에야 차라리 두세 달을 화끈하게 블랙잡을 해서 고생하더라도 돈을 벌어 유럽이나 가자' 라고 유혹을 느끼게 되는 것이다.

이것이 이스라엘에서 벌어지는 블랙잡과 키부츠 볼런티어 프로그램과의 악연이다. 그러나 내 자신의 경험을 빌리자면 독자들에게 키부츠를 권하고 싶다. 예전과 다르다고는 하지만 아직까지 키부츠에는 도전하고 체험할 가치가 충분히 있다는 판단이다.

그런데 정말 중요한 것은 이스라엘의 상황이 아니라 한국인이다. 이스라엘뿐만 아니라 한국인이 다녀가는 거의 모든 나라에서 공통적으로 하는 말이 있다. 어디를 가더라도 한국인 천지라는 것이다. 정말 바깥에 나와 보니 이 말을 실감하게 된다. 그런데 한 가지 의문은 우리 나라 인구가 전 세계에서 많은 비중을 차지하는 것도 아니고, 그렇다고 해외여행으로 온통 시간을 보낼 만큼 한국이 부유한 나라도 아니라는 점이다. 혹시 그 이유가 한국인이 단체로 몰려다니기 때문이 아닐까 생각한다.

실제 내가 해외를 일 년 가까이 돌아다니는 동안 혼자 여행하는 한국인은 두 번밖에 보지 못했다. 대부분은 무리를 지어 다니고 있었다. 누가 시킨 것도 아닌데 몰려다니는 일이 다반사다. 이렇게 몰려다니는 것은 당연히 사람들의 이목을 끌고 뚜렷한 인상을 남기기 쉽다. 결국 해외를 다니는 한국인들이 많다는 느낌을 갖게 하는 것이다. 그리고 한국인끼리 다니다 보면 아무래도 시끄러울 가능성이 많다. 외국인 여행자들 중에선 단체로 다니는 사람들을 보기는 굉장히 힘든데 왜 그럴까? 일본인들만 해도 여자 혼자 다니는 것을 종종 볼 수 있었다.

물론 여행이야 혼자 할 수도 있고, 여럿이 할 수도 있다. 하지만 우리 의식에는 같이 다녀야 된다는 생각이 강하게 박혀 있는 것 같다. 여기에는 단지 비용상의 문제 외에 다른 이유도 있는 것으로 보인다. 홀로 다니는 것을 무의식적으로 두려워하는 것이다.

나는 그 원인을 '패거리 문화'에서 찾고 싶다. 물론 점차 변하고 있지만 우리는 함께 뭉쳐야 된다는 사회적 분위기와 공동책임을 지는 문화를 당연시 여기며 이것에 익숙해져 있다.

우리 사회에서는 이러한 패거리로 인해 보이지 않는 수많은 인맥과 연대감이 형성된다. 그 울타리 밖에 있는 사람들은 백안시 되고, 어떤 일을 도모하는 것도 어렵다. 사회 전체적인 시스템이 그렇다. 그래서 한국인들은 '홀로 있다'는 것을 기피하는 경향이 유난히 강하다. 혼자서는 자신이 없는 것이다.

내가 여러 나라 사람을 만나 보면서 외국인들이 공통적으로 싫어하는 민족이나 나라가 있다는 생각이 들었다. 순위를 매기면 공동 1위는 유대인과 중국인, 2위는 미국인, 3위쯤에 한국인 등이 있었다.

그런데 1위에서 2위까지는 나름대로 이해가 가는 부분이 있다. 유대인과 중국인은 배타성이 강하고 상술이 뛰어나다. 끼리끼리 잘 뭉치고 상술이 뛰어나면 아무래도 남에게 야박한 일을 많이 하게 된다. 또 미국인은 미국이라는 나라 자체가 보여주는 거만함 때문에 다른 나라로부터 손가락질을 받는 것 같다. 세계 최고라는 우월감 때문에 무엇이든 자기 기준으로 판단하려 드는 경향이 강하고 이것이 자칫 타국인들을 무시한다는 느낌을 주게 된다. 그래도 이들은 국력이나 인구수, 재력 등에서 세계의 주목을 받을 수밖에 없는 나라들이다. 다시 말해 스스로 배짱을 지닐 근거들이 있다는 것이다. 그래서 싫고 얄밉기는 하지만 실제 현실에서는 그만큼 인정받기도 한다.

그런데 이런 나라들에 비해 한국인이 받는 대우는 매우 특이한 것이다. 아직 세계인의 초미의 관심사가 될 수 없는 나라인데 해외에서 우리는 '어글리 코리안*Ugly Korean*'이라는 말을 들을 만큼 과분한 대우(?)를 받고 있는 것이다. 사람들은 '추악한 한국인'이라고 하면 거창한 문제만 생각하기 쉽다. 그러나 술 마시고 싸우는 등의 추태를 부려야만 추악한 게 아니다. 우리는 의식하지 않고 습관대로 익숙하게 행동하지만 다른 나라 사람들에게는 오해를 사거나 좋지 않은 이미지를 남기게 되는 면이 많다.

우선 우리 한국인은 1위와 2위의 나라가 안고 있는 문제점을 다 갖고 있다. 전보다 돈 좀 더 있다고 못 사는 나라에 가서 큰소리 치며 사람들을 무시하는 일이 많다. 여기에 끼리끼리 다니다 보면 집단심리가 작용해 평소에는 없던 용기, 즉 만용을 부리게 되는 경우가 많다. 이스라엘에서의 블랙잡을 하는 한국인들도 그 한 예가 될 것이다. 나는 애국자가 아니지만 정말 이런 모습을 볼 때마다 답답해 한 적이 한두 번이 아니다. 몰려다니는 것은 심리적인 안정감을 줄지는 모르지만 자칫 서로가 서로를 잡아먹는 물귀신을 만들 수도 있는 것이다.

해외여행은 어떻게 보면 여행의 한 형태에 불과하다. 무슨 특별한 의미가 있는 것은 아니다. 하지만 아직 우리는 해외여행을 흔하게 할 수 있는 상황은 아니다. 한때 국가에서는 해외여행을 제한하고, 언론은 외화 낭비한다고 비판을 하기도 했지만 실제 외화를 낭비하는 사람들이야 돈 많은 사람들이지 가난한 여행자들이겠는가! 앞에서는 관광한국을 외치면서 뒤에선 자국민의 해외여행을 외화 낭비라고 비난한다면 외국인은 외화 낭비하러 우리 나라에 오라는 이야기인가? 그리고 해외여행은 우리의 안목을 넓히고, 현실을 보다 냉정히 객관적으로 보며, 편견 없는 건강한 자부심을 갖게 할 수 있다. 또 자신이 하던 일을 다른 시각에서 보고 생각할 수 있는 기회를 만날 수도 있다.

바로 해외여행은 자신의 편견과 닫힌 시야에서 벗어나 볼 수 있는 디딤돌이 될 수도 있는 것이다. 이를 위해서는 해외여행을 하더라도 좀더 자유분방한 사고를 갖고 직접 부딪쳐 보겠다는 자세가 필요하다. 그런데 패거리 문화는 이런 기회를 좁히게 되는 것이다. 한국인 동료들과 함께 움직이다 보면 그 틀에서 크게 벗어나지 못하고 해외에서만 할 수 있는 경험의 폭은 좁아질 수밖에 없다.

물론 내 자신이 처절하게 경험한 바이지만 혼자 다니는 불편은 매우 크다. 말도 잘 안 통하는데 모든 것을 혼자 처리해야 되는 것이 힘도 갑절 들고 외로움도 클 수밖에 없다. 하지만 젊음의 특권은 사서 고생할 수도 있다는 것이다. 나는 우리의 젊은이들이 이런 불편과 두려움에 주눅들지 말고 세계의 젊은이들과 당당하게 부딪쳐 자신의 안목을 넓히고 발전시켰으면 한다. 보통의 센스와 조심성만 있으면 여자 혼자 다녀도 위험한 나라는 별로 없다. 여행에 대해 '아는 만큼 보이고, 보인 만큼 느낀다' 라는 명언이 있다. 나는 이렇게 말하고 싶다. '부딪힌 만큼 보이고, 보인 만큼 변한다.'

동물에게도 민족성이 있다

저 먼 곳에 있는 별들이 얼마나 밝길래 지구까지 올 수 있는 걸까? 어두울수록 더욱 반짝이는 별. 지금 내가 보고 있는 별들이 사실은 수백 수천 년 전에 자신의 고향을 떠나온 빛이라니, 참 신기하기만 하다.

나는 지금 콧노래를 흥얼거리며 시간을 잊은 채 하늘을 보고 있다. 그 중에는 한국에서 보지 못한 별자리도 있겠지만 그러나 그것이 무엇인지는 지금 나한테 중요하지 않다. 그냥 이렇게 쳐다보고 있다는 것이 좋을 뿐이다. 아무 생각 없이 누워 있건만 마음은 너무 편하다. 나는 게을러지고 있었다. 아니 게을러지도록 노력하고 있었다.

처음 사리드 키부츠에 왔을 때는 나는 뭔가를 해야 한다는 강박관념에 사로잡혀 있었다. 그러나 몇 달이 지난 지금 나에게 그런 쫓기는 마음은 없다. 대신 지금껏 살면서 이렇게 여유 있었던 적이 있었을까 하는 생각에 마음은 평온하기만 하다. 돈이 많은 것도 아니고, 보장된 미래가 있는 것도 아니지만 생애 처음 가져보는 여유를 만끽하고 있다.

친구들이 지금 나의 모습을 본다면 처음의 굳은 결심은 어디로 가고, 이 모양이 됐냐고 힐난할지 모른다. 하지만 상관없다. 나는 지금 내 자신의 삶을 즐기고 있다. 대한민국에서 느껴보지 못했던 여유가 지금 나를 행복하게 감싸고 있다.

지난 삶을 돌이켜보면 나는 열심히 살았다는 느낌보다는 뭔가에 쫓겨 살았다는 생각이 든다. 대한민국에서의 별은 그냥 별이었다. 어린 왕자가 살고, 우주인이 사는 별은 책이나 영화 속에서의 별이었을 뿐이다. 그러나 지금 나는 밤하늘을 무대로 한껏 상상의 날개를 펼치고 있다. 어느 별에 생명이 있을까? 그 별은 어떤 모습일까? 어쩌면 이렇게 한가로이 별을 보는 것도 이곳이 처음이자 마지막이 될지도 모른다. 대한민국은 이러한 한가로움을 허락하지 않고 나를 바쁘게 내몰 것이다. 그러나 아쉽게도 이스라엘에서의 여유도 오래가지는 않았다.

나는 이스라엘에 일 년간 있을 계획이었다. 그리고 처음 두 달은 적응하는 기간으로 잡고 여유 있게 보내려 하였다. 그러나 적응 기간이 끝나가자 마음이 초조해졌다. 이제는 취재거리를 찾아봐야 하는데 손에 잡히는 것이 없었다. 한국에서 계획하고 왔던 것은 현지에 와 보니 불가능하거나 이미 예전에 그 의미를 잃은 것들이었다. 그리고 무엇보다 나를 초조하게 하는 것은 유대인들을 잘 모르겠다는 것이다.

어느 나라를 가든지 그 나라 사람을 가장 잘 알 수 있는 방법은 접촉이다. 만나서 이야기하고 같이 어울리며 몸으로 부딪히는 것이 가장 좋은 방법이다. 그런데 문제는 유대인과의 접촉이 쉽지 않다는 점이다. 키부츠에서도, 나이트 클럽에서도, 심지어 길거리에서도 유대인을 만나 대화를 하려고 노력했지만 쉽지 않았다. 내 영어가 부족한 탓도 있겠지만 사람들의 반응이 차가웠다. 한국의 어느 키부츠 안내 책자에, 유대인들이 겉으로는 거칠어 보이지만 사귀고 나면 그들 나름대로 인정이 있다는 말이 있었는데 이는 한 마디로 가소로운 이야기였다.

이스라엘에 갔다온 사람은 알 것이다. 이곳에서 '유대인과 사귀고 나면' 이라는 것이 얼마나 힘든 일인지(여자는 예외다. 남자들이 알아서 접근해오니까). 그리고 사귀고 나면 세상에 인정 없는 사람들이 있겠는가! 여행상품 팔려고 정말 말 같지도 않은 말을 무책임하게 하는 사람들이 많으니 키부츠나 이스라엘에 가실 분들은 현혹되지 않기를 바란다.

정작 유대인을 제대로 모르면서 세운 계획은 아무래도 피상적일 수밖에 없다. 그렇지만 뚜렷한 해결책이 없었다. 그러던 중 나의 고민을 덴마크에서 키부츠 볼런티어로 온 니콜라스에게 했더니 재미있는 조언을 해주었다. "네가 말한 방법이 사람들을 아는 가장 좋은 방법이지만, 지금은 그것이 힘드니 차선책을 택해라. 그 나라의 아이들과 애완동물을 관찰해 봐라. 왜냐하면 아이들이나 애완동물은 그 나라 사람을 닮는 법이니까, 유대인을 직접 접하기 힘든 너에게는 좋은 대안이 될 수도 있다."

니콜라스의 말을 듣고 보니 그럴 듯했다. 지금 상태에서 별다른 수가 없는 나에게는 도움이 될 것도 같았다. 그래서 나는 이곳의 아이들과 애완동물을 관심을 갖고 관찰했다. 결과부터 말하면 니콜라스의 조언은 기가 막히게 적중했다.

　지난 일이지만 이집트에서의 경험을 하나 소개하겠다. 이스라엘에 오기 전 잠시 이집트에 머물렀는데 카이로시의 어느 식당에서의 일이다. 빵을 주문해 먹고 있는데, 아주 영악하게 생긴 고양이 한 마리가 나에게 다가왔다. 그리고 내 발 앞에 앉더니 잠시 뒤, 갑자기 발을 내밀어 내 다리 위에 탁 얹는 것이 아닌가! 게다가 털 사이로 발톱도 조금씩 나오고 있었다. 세상에 나는 그런 고양이를 처음 봤다. 먹을 거 달라고 시위하는데 어찌나 어이가 없고 황당한지 그냥 쳐다만 보고 있었다. 그런데 그 고양이도 전혀 물러날 기색이 없었다. 누가 이기나 보자는 듯이 나를 빤히 쳐다보는 것이었다. 나는 괘씸해서 소리를 질러 쫓아냈다. 그러나 고양이는 잠시 후에 다시 와서 똑같은 행동을 했다. 결국 나는 이 고양이에게 항복하고 말았다. 관광객에게 바가지 씌우고 '바쿠시' 라는 팁을 요구하는 이집트 사람들의 모습과 어찌 저리 똑같은지, 나는 혀를 내두를 수밖에 없었다. 아마도 이집트 고양이들은 한국의 고양이보다는 이집트 사람들과 더 가까운 사이일 것이다.

　이번에는 이스라엘의 이야기이다. 이스라엘의 개들은 하나같이 느려 터졌다. 한가로이 주인을 따라다니는가 하면 아무 데서나 자고 아주 여유롭다. 개를 묶어놓고 기르는 사람도 별로 없다. 또 먹는 것도 굉장히 푸짐하게 먹는다. 그래서 그런지 몸집은 큰 편인데, 우리 나라 개처럼 맛은 없어(?) 보인다.

　유대인의 생활방식을 보면 굉장히 여유 있다. 단지 이스라엘이 선진국이라 그런 것 같지는 않고, 국민성이 더 크게 작용하는 것 같다. 좋게 말하면 서두르지 않고 여유 있게 기다릴 줄 안다고 할까. 그러나 그 기다림의 여유 속에는 잔인할 정도의 인내심이 감춰져 있다. 유대인은 나라를 찾기 위해 2000년을 기다린 민족이다. 보통 인내로는 포기해도 수백 번 포기했을 고통을 이긴 민족이다. 그렇다고 모든 것이 좋다는 뜻은 아니다. 사회 전반적인 시스템이 굉장히 느리다.

한 번은 3개월 체류비자를 신청해 허가를 얻는데 두 달을 기다려야 했다. 우리 나라 공무원과는 게임도 되지 않았다. 하도 답답해 언제 비자가 나오느냐고 전화하면 그냥 기다리라고 태연히 말하고 끊어버린다. 오히려 그런 일로 왜 전화했냐는 식이다. '이거 도대체 선진국 맞아? 무늬만 선진국 아니야' 하는 생각이 수도 없이 들었다. 이곳의 악명 높은 관료주의는 유대인들도 인정할 정도이다. 나는 정말 우리 나라의 공무원이 그리울 지경이었다. '누가 우리 공무원을 무사안일주의에 빠졌다고 비난하나. 우리 것이 좋은 것이여'라는 말은 이럴 때 쓸 수 있는 것 같다. 겪어보고 비교해 봐야 제대로 알 수 있으니까!

유대인들은 이야기할 때 누가 끼여드는 걸 몹시 싫어한다. 이럴 때면 히브리어로 "레가, 레가*천천히, 천천히!*"라고 말하며 한손을 닭 모이 주듯 오므린다. 기다리라는 뜻이다. 인터넷 속도도 우리처럼 빠르지 않다. 한 마디로 이 나라는 모든 것이 느리다. 단 두 가지만 빼고. 바로 운전속도와 남녀관계! 특히 남녀관계는 진짜 빠르다.

그런데 이스라엘에서의 생활이 길어지면서 나 역시 이곳의 느린 문화에 익숙해지는 것 같았다. 처음에는 한국인의 급한 성격 때문에 답답한 일이 많았지만 편하다고 느끼는 시간들이 점점 많아졌다. 가끔 '나도 무늬는 유대인이 된 게 아니야?' 하는 생각이 들 정도였다. 하는 일이 없어도 시간 가는 줄 모르고, 또 촉급한 마음이 들지 않았다.

유대인 사회의 분위기를 보면 목표 관리다, 시간은 돈이다, 경쟁자를 보라 하면서 사람들을 몰아붙이는 일이 별로 없다. 기본적인 것만 하면 되고, 나머지는 자기가 알아서 하라는 식이다. 이는 기본적인 것만 해도 사는데 별 지장이 없는 사회 시스템이 마련되어 있기 때문이다. 우리 생각에는 이스라엘이 돈이 많아서 그런다고 생각하겠지만 결코 아니다. 내가 이스라엘에 있으며 여러 나라 사람을 만나 보았지만 우리 민족처럼 여유 없는 사람들은 없었다. 이스라엘로 일하러 온 동남아 사람들도 그렇지는 않았다. 돈 때문이 아닌 것이다. 민족성과 그 사회의 시스템이 사람들을 심리적으로 쫓기지 않게 하는 것이다.

그러나 사실 이와 같은 이야기들은 표면적인 관찰에 불과했고, 나는 이곳의 아이들을 이해하면서 비로소 유대인 사회를 이해할 실마리를 잡기 시작했다. 그들의 성격이 무엇인지, 그들이 외부인을 어떻게 생각하는지 등을 이해하기 시작한 것이다.

먼저 유대인의 아이들은 굉장히 거만하다. 모든 아이들이 다 그런 것은 아니지만 인사를 해도 반응들이 차갑다. 표정들이 마치 사람보다는 로봇을 대하는 것 같다. 이는 결국 유대인 사회의 분위기로 연결되고 그들이 굉장히 싸늘한 민족이라는 인상을 지울 수 없게 한다. 이에 비하면 아랍인들의 태도는 굉장히 대조적이다. 오히려 아랍인들은 너무 친절해서 탈일 정도로 이방인을 반긴다. 처음 보는 사람도 주저 없이 집으로 초대하고, 차와 음식을 대접하며 때로는 자고 가라고 권하기까지 한다.

물론 이렇게 단순 비교를 하면 유대인에 대해 좋은 인상을 갖기 힘들다. 그러나 그들의 역사를 이해하게 되면 수긍이 갈 수밖에 없다. 유대인의 역사는 타민족으로부터 끊임없는 침략과 박해를 받아야 했던 역사였다. 1948년 이전에는 국가다운 국가를 갖지 못했던 그들에게 이방인의 등장이란 침략이나 박해를 의미했다. 그래서 그들은 이방인들에게 마음을 여는 대신 경계와 의혹의 눈초리를 보내야만 했다.

반면 아랍인들은 서기 7세기 마호메트의 등장 이후 근대의 오스만제국까지 세계사의 한 페이지를 장식하는 역사를 가졌고, 유럽의 국가들도 두려워할 정도의 강력한 국력을 가졌다. 힘이 강할 때는 외부인의 존재가 더 이상 두려운 대상일 수 없다. 오히려 호기심을 자극할 뿐이다. 내 생각에는 상반되는 역사가 현재 두 민족의 서로 다른 성격을 형성하는 데 영향을 미쳤다고 본다.

나는 아이들과 동물들을 관찰하면서 자꾸만 한국의 개들이 생각났다. 한국의 개들은 정말 열심히, 아니 치열하게 산다. 거기에 눈치는 정말 빠르다. 여차하면 복날에 비명횡사하기 쉽고, 잘못 짖으면 그냥 발이 날라 온다. 심통 사나운 사람이라도 만나면 돌에 맞기가 일쑤다. 재빠르지 않고 눈치 없으면 정말 살기 힘든 곳이 한국이다. 한국의 개들을 생각할 때마다 씁쓸한 웃음이 나오는 것을 참을 수 없었다.

종종 모든 것을 잊고 한가롭게 별을 볼 수 있듯 삶을 여유 있게 사는 한국인들이 늘어날 때, 한국의 개들도 눈치 안 보며 좀

더 여유 작작하게 살 수 있을 것이다.

이스라엘에서 유대인들을 사귀고 싶은 분들을 위해 이 정보를 남긴다. 사람마다 다르겠지만 친하게 지내고 싶은 사람이 정해지면 먼저 가벼운 인사 정도만 해라. 처음부터 말을 많이 걸거나 괜히 친한 척 호기를 부려선 절대 안 된다. 되도록 말을 아끼며 상대가 먼저 말을 걸어올 때까지 기다리는 것이 현명하다. 상당 기간 인사 정도만 하고 지내다가 낯이 익었다고 생각될 때 말을 붙여라. 그러나 열 가지 하고 싶은 이야기가 있더라도 많은 말을 삼가고 하루에 한 가지씩만 하며 여운을 남기는 것이 좋다. 대화 내용도 상대방에 대해 묻는 것보다 자신의 이야기나 공통의 관심사를 놓고 이야기를 하는 것이 유리하다. 운동 특히 축구나 농구를 아주 좋아한다는 사실을 참조할 필요가 있겠다. 어느 정도 친해졌다고 생각되면 다른 사람들과 함께 한국 음식을 대접하고 싶다며 저녁 식사에 초대하는 것이 좋은 방법이다.

이야기를 나누다 보면 그들의 정치나 역사, 아랍 사람과의 관계처럼 복잡하고 민감한 주제가 나올 수 있다. 그러나 풍부하고 정확한 지식이 없으면 아예 피하는 것이 좋다. 혹 그런 질문을 받더라도 별로 생각해본 적이 없다고 넘어가는 것이 지혜롭다(물론 이런 주제에 대해 확실히 대화할 만한 수준이 되면 오히려 호감을 살 수 있다).

그리고 혹 유대인 여성을 사귀고 싶은 남성이 있다면 아예 포기할 것을 권하고 싶다. 내 생각으로는 정말 성격 좋은 여자가 아니라면 거의 불가능하다고 본다. 그냥 유대인 여자는 없다고 생각하는 것이 속 편하다는 것이다.

한 사회주의자의 작은 반란

뭔가 색다른 일은 없을까? 재미있는 일이 없을까? 색다른 경험을 하고자 생면부지의 나라를 찾은 내가 이런 고민을 하고 있다. 호기심과 약간의 두려움 속에 시작한 사리드 키부츠에서의 생활도 점점 이력이 났다. 이제는 일하고 놀고, 시간을 보내는 방법도 자꾸만 뻔하게 느껴졌다. 몸이 근질근질했다. 새로운 문화를 체험하고, 외국친구들을 사귈 수 있는 좋은 기회라고 생각했지만 이것도 시간이 지나자 시들시들해졌다.

사리드 키부츠에는 여러 나라에서 온 30명이 넘는 사람들이 있었다. 그러나 시간이 지나다 보니 어울리는 부류가 정해졌다. 나 역시 몇몇 사람들과만 어울리면서 노는 방식이 똑같아지게 되었다. 카드놀이, 산책, TV 시청 등. 그렇다고 내가 주도해서 뭔가를 하기에는 영어실력도 부족했고, 리더십도 없었다. 아, 지루해 죽겠다! 누가 나 좀 도와줘. 나의 이런 절규(?)가 하늘에 통했는지 어느 날 흑기사가 따분하기만 하던 우리 키부츠에 나타났다. 역시 하늘은 나를 버리지 않았다.

나의 고마운 흑기사는 덴마크에서 새로 온 볼런티어였다. 그의 이름은 니콜라스로 51세의 교사이다. 그는 다른 볼런티어와 비교해 여러 면에서 특이한 점이 많았다. 우선 그는 나이가 많았다. 그 나이에 이곳에 오는 볼런티어는 거의 없었다. 그는 필리핀 여자와 결혼해 두 명의 아들까지 있었다. 그리고 그의 어머니는 유대인인데 그 자신은 자기가 유대인이라고 생각하는 것 같지는 않았다(유대인은 모계를 따른다). 그는 아시아 국가를 많이 여행했고, 아시아 문화에 호감을 갖고 있었다. 특히 동양의 노인을 공경하는 문화를 극찬했다.

많은 호기심을 갖고 있던 우리 볼런티어들은 그가 나타나자 많은 질문을 던졌다. 니콜라스는 이에 대해 "우리 덴마크는 사회주의 국가이며 나 자신도 사회주의자이다. 지금 우리의 사회주의 시스템이 점점 자본주의 영향력에 물들고 있다. 이곳 키부츠도 역시 사회주의 시스템인데 이를 어떻게 유지하는지 알아보기 위해 왔다"라고 답했다.

확실히 그는 열정적인 사회주의자였다. 자기 것만 챙기고 자기 일만 신경 쓰는 다른 볼런티어들과는 달리 그는 오자마자 솔선수범해서 자기 주변뿐 아니라 남들의 거처 주변도 청소하기 시작했다. 그리고 먹을 것이 있으면 남과 같이 나누는, 사회주의의 기본이라고 할 수 있는 '나눔Share의 정신'을 실천했다.

그가 벌인 이러한 개혁(?) 운동은 볼런티어들에게 큰 호응을 얻었다. 매일처럼 그의 주변에는 진지한 이야기를 나누는 사람들이 모여들었고, 서로의 생각을 공유하는 시간이 늘어났다. 반복되는 일상이 지겹기만 하던 나도 이에 적극 참여했다. 서로가 느낀 다른 문화를 토의하고 서로의 의견을 주고받는 진지한 시간들이 이어졌다.

어느 날 우리는 세계 여러 나라의 역사에 대해 이야기했다. 자연히 대화는 자신의 나라에 대한 이야기로 이어졌다. 그런데 흥미로운 것은 가까운 지역의 나라일수록 사이가 별로 좋지 않다는 것이었다. 영국과 아일랜드, 핀란드와 스웨덴, 한국과 일본, 독일과 프랑스 등이 그 예였다. 역시 대화를 주도한 사람은 니콜라스였다.

"마티(핀란드인), 옛날에 엘레노라(스웨덴인)의 조상이 너희 나라를 침략했다고 엘레노라를 미워하면 안 된다. 클라우드(Cloud, 필자 닉네임), 너도 유키(일본인)의 할아버지가 너희 나라를 지배했다는 이유로 지금의 유키를 미워해서는 안 된다. 마찬가지로 마틴(독일인), 너희 할아버지가 제2차 세계대전을 일으키고 많은 사람들을 죽였지만 그런 이유로 우리는 너를 미워하지 않는다. 지금의 우리는 서로 이해하고 사랑하며 공존해야 한다."

이웃사촌이라는 말이 있지만 실제 가까이 살다 보면 좋은 일보다는 나쁜 일이 더 많다는 것을 이들의 역사에서 느낄 수 있었다. 이와 같은 대화는 매일 벌어졌고 서로를 더욱 잘 이해하는 계기들이 되었다. 그리고 니콜라스의 말은 늘 인간에 대한 따뜻한 감정을 전해주고 있었다. 나중에 니콜라스와 대화하면서 알게 되었지만 그는 서로에 대해 배려하고 관심을 갖도록 하고 'Share' 하는 분위기를 만들려 했다고 한다.

그런데 우리의 니콜라스에게는 한 가지 결점이 있었다. 그건 그의 방식이 너무 어렵다는 것이었다. 함께 공유하는 것은 좋았지만 이것을 주변 친구들에게 너무 강하게 요구했다. "내가 청소하니 너도 같이 하면 좋지 않으냐", "너는 네 먹을 것만 챙기지 말고, 다른 사람 것도 챙겨라"는 식의 말을 니콜라스는 자주 하게 되었다. 좋은 말도 한두 번이지 매번 이런 식으로 'Share'를 외치니 결국 다른 볼런티어들이 싫증을 내기 시작했다. 시간이 지나면서 사람들이 하나둘 그의 곁을 떠나기 시작했다.

이곳에 온 대부분의 볼런티어들은 고등학교를 갓 졸업하거나 휴가를 내서 온 사람들이다. 그래서 머리 식힐 겸 가벼운 마음으로 온 사람들이 많다. 니콜라스처럼 강한 목적의식을 갖고 온 사람들이 드물었다. 이런 그들에게 니콜라스가 점차 성가신 존재가 된 것은 당연했다. 결국 그가 시도한 볼런티어 사회에서의 조그만 개혁 운동은 실패로 돌아갔다.

그런데 그 무렵 아주 재미있는 사건이 벌어졌다. 어느 목요일 밤, 영국에서 6명의 볼런티어가 그룹으로 왔다. 아일랜드 여자 두 명, 영국 남자 두 명, 영국 여자 한 명, 프랑스 여자 한 명이었다. 다음날 일을 마친 우리는 새로 온 친구들과 함께 퍼브 *Pub*(스탠드바)로 갔다. 그런데 바로 그날 한 명의 영국 남자를 제외한 다섯 명이 서로 다른 볼런티어와 눈이 맞아 커플이 되고, 성관계를 가졌다. 아니 어떻게 단 하루만에 저럴 수가! 지금도 나는 그날 밤의 영국인 조와 스웨덴인 로니의 관능적인 춤을 잊을 수가 없다.

그날, 볼런티어들 사이에서 카사노바로 불리던 알렉스(브라질)

도 조를 호시탐탐 노렸는데 간발의 차이로 로니에게 뺏기고 말았다. 처음부터 조를 향한 로니의 눈빛이 예사롭지 않았다. 로니는 조가 자기 몸에서 안 떨어지도록 착 달라붙어서 놓아주지 않았고, 조는 그 큰 가슴으로 로니의 몸을 애무하면서 춤을 추었다. 내 정서로는 도발적이다 못해 어이가 없을 지경이었다. 천하의 알렉스도 황당했는지 고개를 설레설레 흔들더니 밖으로 나갔다. 그는 우리 볼런티어들에게 "I think his(Ronny) dick is wet!"이라고 말해 폭소를 터뜨리게 만들었다.

그 후 볼런티어 사회는 완전히 전투적인 분위기로 바뀌었다. 서로 파트너를 바꿔가면서 자는 일이 생기고, 매일같이 술 파티가 벌어졌다. 처음에는 이런 분위기에 나와 동양 친구들은 충격을 받고 당황했다(지금은 아무렇지도 않지만). 일본에서 온 유키도 "나는 백인들을 좋게 보았는데 저렇게 아무 애정 없이 성관계를 갖는 모습에 충격을 받았다"라고 말할 정도였다.

하루는 새로 온 리사(아일랜드)의 방을 갔는데 그녀가 속옷이 훤히 보이는 허벅지까지 내려오는 티셔츠만 입고 나오는 게 아닌가! 이상해서 방안을 보니 룸메이트인 프란체스(아일랜드)는 자기 침대에서 카드점을 치고 있고 리사의 침대 이불이 불룩하게 부풀어 있었다. 침대에 뭐가 있냐고 물어보니 데이비드(멕시코)가 자라처럼 계면쩍은 얼굴로 슬그머니 나오는 게 아닌가! 리사가 나중에 이야기하면 안 되겠냐고 묻고, 나도 어이가 없어서 "Good night!" 하고 방을 나섰다. 도대체 룸메이트가 옆에 있는데 어떻게 저런 일을 할 수 있을까. 키부츠에 가시는 분들은 쇼킹한 일을 원할 때 안면몰수하면 의외로 쉽게 되는 일이 많습니다. 알아서 상상하시길…….

안면을 몰수한 것은 이들만이 아니었다. 카사노바 알렉스도 예외가 아니었다. 룸메이트인 마틴이 자고 있는데 프란체스를 자기 방에 데려와서 잠을 못 자게 만들었다. 다음날 알렉스가 계면쩍었는지 마틴에게 간밤에 얼마나 봤느냐고 묻자 마틴은 짧게 "Everything" 하고 대답했다. 나중에 리사에게 애정 없는 성관계에 대해 물었더니 자신은 오히려 섹스 파트너를 만나서 좋다란다.

사실 마음 한쪽에선 나 역시 호기심과 욕구가 강하게 꿈틀거렸다. 그러나 차마 안면몰수하지 못 하고 어정쩡하게 행동했던 것이 기회를 놓치고(?) 말았다. 이들의 행동방식은 당시 내가 쉽게 이해할 수 없고, 넘기 힘든 문화의 차이를 확인케 해주었다.

아무튼 새로운 볼런티어들이 오면서 서로 같이 자고, 술 마시며 함께 춤추고 어울리는 시간들이 늘어났다. 서로 몸으로 부딪치며 친밀해지고, 서로에 대해 더욱 잘 알게 되었다. 시시콜콜한 대화에서 시작해 많은 생각과 의견들이 교환되었다. 바로 우리의 사회주의자, 니콜라스가 그렇게 애써 노력했던 행동과 의식의 'Share'를 이들은 너무 간단하게 성공시킨 것이다. 이들은 니콜라스처럼 어떤 목적이나 의식을 갖고서가 아니라 단순히 먹고 마시고 즐기기 위해 한 일이 결과적으로 서로를 어울리고 이해하게 만든 것이다.

나는 이러한 변화를 보며 사회주의에 대해 생각하게 되었다. 사회주의는 이상적인 시스템이다. 그런데 이 시스템은 니콜라스의 시도처럼 너무 어렵다는 것이 단점이다. 나뿐만 아니라 남도 신경 쓰고, 삶을 나누면서 함께 맞춰 가는 일이 어디 생각처럼 쉽겠는가!

이에 비하면 미국으로 대표되는 자본주의는 쉬운 시스템이다. 내가 벌어 내가 즐기면 되고, 막말로 나만 신경 쓰면 되는 시스템이다. 결국 소비에트 러시아와 공산주의가 붕괴된 것은 자본주의의 이념이 뛰어나서 그렇게 된 것이 아니다. 근본적으로 너무 어려운 방식을 선택했기 때문이다. 이렇게 생각하니 니콜라스와 같은 사회주의자들의 애환을 느낄 수 있었다. 인간 본성을 통찰하지 못한 이상주의자였는지, 아니면 현실을 알더라도 그 길을 갈 수밖에 없는 숙명이었는지…….

사람들은 이성적인 호소보다는 본능적인 호소에 빨리 반응한다. 윤복희 씨를 예로 들어보자. 김포공항의 비행기에서 내려오는 윤복희 씨의 미니스커트. 무슨 말이 필요하겠나! 단번에 전국을 미니스커트로 유행시키지 않았나! 만약 그녀가 TV나 라디오에서 여권신장을 이야기하며 패션에 대해 이러쿵저러쿵 떠들었다면 그렇게 선풍을 일으키지는 못했을 것이다.

니콜라스는 우리 볼런티어 사회의 문제점을 발견하고 대안을 제시하며 변화시키려 했다. 그러나 그의 생각을 이해하는 사람이 적었고, 이해했더라도 방식이 어려웠기 때문에 그의 노력은 실패로 끝났을 것이다. 반면 영국 친구들은 본능에 따른 쉬운 길로 성공했다. 물론 그러한 성공이 볼런티어들의 이기심이라는 근본적인 문제를 해결한 것은 아니었지만…….

나는 니콜라스와 볼런티어 사회의 변화를 보며 두 가지 교훈을 얻었다.

첫째는 변화는 쉬운 방법을 선택해야 된다. 목적이 아무리 좋더라도 따르는 사람이 이해하기 힘들면 결국 '소수의 발버둥질'일 수밖에 없다. 둘째는 한 국가나 조직의 근본적인 변화는 그 시스템에 속한 사람들이 문제점을 깊이 자각하고 대안을 제시함으로써 가능하다는 점이다. 외적인 충격은 그야말로 신선함을 줄 수는 있어도 근본적이고 지속적인 해결책은 되지 못한다.

우리의 경우를 보면 IMF 위기라는 외부 충격에 의해 평생직장의 신화가 깨지고 평생직업이라는 의식이 확대되었지만 결국 우리 경제가 갖고 있는 근본적인 문제는 우리 스스로의 자각과 노력에 의해서만 극복될 수 있는 것이다.

한국에 와서 기억나는 친구 중의 하나는 니콜라스였다. 많은 나이에도 열정을 잃지 않고 자신의 신념을 추구했던 사람. 언제 그를 만나면 이야기해 주고 싶다. 사람들은 편한 것을 먼저 찾으려고 하지, 필요한 것을 먼저 찾으려고 하지는 않는다고.

2부
테러와 미니스커트

하이파의 밀레니엄 축제

　1999년의 마지막 날은 이스라엘 제3의 도시이자 제1의 항구 도시인 하이파*Haifa*에도 어김없이 찾아왔다. 하이파에서도 밀레니엄 축제가 열리기로 예정되어 있었다. 나에게 새천년은 먼 이국에서 낯선 사람들 사이로 찾아오고 있었다.

　성지聖地 이스라엘, 2000년 전에 예수님이 태어나신 곳이다. 나는 지금 이곳에서 새로운 천년을 기다리고 있다. 과연 새로운 이 시대는 어떠한 시대가 될까? '밀레니엄*Millennium*' 이란 말에 담긴 뜻대로 우리에게는 정의와 행복이 넘치는 이상의 시대가 펼쳐지는 걸까?

　나는 축제를 촬영하기 위해 하이파의 와디 니아수스*Wadi Nisuas* 거리에 일찍 도착했다. 그리고 행사관계자들의 허가를 얻어 촬영하기에 가장 좋은 장소를 선점했다. 축제가 열리는 거리는 기독교인, 유대인, 아랍인이 같이 뒤섞여 사는 동네였다. 흔히 '세계화' 라는 화두를 안고 오는 21세기는 다인종, 다문화

분규가 일어나는 바람에 예루살렘성에 들어가지 못한 젊은 이슬람 청년들이 성 밖에서 메카를 향해 절을 올리고 있다. 이스라엘에는 다양한 종교 문화가 뒤섞인 예민한 곳이 많다.

가 얽힌 다양성의 시대가 되리라 예상하는 분들이 많다. 이런 의미에서 서로 다른 종교인들이 모여 살고 있는 하이파의 와디 니아수스 거리야말로 밀레니엄 축제의 상징적인 장소로 안성맞춤이라는 생각이 들었다.

본격적인 축제의 시작을 기다리며 행사관계자들을 위한 방에 들어갔는데 전 세계의 밀레니엄 행사를 생중계 하는 TV가 있었다. 각 나라의 문화와 전통이 담긴 화려한 축제가 계속해 방영되고 있었다. 중국 차례가 되었을 때는 북경을 배경으로 장쩌민 총리를 위시한 주요 인사들이 행진하는 장면이 나왔다. 조그만 TV 화면에 불과했지만 행사의 규모와 분위기가 커져만 가는 중국의 힘을 느끼게 해주었다. 같이 보던 유대인들 역시 "아마 21

세기는 중국이 미국과 더불어 세계를 지배할지도 모른다"라며
찬사를 보냈다.

오후까지 한산했던 거리는 해가 지면서 차량통행이 금지되고,
많은 사람들이 모여들기 시작했다. 나도 슬슬 촬영 준비를 하는
데 갑자기 이스라엘 국영 TV팀이 오더니 내 자리를 달라고 요
구하는 것이 아닌가? 나는 행사관계자들에게 허락을 받았다는
사실을 설명하며 내 권리를 주장했다. 그런데 그쪽의 팀장이 계
속 우기고, 행사관계자도 말을 바꿔 내가 양보할 것을 요구했
다. 텃세라는 것이 이런 거구나! 먼 이국 땅에서 나의 권리를 지
켜줄 바람막이는 없었다. 혼자 몸으로 버티기에는 무리였고 결
국 나는 분을 삭이며 자리를 내줄 수밖에 없었다.

자리를 뺏긴 나는 무대 정면으로 갈 수밖에 없었다. 촬영하기
에 적당한 장소들은 이미 다른 팀들이 차지하고 있었기 때문이
다. 그렇지만 그곳은 오가는 사람들로 인해 시야가 가려지는 등
불편한 점이 한두 가지가 아니었다.

밤 9시가 되자 마침내 행사가 시작되었다. 서울 대학로의 반
정도 넓이에 불과한 거리에는 이미 2000명이 넘는 사람들로 북
적대고 있었다. 여러 뮤지션들의 노래로 막이 오른 무대는 이어
서 등장한 개그맨들의 익살로 웃음이 넘치고 있었다. 말을 알아
들을 수는 없었지만 그들의 표정과 제스처만 보는 것으로도 흥
이 났다. 자정에 가까워질수록 더욱 고조되어 가던 분위기는 마
침내 2000년 1월 1일의 등장을 알리는 카운트다운과 함께 절정
에 이르렀다.

"밀레니엄 *Millennium!*"

사회자의 환성과 함께 폭죽이 터지고 갖가지 색깔의 불꽃이 이스라엘의 밤하늘을 수놓았다. 현지 주민과 여행자들은 모두 한 덩어리가 되어 노래를 부르고 춤을 추었다. 샴페인을 뿌리는 사람들, 헹가래를 치는 사람들, 스프레이를 뿌리는 사람들로 행사장은 흥분의 도가니가 아니라 광란의 현장과 같은 분위기가 계속됐다.

나는 사람들 사이를 헤집으며 촬영을 하다가 우연히 행사장 바깥쪽에 서 있는 많은 동남아인들을 보게 되었다. 이스라엘에 일을 하러 온 노동자들이었다. 그렇지만 그들은 축제의 대열에서 한 발 물러선 채 사람들을 물끄러미 쳐다보고만 있었다. 모르는 사람들과도 한데 어울려 춤을 추는 문화가 그들이나 나 같은 동양인들에게 익숙치 않았던 것일까?

축제가 끝난 후의 행사장은 광기의 허리케인이라도 휩쓸고 지나간 것처럼 보였다. 술을 마시던 사람들이 던져 깨진 병의 유리 파편들이 백사장의 모래를 연상케 했다. 나라는 다르지만 인간의 본성에는 별 차이가 없는 것 같았다. 좀더 점잖은가, 아닌가 정도의 작은 차이만이 있을 뿐이라는 생각이었다.

나는 사람들이 하나둘씩 떠나가는 거리를 보면서 21세기의 초미의 화두로 등장한 '세계화'라는 구호에 대해 생각해 보았다. 좀전의 행사장에서 많은 사람들은 아는 노래가 나오자 따라 부르며 춤을 추었다. 서로 다른 문화와 종교를 갖고 있는 다양한 나라와 인종의 사람들이 자연스럽게 어울리고 춤을 추었던 것이다. 세계화는 그처럼 쉽고 간단한 일인가?

하지만 나는 그 동남아인들의 모습이 자꾸만 눈에 떠올랐다.

그들은 밀레니엄 축제의 주인공이 아니라 이방인에 불과했다. 그리고 축제 참가자들이 흩어져 돌아가고 있는 거대한 일상의 세계는 지금의 이곳과는 전혀 다른 세계였다. 여전히 그곳에는 대립과 반목이 존재하고 있었다. 축제에서 사람들은 잠시 하나 된 것처럼 보였을 뿐이다.

인류는 몇천 년을 다른 환경에서 살아왔다. 그런데 최근에 미국은 왜 ‘세계화’라는 구호를 외치며 나서는 것일까? 철저히 합리적이고 계산적인 미국인들이다. 내 생각에 세계화가 자신들에게 조금이라도 불리하다면 ‘지역분권화’를 외치고 나올 나라가 미국이라고 본다. 뭔가 이득이 되기에 미국은 세계화를 외치는 것이다.

세계화는 각국의 문화나 인종, 사고방식이 섞이고 융합해 결국 전 세계가 같은 것을 보고, 같이 느끼고, 비슷하게 행동하는 결과를 낳을 수 있다. 미국식의 일치화, 획일화라는 의도를 교묘히 포장할 수 있는 것이다. 이런 면에서 ‘세계화’라는 구호는 아직 허구에 불과하다. 더 많은 나라의 사람들을 상대로 크게 장사를 해보자는 속셈을 위장한 것에 불과하다는 것이다.

맥도널드의 햄버거를 예로 보자. 각국의 입맛이 다르면 맥도널드는 미국에서만 팔릴 것이다. 맥도널드가 세계를 상대로 장사를 하기 위해서는 세계인의 입맛이 하나로 통일되는 것이 여러 모로 유리하다. 각 나라의 상이한 음식 문화와 입맛에 일일이 대응하기 위해선 많은 시간과 정력을 들일 수밖에 없다. 그런데 전 세계의 사람들이 미국의 입맛에 맞춰 ‘세계화’를 한다면 미국인들은 자리에 누워서 돈을 벌 수 있다. 즉 세계화는 상품을 팔기도 쉽고, 문화적으로 침투해도 별 저항감을 받지 않는 마법의 주문이 될 수 있는 것이다.

세계화의 또 다른 속성은 변화이다. 세계화는 한편에서 각국에 존재하던 시스템을 바꾸는 것을 전제로 한다. 즉 기존 전통에 '변화'를 불러올 수밖에 없다. 변화라는 말은 듣기에 긍정적일 수 있지만 사람에 따라선 두려운 말일 수 있다. 이곳 이스라엘과 유대인들에게도 예외가 아니다.

나는 사리드 키부츠를 떠난 뒤에도 다른 키부츠의 운영방식을 유심히 관찰해 보았다. 그리고 거기에는 크게 두 가지 형태가 있다는 것을 알게 되었다. 먼저 사리드 같은 키부츠는 초창기 사회주의 정신을 많이 공유하고 있다. 음식, 세탁물, 카페, 행사 비용 등 많은 부분을 공동체가 부담한다. 물론 학생들의 학비, 전기세, 전화비, 물값 등 거의 모든 일체의 비용을 공유한 초창기에 비하면 많이 후퇴한 것이지만 전반적으로 전통적인 시스템을 잘 유지하고 있는 편이다. 그 이유는 이들 키부츠들이 부유하기 때문이다. 일단 수입이 많으니 자질구레한 비용은 신경 안 쓰고 넘어갈 수 있는 것이다.

이에 비해 베트 하멕*Bet Hamek*과 같은 키부츠도 있다. 이곳은 정말 말만 키부츠이다. 공동 노동을 하면서 비용은 각자가 부담을 하면서 살고 있다. 자본주의와 사회주의의 중간이랄까? 이곳은 식사 때 치즈 한 조각도 정해진 가격을 계산해야 하는가 하면 세탁물도 중량에 따라 사용자가 비용을 부담한다(우리가 보기에는 당연하지만). 이를 볼 때마다 유대인의 꼼꼼함에 웃을 수밖에 없다. 거기에 이들 키부츠에선 아시아 임금노동자도 쓴다.

볼런티어에게도 한 달에 900세겔을 준다(다른 키부츠는 많아야 400세겔을 준다). 6개월 이상 있기로 계약하면 1400세겔까지 준다. 이 정도면 말이 볼런티어지 사실상 임금노동자나 다름없다. 본래 키부츠는 임금노동자를 쓰는 것을 금했지만, 사람은 없고 경쟁력은 떨어지니 저임금의 아시아 노동자를 쓸 수밖에 없었던 것이다. 이념은 현실 앞에 자리를 내줄 수밖에 없다.

대부분의 키부츠에는 밖에서 일하는 사람보다 안에서 일하는 사람이 많다. 예전에 키부츠를 떠났던 사람들의 다수는 화이트칼라였다. 밖에서는 같은 일을 하더라도 더 많은 돈을 벌 수 있는 사람들은 자신의 수입을 키부츠 사람들과 나눌 필요가 없다는 사실을 곧 깨닫게 되었다. 지금 키부츠에 있는 화이트칼라도 이런 현실을 몰라서 남아 있는 것이 아니다. 전원에서의 삶을 선호하거나 개인적인 이유로 남아 있는 것이지 키부츠를 지키겠다는 신념 때문이 아니다. 더군다나 젊은이들은 도시 생활을 선호하기 때문에 키부츠에 대해 별 미련이 없다. 이스라엘에서 3% 미만의 극소수에 불과한 키부츠 인구는 점점 그 숫자가 줄어들 것이다. 물론 자본주의 영향에 물들며 초창기의 시스템을 유지하고 있는 키부츠도 시간이 지날수록 줄어들 것이다.

왜 이러한 변화가 생기는 걸까? 키부츠의 식당을 예로 들어보자. 초창기에는 식당 운영에 드는 비용을 키부츠 공동부담으로 하였다. 그런데 키부츠가 감당해야 할 부담이 커지면서 경비를 줄이기 위해 그 비용을 이용자 개인의 부담으로 바꾼 곳들이 늘어나게 되었다.

식당의 운영을 공동부담으로 한다면 암만해도 이용자 개개인은 음식이나 시설을 낭비하기가 쉽다. 내가 사리드 키부츠의 식당에서 일할 때도 사람들이 음식을 함부로 버리는 경우를 자주 목격했다. 종종 '계산적인 유대인'이라는 평을 듣는 그들도 자기 소유가 아니면 무관심할 수밖에 없다는 생각이 들게 하는 모습이었다. 그런데 식사가 개인부담이 된다면 음식을 버리는 것은 곧 자기 돈을 버리는 일이 되어, 먹고 싶은 만큼만 먹으며 낭비를 줄이는 방향으로 가게 된다. 이것이 바로 자본주의 방식이다.

그런데 식당을 이용하는 것은 개인에게도 부담이 된다. 집에서 식사를 하면 암만해도 돈을 더 절약할 수 있는 것이다. 이런 등등의 이유로 많은 키부츠의 식당이 없어지거나 있어도 이용객들이 줄고 있다. 내가 본 베트 하멕에서도 대부분의 사람들이 자기 집에서 식사를 하는 바람에 식당 이용자들은 별로 없었다. 결국 채산성 등의 이유로 문을 닫는 키부츠의 식당이 늘 수밖에 없는 것이다.

그런데 키부츠에서의 식당은 끼니를 해결하는 곳만은 아니었다. 다른 중요한 역할이 있었는데 사람들이 한데 모여 인사를 나누고 소식과 안부를 교환하는 곳이기도 했다는 점이다. 이러한 식당이 하나둘 사라지면서 덩달아 공동체의 유대감도 조금씩 사라질 수밖에 없다. 각자의 삶에 충실한 자본주의적 삶으로 가게 된다는 것이다. 지금 이스라엘의 키부츠에서는 이러한 현상이 점점 심화되고 있다. 물론 이는 키부츠만의 일은 아니다. 이스라엘 전체가 점점 자본주의화가 되고 있다.

이스라엘은 인구 600만 명의 협소한 국내시장을 갖고 있다.

그래서 독점적인 국영사업이나 기업이 많다. 서비스 수준도 형편없는 곳이 많다. 몇 년 전까지만 해도 선물가게에서는 포장을 안 해주고 신문지로 싸서 주는 게 고작이었다.

이런 일도 있었다. 현금이 필요해서 아는 분을 통해 한국에서 돈을 공수해온 적이 있었다. 그런데 일이 바빠 그분을 만나지 못했는데 어느 날 은행에서 전화가 걸려 왔다. 돈을 빨리 찾아가라는 전화였다. 나는 "은행에다가 보관해 놓고 기다리면 이자도 나오고 좋을 거 아니에요? 뭐 그리 서둘러 가져갈 필요 있나요?"라고 별 생각 없이 말했는데 뜻밖의 말을 하는 게 아닌가! "여기 은행은 이자를 주는 게 아니라 오히려 돈을 빼가요. 처음 맡길 때 돈을 빼고 나중에 찾을 때 다시 돈을 뺍니다." 이게 무슨 소리인가? 알고 보니 이곳 은행은 "내가 너희 돈 맡아줬으니 보관료를 내라"는 식이다. 우리가 들으면 어처구니 없겠지만 이것이 이스라엘 은행의 사고방식이다. 여기에 우리 나라와 같은 은행이 들어와 이자를 지급하면 어느 은행에 돈을 맡길까? 아무리 애국심이 강한 유대인이라지만 애국심이 이자를 주지 않으므로 선택의 결과는 명확할 것이다.

자본주의는 경쟁을 의미하고, 현대 사회를 사는 우리는 경쟁의 그물을 벗어나 살기가 힘들다. 그러나 '경쟁'이란 단어는 이에 익숙하지 않은 사람들에겐 굉장한 두려움을 준다. 내가 몇몇 키부츠닉과 이런 이야기를 나눌 때 공통적으로 느낄 수 있는 것은 경쟁 사회에 대해 막연함과 두려움을 가지고 있다는 것이었다. 한 마디로 "우리도 변해야 한다는 것을 잘 알고 있다. 그러나 실제 어떻게 변할 것이고, 어떤 방향으로 나가야 하는지 잘 모르겠다. 그저 막막할 뿐이다"라는 것이었다.

이런 경향은 다소의 차이는 있지만 내가 만난 유럽인들에게서도 느낄 수 있었다. 한 영국인은 "미국은 계속 부강해지고 있고, 여기에 아시아의 중국마저 강력하게 부상하고 있으니, 언제 우리 유럽은 다시 강해질 수 있을까?"라며 자조적인 한탄을 터뜨렸다. 아예 니콜라스는 덴마크인은 "지금 미국의 자본주의가 전세계를 망치고 있다. 사람들은 미국이 만든 멍청하고 어리석은 영화를 보면서 점점 자극적인 것에 중독되고 있다. 이것은 아메리칸 드림이 아니라 아메리칸 나이트메어가 되어 전 세계를 재앙으로 만들 것이다"라고까지 말하고 있다. 니콜라스야 본래 사회주의의 신봉자이니까 그렇다고 해도 많은 유럽인들이 이와 비슷한 생각을 갖고 있었다.

러시아에서 온 유대인인 다비드 역시 이렇게 말한다. "본래 이스라엘은 지역적으로나 역사적으로나 러시아의 영향을 많이 받았다. 초기 이주자들도 동유럽에서 많이 왔고, 키부츠도 러시아의 사회주의 영향을 받아서 만든 것이다. 나는 우리 러시아 문화를 아주 좋아한다. 만약 네가 우리 러시아 문화를 접한다면 가슴으로 뭔가를 느낄 수 있을 것이다. 그런데 미국 문화는 아무런 개성도 없고, 가슴으로 느낄 수 있는 것도 없다. 흑백의 두 색깔밖에 없는 문화다. 그런데 이런 미국 문화가 지금 이스라엘 문화를 망치고 있다. 네가 길거리에서 보는 우리 여자들의 몸에 착 달라붙고, 노출이 심한 옷차림 등은 모두 미국 문화의 영향을 받아서 그런 것이다. 우리의 본래 문화는 저런 것이 아니다."

많은 유대인들이 이런 미국 문화의 영향에 대해 걱정한다. 실

제 이스라엘뿐만 아니라 다른 많은 나라들이 미국 문화의 영향
에 대해 고민하고 있다. 물론 이는 어제 오늘의 일이 아니지만
최근 들어 이런 경향은 더 두드러지고 있다.

이에 대해 학자들은 쉽게 이런 대안을 제시할지 모른다. 각 문
화의 장점만을 골라 우리 나라의 실정에 맞게 주체적으로 살려
나가자고……. 물론 이론적으로는 좋은 이야기이다. 하지만 이
것은 책상 위에서나 가능한 일이지 현실에서는 쉬운 일이 아니
다. 우리 사회에 일본 문화가 들어오는 방식을 보면 금방 알 수
있다.

다른 나라와 문화교류를 하게 되면 좋은 것보다는 좋지 않은
것이 먼저 그리고 더 많이 들어온다. '좋은 문화'는 때로 불편한
경우가 많기 때문이다. 가령 섹스와 관련된 문화는 인터넷에서
다운을 받아서 보면 그것으로 끝이다. 얼마나 쉽나! 반면에 일
본의 다도茶道 문화를 수입한다고 가정해 보자. 분위기 있게 차
마시는 것은 좋은데 이를 위해선 예법을 익히고, 다기를 준비하
는 등 불편한(?) 것들이 많다. 물론 하나의 문화를 단순히 편한
가, 불편한가의 기준으로 좋고 나쁨을 판단할 수는 없겠지만 나
는 이러한 기준이 현대 사회에서의 문화의 전파력에 굉장히 중
요한 역할을 할 수 있다고 본다. 때로는 가장 좋은 방법이 가장
어렵고, 불편한 방법이 될 수 있는 것처럼 말이다.

현재 미국 문화는 인터넷, TV, 영화를 통해 어디서나 손쉽게
접할 수 있다. 반면 다른 문화는 접하기도 어렵고 이해하기도
어려우며, 체득하는 것은 더더욱 어려운 일이다. 대부분의 사람
들은 이러한 현실에서 자유로울 수 없는 것이다. 결국 미국의

문화도 합리적인 사고 등 장점은 배우고 저질의 문화는 배제하
면 좋겠지만 현실은 그렇게 되질 않는다. 더욱이 우리에게는 이
러한 불편을 감내하고, 옳고 그름을 따질 수 있는 문화적인 주
체성도 희미해진 상태다. 전 세계는 미국이라는 거대한 프랑켄
슈타인이 일으키는 세계화의 광풍 앞에 벌벌 떨고 있는 것이다.
그 프랑켄슈타인은 자본주의와 인간의 이기심, 쾌락으로 똘똘
뭉쳐 있다. 훗날 역사가들은 미국을 이렇게 평가할지도 모른다.
미국은 세계를 세 번 지배했다고. 무력으로! 할리우드로! 인터
넷으로!

　김영삼 정부는 세계화를 'Segaehwa'로 표기했다. 하지만 세
계화의 함정을 정확히 꿰뚫어보지는 못했던 것 같다. 물론 세계
화가 대세인 것만은 틀림없다. 많은 나라의 사람들이 이에 저항
하고 있지만 아직 그 흐름을 바꾸는 것은 역부족인 것 같다. 이
런 흐름 속에서 과연 우리의 현명한 선택은 무엇일까? 하지만
지금 우리는 이에 대해 깊이 통찰하거나 주체적인 고민을 하고
있는 것 같지는 않다. 그저 휩쓸려 가고 있는 것처럼 보이는 것
이다. '세계화'라면 얼굴 하얀 백인들과의 교류가 전부인 양 생
각하는 우리 현실 속에서 새천년, 2000년 1월 1일의 밤은 나로
하여금 많은 것을 생각하게 하고 있었다.

2000년을 버틴 **습관**

일라나. 내가 이스라엘에 있으면서 가장 많이 다퉜던 유대인 여자이다. 사실 싸웠다기보다는 내가 일방적으로 잔소리를 들었다고 해야 정확하겠지만……. 아무튼 사리드 키부츠에서 나는 주로 식당일을 했는데, 일라나는 바로 식당일을 총괄하는 매니저였다. 왜 그녀는 나한테 그렇게 잔소리를 했을까? 처음에는 그녀의 성격 탓으로 넘겼지만 점점 나는 그녀의 태도를 보면서 등골이 서늘해지는 것을 느끼게 되었다. 유대인들은 정말 잔인할 만큼 냉철한 민족이라는 사실을 발견했기 때문이다.

처음 들어갔던 사리드 키부츠에서 공장에 소속된 나는 휴식 시간도 별로 없이 단순작업을 지리하게 반복해야 했다. 여기에 공장 내부의 탁한 공기가 건강을 해치지나 않을까 걱정이 되기도 했다. 그래서 볼런티어 매니저인 에바*Eva*에게 사정을 이야기하고 다른 일로 바꿔달라고 요청했다. 그때부터 새로 시작한 일이 식당일이었고, 이렇게 일라나와의 인연은 시작되었다.

그런데 여기서 잠깐. 키부츠의 볼런티어로 가는 분들에게 말
씀드리고 싶은 것이 있다. 키부츠에서는 자신이 하고 있는 일이
나 대우에 불만이 있으면 언제든지 시정을 요구할 수 있다. 대
부분의 한국인 볼런티어들은 불평이나 불만을 안 좋게 보는 고
국의 분위기에 길들여진 탓인지 그냥 참고 지내는 경우를 자주
보게 된다. 그러나 여기서는 절대로 남 눈치 볼 것 없이 언제든
지 당당하게 주장하기 바란다. 불평 없이 일한다고 대견하게 볼
사람은 이스라엘 키부츠에는 아무도 없다. 오히려 말 잘 듣는다
고 자신을 쉽게 볼 수 있다. 한국인의 직선적인 성격은 바로 이
럴 때 발휘하라고 있는 것이다.

내가 식당에서 하는 일은 빵을 썰거나, 식기를 정리하고, 식판
을 나르는 일이었다. 역시 단순노동이었다. 그렇지만 식당이라
공기가 쾌적했고, 쉬는 시간도 많아서 공장보다는 일하기가 편
했다. 그리고 의무적으로 일한다는 생각보다는 키부츠의 시스
템과 유대인을 관찰한다는 입장에서 생활하다보니 새로운 재미
도 생기고, 식사도 잘 하면서 뱃살을 걱정할 지경까지 되었다.

그런데 식당일은 한 가지 문제가 있었다. 바로 식당의 독재자,
일라나라는 여자 때문이었다. 그녀는 사나운 성격과 불친절함
으로 볼런티어들 사이에서 악명이 높았다. 영어를 나보다 못했
던 그녀는 의사소통에 약간의 문제가 있거나, 볼런티어의 작은
실수만 있으면 우선 소리부터 지르며 화를 냈다. 자기가 제대로
영어를 못해 빚어진 일도 곧잘 남한테 화를 내곤 하였다. 내가
볼 때 그녀가 아는 영어 단어는 50개 정도에 불과했다. 그런데
며칠 겪다보니 그녀는 50개 정도의 단어로 우리 볼런티어들에

게 모든 일을 시키고 있는 게 아닌가? 그것도 아주 간단한 10개
도 안 되는 동사를 써서 일을 지휘하는 것이었다.

나에게는 이런 모습이 참 신선하게 느껴질 정도였다. 한국에
서는 영어를 잘하기 위해선 단어를 많이 알아야 한다는 소리를
흔히 하는데, 여기서 보니 대화에서 어휘력은 그다지 중요하지
않았다. 물론 고급영어를 하려면 필수적이지만 기본적인 회화
는 이런 몇몇 동사만으로도 얼마든지 가능했다.

식당일에는 익숙해졌지만 그녀와의 충돌은 여전히 계속되었
다. 이제는 의사소통이 아니라 일의 방식이 문제였다. 예를 들
어 그녀는 왼쪽 바닥에서 오른쪽 바닥으로 청소할 것을 요구한
다. 내가 반대편에서부터 시작하면 화를 낸다. 왼쪽이나 오른
쪽, 어디서 시작하든 무슨 차이가 있느냐고 물으면 그냥 그렇게
하라는 거다. 처음에는 어이도 없고, 왜 고집을 부리는지 이해
되지 않아 무시해버렸다.

그런데 시간이 지나면서 일라나뿐만 아니라 키부츠, 나아가
이스라엘의 유대인들에게는 이런 식의 '패턴플레이'가 있음을
느낄 수 있었다. 눈에 보이는 것부터 눈에 보이지 않는 것에 이
르기까지, 명확하지는 않지만 유대인의 삶은 어떤 원칙에 의해
톱니바퀴처럼 돌아가고 있었다는 생각이 들기 시작했다. 그래
서일까? 처음부터 이스라엘을 떠나는 그날까지 유대인 사회는
너무 재미없고, 단조롭다는 인상을 주었다.

이곳 젊은이들은 평소에는 일을 하다가 금요일 저녁 샤밧
Sabbath(유대인의 안식일)이면 거의 모두가 퍼브에 가서 논다. 몇
번 가다보니 오는 사람이 똑같고 옷차림, 심지어 춤추는 장소까

지 똑같은 경우를 종종 보게 된다. 지금 다시 생각해도 유대인들이 개성이 강하다는 생각은 별로 안 든다. 나쁘게 말하면 기계처럼 사는 것 같다는 느낌이다. 거의 모든 사람이 예외 없이 똑같이 산다. 똑같은 시기에 똑같이 군대 가고, 똑같은 곳에서 똑같이 놀고, 거의 모든 일을 똑같이 일찍 시작하고 일찍 끝낸다. 물론 어느 나라에도 이러한 경향은 있겠지만 이스라엘은 규칙적이다 못해 다람쥐 쳇바퀴 돈다는 인상을 준다. 나도 처음에는 이런 분위기를 무심히 받아들였다. 그런데 이들의 삶의 방식에 대해 심각하게 느끼게 된 것은 내가 고향에 대한 향수를 느끼면서부터였다.

처음 이스라엘에 왔을 때 나는 새로운 환경에 적응하느라 무척 고생을 해야 했다. 외로움과 소외감, 맞지 않는 음식, 잘 통하지 않는 언어 등 말 그대로 집 떠나니 모든 것이 고생덩어리였다. 물도 안 맞아서 피부도 안 좋아지고(이곳의 물은 굉장히 센 편이어서 씻어도 씻은 것 같지 않다) 중동의 더운 날씨에 짜증도 많이 났다. 이런 환경에 조금씩 적응하기 시작한 것은 이스라엘에 온 지 두 달이 지나면서였다. 그때부터 말문도 트이면서 외적인 적응은 그럭저럭 할 수 있게 되었다. 그러나 정작 좁힐 수 없었던 것은 '문화적 차이'와 '소외감'이었다.

한국을 떠올리고, 된장찌개를 생각하면서 힘든 시간을 보내는데 하루는 문득 이런 생각이 들었다. 나는 남의 나라에 와 겨우 두 달만에 이런 푸념을 하는데, 유대인들은 어떻게 2000년을 버텼을까? 그들도 나처럼 다른 나라에서 이방인으로서의 소외감과 갈등을 겪었을까? 책으로 읽을 때는 무심히 넘겼던

2000년이란 시간이 막상 내 자신이 겪어보니 불가사의한 시간
으로 느껴졌다. 유대인들이 그 나라에 완전히 동화되어 살았다
면 모를까, 2000년을 이방인으로서 정체성을 지키며 살아왔다
는 사실을 도저히 믿을 수 없었다. 말 그대로 이는 세계사의 수
수께끼 중의 하나라는 생각이 들었다. 미국으로 이민을 간 교포
들을 보더라도 벌써 2세대, 3세대가 되면 사고방식 등이 거의
미국화가 된다.

　나는 유대인이 정체성을 잃지 않은 이유를 열거했던 학자들의
책을 의심하기 시작했다. 내 자신을 비하하고, 유대인들을 강인
한 민족이라고 가정하고 보더라도 풀리지 않는 점들이 많았다.
먼저 학자들이 말하고 있는 이유를 살펴보자.

　먼저 많은 학자들이 종교적인 요인을 지적하고 있다. 그들이
믿는 종교적 신념에 따르면 여호와는 그들을 선민으로 지목했
다. 그래서 절대신과의 약속을 지키기 위해 그들은 태어난 지
8일된 아기에게 할례를 행하고, 매일 예루살렘을 향해 기도를
드리는 전통을 이어왔다. 이러한 종교적 믿음과 전통이 그들을
2000년 동안 다른 민족에 동화되지 않고 정체성을 유지하도록
해왔다는 것이다. 그런데 정작 문제는 많은 유대인들이 신을 믿
지 않는다는 점이다. 지금도 이스라엘에서 신을 믿는 유대인들
은 절반이 되지 않는다. 즉 종교만 가지고는 수천 년 동안 이어
온 유대인들의 정체성을 설명하기가 힘들다는 것이다.

　둘째는 『탈무드』나 『토라』의 교육을 통한 의식의 계승으로 세
대가 바뀌어도 가정이나 유대인 사회을 통해 유대인의 공통된
의식이 보존되어 왔다는 주장이다. 『탈무드』를 예로 들어보자.

우리가 흔히 서점에서 사 볼 수 있는 한 권짜리 『탈무드』를 유대인 『탈무드』의 전부라고 생각하면 큰 오산이다. 『탈무드』는 모세 5경인 〈창세기〉, 〈출애굽기〉, 〈레위기〉, 〈민수기〉, 〈신명기〉를 기본으로 이에 대한 숱한 토론과 해석 등을 묶은 약 60여 권의 방대한 책이다. 이 책이 유대인 고유의 교육자료이며 정신적 버팀목이었음은 명확하다. 하지만 현재 『탈무드』는 이스라엘의 종교학교에서만 가르치고, 일반학교에서는 가르치지 않는다. 기나긴 이산의 역사에서도 주로 종교인들이 『탈무드』의 정신을 보존하고 공부했지, 일반인들은 접할 기회가 드물었다.

반면 서구 기독교인들은 『탈무드』의 전통을 말살하려고 무진 애를 썼고, 일반인들이 글자로 된 『탈무드』를 구해서 읽는다는 것은 쉬운 일이 아니었다. 따라서 『탈무드』란 책에서 유대인의 정체성을 찾는 것도 문제가 있다. 가령 미국적인 사고방식에 푹 젖은 한국인 교포 3세에게 '단군신화'를 준다고 그가 한국인으로서의 정체성을 회복한다는 보장은 없기 때문이다.

셋째는 유대교*Judaism*라 불리는 유대인들만의 독특한 의식이다. 내 생각에는 아마도 이것이 가장 큰 이유가 아닌가 싶다. 그런데 '의식'이란 굉장히 추상적이다. 별 뚜렷한 내용도 없이 막연하게 너는 한국인이니까 한국인의 의식을 가지라고 요구한다고 한국인의 정체성을 갖게 되는 것은 아니기 때문이다.

물론 위에 열거한 이유와 여러 보이지 않는 상황들이 결합해 유대민족의 정체성을 유지했겠지만 아무튼 2000년이란 시간은 수수께끼일 수밖에 없다. 이는 어떤 학자들의 말처럼 '기적'일 수도 있는 사건이다.

그런데 나는 바로 유대인들의 '패턴플레이'에서 내 나름대로 해답의 열쇠를 얻은 것이다. 바로 유대인의 단순해 보이는 삶의 원칙 속에 2000년 역사의 비밀이 있다는 것이다. 내가 이런 생각을 하게 된 계기가 있었다.

나는 이스라엘에 있는 동안 여러 차례 히치하이크(지나가는 자동차에 무임으로 편승해 목적지까지 가는 여행)를 하였는데 더러는 밤늦은 시간에 그런 적도 있었다. 그

예루살렘 서쪽 성벽인 통곡의 벽 앞에서 기도하는 유대교 종교인

런데 흥미로운 사실은 사람이 없고 차도 없는 한적한 곳에서도 운전자들이 신호대기를 하는 것이었다. 나는 이런 광경을 여러 번 목격했다. 이방인인 나를 의식해서 하는 행동은 아닐까 해서 몇 번은 이런저런 것을 물어보기까지 하였다. 그러나 돌아온 대답은 '습관 때문'이라는 한 마디였다. 그리고 밤이라고 신호를 안 지키게 되면 그 역시 습관이 되어서 낮에도 어기게 되는 것 아니냐고 되묻는 것이었다. 습관! 나는 그때 처음으로 '습관'이란 말을 진지하게 생각해보았다. 습관만큼 무서운 게 없다는 말은 종종 들었지만 정말 원칙을 지키는 습관이야말로 유대인이

2000년 동안 정체성을 잊지 않도록 했던 가장 큰 이유라는 생각이 들었던 것이다.

우리가 처음 운전을 시작할 때는 한밤중에 한적한 교차로에서도 빨간불이 켜지면 차를 멈추게 된다. 그러나 시간이 흐르고 운전에 익숙해지면서 차츰 신호를 지키지 않는 버릇이 생긴다. 그리고 이런 습관은 이윽고 낮에도 어느 정도의 거리가 있다 싶으면 신호를 무시하고 지나가게 만든다. 그러다가 사고를 일으킨다. 사고가 난 시점만 보고 판단하면 당연히 법규위반이 원인이지만 그 근원을 추적하면 잘못된 습관이 자신도 모르게 조금씩 규칙을 갉아먹은 것이다.

2000년 동안 유대인들이 겪어야 했던 고통의 계산서를 내보면 어떠할까? 정체성을 지키는 것보다는 동화하는 것이 현실에서는 훨씬 이익이었을 것이다. 유대인이라고 차별 받을 이유도, 희생양이 될 필요도 사라져버리는 것이다. 계산이 빠르다는 평판을 받는 유대인들이 왜 이러한 동화를 거부했을까? 국부 테오도르 헤르츨*Theodor Herzl*은 유대인이 '외부로부터 받는 압박'이 가장 큰 이유라고 들었다. 사람들은 어떤 환경이나 집단으로부터 차별을 받으면 일단 포기하고 복종하는 마음이 먼저 든다. 저항하기에는 힘이 없고, 현실의 고통이 너무 크므로……. 그런데 상황이 오히려 극단적으로 되면 "그래 어디 한 번 해보자고. 산전수전 다 겪었는데 이제 뭐가 두려워" 하는 독기가 생기게 된다. 이렇듯 외부의 압박이 유대인을 고통스럽게 했지만, 반대로 그들의 내성력을 더 키워주는 요인도 되었다. 유대인들에게 100년쯤 평화로운 상황이 지속되었다면 오히려 동화될 여지는 커졌을지 모르지만, 다행인지 불행인지 유대인들에게는 그런 역사가 없었다.

유대인들은 이산의 역사를 지나면서 곳곳에서 차별과 냉대를 받았다. 1492년 스페인에서 대규모로 쫓겨나고, 중세 길드의 배타적인 경제적 차별에 시달리고, 게토*Ghetto*(유대인 강제 거주지역)라는 제한된 구역에서만 살아야 했던 시기도 있었다. 그렇기 때문에 매순간 그들은 고통의 시간 속에서 동화의 유혹과 맞닥뜨려야 했다. 그런데 그 순간마다 '이번에는 이 정도만 양보하지. 그런다고 뭐 별일 있겠어'라는 식으로 조금씩 양보했다면 결국 유대 민족은 사라졌을 것이다. 아마 유대인들은 이런 상관관계를 본능적으로 알고 있었는지도 모른다.

대개의 사람은 순간의 이득과 안락함을 위해 많은 변명과 이유를 내세운다. 그러나 달콤함은 부메랑이 되어 본인에게 더 큰 피해를 준다. 이렇게 볼 때 이들의 인내와 자제력은 잔인할 정도이다. 눈앞에 있는 유혹, 그것도 받아들이더라도 별 문제가 없어 보이는 이득을 포기하는 게 실제로는 얼마나 어려운가! 유대인은 하루에도 몇 번씩 이런 동화의 유혹과 싸웠을 것이다. 유대인이 고집이 세고 양보를 잘 안 하는 민족성을 가진 것도 근원적으로는 이런 이유 때문인지도 모른다.

나는 상상을 해본다. 유대 민족의 신, 여호와가 그들 앞에 나타나 나라를 찾는데 2000년이라는 시간이 걸리고, 마지막에는 600만 명이 희생되어야 가능하다는 계시를 내린다면 유대인들은 어떤 선택을 했을까? 그들 역시 이를 예상하지는 못했기에 2000년을 방랑하며 버텼는지도 모른다. 물론 이러한 문제는 간단히 손익비교를 따질 수 있는 사안은 아니다. 애초 계산이 불가능하고, 자신의 정체성을 지키는 문제는 어쩌면 이성적인 판단을 초월하는 사항이다. 하지만 내 생각에는 유대인이 나라를 되찾은 이익보다 정체성을 지키느라 희생한 비용이 더 크다는 생각이다.

그때부터 나는 유대인이 두려워지기 시작했다. 상식을 뛰어넘는 일을 성취한 민족인 것이다. 무뚝뚝한 유대인들의 얼굴이 '너희들은 우리가 어떻게 생존했는지 아느냐' 하고 조소를 보내는 것 같았다. 이후 나는 일라나가 식당의 왼쪽 바닥부터 청소할 것을 고집스럽게 주장하는 모습을 볼 때마다 비웃음은 사라지고 소름이 끼치곤 하였다.

그래서 유대인 사회는 참으로 재미없는 사회이다. 유대인들을 분류하자면 원칙주의자라고 할 수 있다. 보통 누구나 원칙을 지키며 살자고 말하지만 실제로는 누구도 좋아하지 않는 것은 원칙주의이다. 그렇지만 원칙대로 살면 편하고, 미래가 불명확하게 되는 일은 별로 없다.

나는 원칙을 고집스럽게 고수하는 유대인을 보면서 우리 나라를 생각해 보았다. 과연 한국인들이 일상 생활에서 원칙으로 고수하는 가치들은 있는가? 자유민주주의, 반공, 자유와 평등, 통일, 개인의 인권, 평화……. 말들은 많이 하지만 왠지 이런 것은 아닌 것 같다. 한 가지 확실한 것은 우리 사회는 이것만은 반드시 지켜야 한다는 확고한 원칙이 없는 사회라는 것이다. 이런 사회에서는 시시비비를 분명히 밝히기가 어렵다.

또 어떤 문제가 발생하더라도 책임소재는 오리무중에 빠질 수밖에 없다. 결국 기득권층에게 더욱 유리한 분위기가 조성될 수밖에 없는 사회다. 그리고 우리 사회가 안고 있는 문제를 땜질하기 위해선 힘없는 국민들이 죽어라고 고생을 해야 될 것 같다. 어제도 오늘도 그리고 내일도…….

신의 아들이 걷던 길

New Millennium, 21세기!

2000년, 서양력을 쓰는 인류에게 이 해의 의미는 각별할 것이다. '20세기 폭스사' 와 같은 회사는 회사명을 바꾸는 문제를 놓고 고민할 것이고, 1999년 12월 31일이 인류의 마지막 날이라고 믿었던 사람들은 다음 천 년을 기약해야 할 것이다. 그리고 더 많은 사람들이 새로운 기분으로 희망에 찬 시대를 기대할지 모른다. 이렇게 여러 부류의 사람들이 있겠지만 아마도 가장 뜻깊게 2000년을 맞이한 사람들은 기독교인, 가톨릭교도들이 아닐까 싶다.

2000년 3월, 로마 교황청의 요한 바오로 2세가 역대 교황으로는 처음으로 기독교의 발상지인 이스라엘을 방문하였다. 1964년에 교황 바오로 6세가 팔레스타인 지역을 방문한 적은 있었지만 이스라엘 방문은 역대 교황 중에선 없었던 일이었다. 전 세계 신문과 방송도 대대적인 보도를 하며 2000년을 장식할

톱뉴스로 다루었다. 교황은 이스라엘 방문 기간 중 갈릴리 호수를 방문했는데, 당시 나는 그가 헬기를 타고 가는 것을 서안 지역의 경계선에서 물끄러미 쳐다보았다. 이스라엘 방문 내내 이루어진 교황에 대한 철저한 경호는 하늘에서도 마찬가지였다. 두 대의 헬기가 교황이 탄 헬기를 호위하고 있었다. 인류에게 사랑을 베푸는 분을 삼엄하게 경호하는 모습을 보면서 지구촌이 참으로 복잡한 곳이라는 생각이 들었다.

교황은 이스라엘에 있는 기독교의 유적지를 돌아다니며 미사를 집전하였다. 나는 TV에서 떨리는 작은 목소리로 미사를 집전하는 교황의 모습을 보았다. 교황은 80세의 고령에 쇠약한 몸을 하고 있었다. 그런 분이 성지를 왜, 무슨 심정으로 방문하였을까?

역대 교황 중에서는 처음으로 예수의 체취를 간직한 기독교의 성지, 이스라엘을 방문했다는 감격일까? 아니면 예수를 돌아가시게 한 것으로 알려진 유대인들이 이스라엘 땅을 차지한 것이 못내 서러워서 저러는 걸까? 교황 옆에 있는 바라크 이스라엘 총리의 엄숙한 표정과 교황의 얼굴이 묘한 대조를 이루고 있었다.

교황의 이스라엘 방문에 대해서는 이곳 유대인들 사이에도 말이 많았다. 우파 계열인 『예루살렘 포스트』와 좌파 계열인 『하레츠Haretz』의 논조도 교황 방문에 대해 큰 견해차를 보였다. 『예루살렘 포스트』는 교황과 교황청의 과거사에 대한 비판이 주류를 이루었고, 『하레츠』는 기독교와 유대인의 화해라는 점을 강조한 사설과 논조가 주류를 이루었다. 유대인도 젊은 사람일

수록 교황 방문을 환영하는 분위기가 강했고 노년층과 종교인, 우파 계열일수록 냉소적인 반응을 보였다.

　나는 교황 방문에 관한 신문기사를 이곳 유대인들에게 보여주며 어떻게 생각하느냐고 물었다. "뭐, 교황이 성지에 온다고! 교황이 왔어? 그래 왔으면 빨리 구경이나 하고 돌아가라고 해! 얄라바이 포프*Yalla Bye Pope!*"

　'얄라'는 '빨리빨리'라는 말이고 '바이'는 '잘 가라'는 뜻이다. 이 둘의 합성어인 '얄라바이'는 헤어질 때 많이 쓰는 속어인데 이때는 '빨리 꺼져라, 교황'이라는 의미가 된다. 온 것까지는 어쩔 수 없지만 꼴 보기 싫으니 빨리 가라는 이야기다. 그러면 왜 유대인과 기독교인과의 사이가 안 좋을까? 여러 모로 두 종교에는 유사점이 많음에도 불구하고…….

　유대인과 기독교 사이에 존재하는 감정의 앙금은 어제 오늘의 일이 아니다. 기독교의 성립 이후 2000년 동안 있어온 대립이고, 이것이 절정에 달했던 사건이 바로 홀로코스트였다.

　기독교가 유대교에서 시작된 것은 사실이지만 그렇다고 기독교가 유대교를 존중하지는 않았다. 어떤 면에서 기독교는 유대교의 한 분파라고 할 수 있다. 다시 말해 적자가 아니다. 유대교는 유일신을 믿는 종교다. 전지전능한 존재인 신은 단 하나밖에 없다는 것이 그들의 믿음이다. 그런데 기독교의 메시아인 예수를 신의 아들로 인정하면 그들의 믿음과는 배치된다. 그리스로마 신화처럼 여러 명의 신이 있다는 생각은 사실 인간적인 사고방식이다. 신들도 사랑을 하고, 결혼을 하며, 아들을 둔다는 생각은 다신교의 사고방식으로 전지전능한 유일신에 대한 신앙방

예루살렘 '통곡의 벽'을 방문한 교황 요한 바오로 2세

식과는 거리가 있다. 인간 사회로 보면 기독교는 태생적으로 열등감을 가진 서자이다. 이런 경우 동생은 형에 대해 과민하게 반응하고, 다른 사람들보다 더 매몰차게 형을 대하는 법이다. 같은 근원이지만 상대방을 인정하면 자신을 부정하는 모순에 빠지기 때문이다. 이 모순이 기독교와 유대교의 대립을 이해하는 하나의 열쇠가 된다.

교황 요한 바오로 2세의 이스라엘 방문은 많은 사람들의 환영과 또 많은 사람들의 냉소 속에 끝났다. 교황의 이스라엘 방문 이후 나는 5월 10일 이스라엘의 독립기념일 행사를 취재하기 위해 예루살렘성에 갔다. 성경에 나오는 예루살렘성은 현재 이스라엘의 수도인 예루살렘과는 차이가 있다. 예루살렘성은 현재 예루살렘의 동부에 위치해 있으며 성벽으로 둘러싸여 있다.

주변 길이는 약 4km이고 성의 높이는 5m에서 20m에 이른다. 이 성곽은 본래 솔로몬 시대에 세워졌던 것을 유대인들이 바빌론의 포로 생활에서 풀려 나온 후 보수했으며 현재의 성벽은 16세기 오스만 제국의 술레이만*Suleiman* 황제에 의해 완전히 재건된 것이다.

이 예루살렘성이 전 세계에 알려지게 된 것은 바로 예수님 때문이다. 성 안은 아랍인, 유대인, 기독교, 아르메니아 구역, 이렇게 4지구로 나뉘어져 있다. 각 지구의 사람들을 보면 각 민족과 종교의 특성을 한눈에 알 수 있을 정도이다. 성 안 어디에서나 무장군인들의 모습을 볼 수 있을 정도로 늘 경비가 삼엄하지만 나 같은 여행자들은 별다른 제재를 받지 않는다.

나는 2000년 전 예수가 골고다 고원에서 처형당하기 전에 십자가를 지고 갔다는 비아 돌로로사*Via Dolorosa*(라틴어로 '십자가의 길', '슬픔의 길' 이란 뜻) 길을 따라가 보았다. 기독교인들에게는 그들의 메시아가 인류를 위해 죽음의 길을 간 성스럽고 신성한 곳이지만 실제 그 거리에서는 별다른 감회나 신성함을 느끼기는 힘들었다. 길을 따라 곳곳에서 흥정과 호객을 하는 상인들의 목소리를 들으면 차라리 눈을 감고 싶은 심정이었다. 자신의 마지막 길마저 돈벌이 수단으로 이용하는 사람들을 보면 예수님은 어떤 생각을 하실까?

그날 나는 헐렁한 옷에 짐이라곤 가벼운 가방 하나만 걸치고 있었지만 길을 따라 걷다보니 금방 몸이 힘들어졌다. 아직 본격적인 더위도 시작되지 않았는데 2000년 전, 머리에는 가시관을 쓰고 무거운 십자가를 짊어졌을 예수는 오죽했을까? 과연 이 길을 예수는 무슨 생각으로 걸어갔을까? 자신을 죄인으로 몬 동족 유대인들을 원망했을까? 끊임없이 그들을 용서하며 사랑의 마음으로 걸어갔을까? 아니면 육체의 고통에 못 이겨 다른 아무런 생각도 할 수 없었을까?

분명히 예수도 유대인이었을 것이다. 그런데 정작 동포들에게는 이단자라 배척받고 있는 그의 흔적을 먼 이국의 사람이 와 둘러보는 광경은 아이러니 그 자체였다. 유대인이 예수를 죽였다는 이야기 때문에 이후의 역사에서는 역으로 많은 유대인들이 기독교인에 의해 박해를 받아야 했다. 그런데 지금은 예수로 인해 이스라엘의 유대인들은 막대한 관광수입을 올리고 있는 것이다. 유대인에게 예수란 과연 어떤 존재일까?

유대인들에게 예수가 차지하는 비중은 미미하다. 그러나 그가 미친 영향은 지대하다. 예수의 사후 그의 발자취를 좇는 제자들의 노력 속에 기독교가 탄생해 세계사에 커다란 영향을 미쳤다. 그러나 이는 유대인들에게는 반유대주의의 한 요인이 되어 많은 유대인이 희생되기도 하였다. 예수를 죽인 세력으로 유대인들이 지목되었기 때문이다. 과연 예수는 누구에 의해 죽임을 당했는가? 알려진 대로 유대인의 비난과 음모 때문인가?

이 문제는 지금도 학계와 종교계의 커다란 논쟁거리 중의 하나이다. 유대인들의 주장에 따르면 예수를 죽인 세력은 로마제국이다. 『신약』의 〈요한복음〉에 로마 병사가 창으로 옆구리를 찌르니 피와 물이 나왔다는 대목이 있는 것으로 보아 일단 로마제국이 예수를 죽인 것으로 볼 수 있다. 당시 팔레스타인은 로마의 지배하에 있었고 이때 유대인은 로마에게 그들의 특수성을 인정받아 군대를 면제받고 그들만의 사법권도 갖고 있었다. 다시 말해 유대인은 유대인에 의해 유대식으로 재판할 수 있는 권리를 갖고 있었다. 그러나 사형만은 로마의 허가를 받아야 했다. 유대인이 마음대로 예수를 죽일 수 없는 조건이었다는 것이다. 반면 로마로써는 예수가 민중을 선동하는 정치범의 성향을 띠고 있어 처형했다는 것이다. 더욱이 십자가 처형은 유대 종교 재판에서 사용된 방법(유대식 처형방법으로는 여러 사람들이 돌로 쳐죽이는 것이 유행)이 아니라 정치범이나 형사범에게 내려지는 형벌이며 십자가에 못 박혀 죽은 것은 예수 한 사람만이 아니었다는 것을 그 근거로 들고 있다.

반론도 만만치 않다. 유대인들은 유일신인 여호와만을 인정하는데 성령으로 잉태되었다는 예수는 그들로서는 받아들이기 힘든 존재였다. 또 '내가 그 안에 있고, 그가 내 안에 있다'는 예수의 발언은 도저히 유대교의 교리상 인정할 수 없는 부분이었다. 그래서 빌라도의 법정에서 민중의 위력으로 극형에 처하도록 압력을 가했다는 것이 반대론자들의 주장이다. 당시 예루살렘에 파견된 로마의 총독 빌라도로서는 "내가 왕이요, 신의 아들"이라고 외치는 예수를 정신이상자로 취급할 수는 있어도 로마 형벌에 따라 처형까지 시킬 필요는 없었다는 것이다. 또 이들은 빌라도가 군중에게 예수를 내주면서 "이 사람의 피는 나와 관계없다(마태복음 27장 24절)"라고 말한 부분을 그 증거로 제시하기도 한다.

물론 이에 대한 확실한 답을 구하기는 힘들다. 2000년 전의 상황을 본 사람도 없고, 지금까지 전해지는 기록으로는 다양한 해석을 낳을 수밖에 없다. 그런데 예수의 죽음과 관련된 논쟁은 사실 여부를 떠나 한 가지 중요한 비밀을 담고 있다. 예수가 신이냐 사람이냐는 문제이다.

예수를 인간으로 보면 예수가 '만왕의 왕이요, 신의 아들' 이라고 주장했던 것은 사기가 된다. 정치범은 아니라도 사람들을 현혹한 사기꾼이었으니 죽어도 싸다는 냉소적인 시각이 바탕에 깔리게 된다. 물론 이것은 드러내 놓고 말을 할 수 없는 것이다. 기독교 자체를 부정하는 말이 되기 때문이다.

예수를 신으로 보면 유대인은 신을 인정하지 않고 오히려 부인했으니 죽어 마땅한 죄인이 된다. 그리고 유일신만을 믿는 유대교는 교리상의 모순에 빠진다. 따라서 '신을 거역하고 부인한 인간들은 죽어도 마땅하다' 라는 기독교인의 반유대주의가 일어날 여지는 더욱 넓어진다.

유대인들에 따르면 예수는 당연히 인간이다. 그리고 그들의 마음 속에는 인간이 만든 기독교에 대한 경멸감이 자리하고 있다. 반대로 기독교인은 유대인을 '신을 죽인 인간' 이라고 생각한다. 이러한 두 감정의 충돌이 오랜 세월 두 종교가 반목하도록 하는 요인이 되었던 것이다.

그러나 이 문제는 유대인의 사회 분위기와 체제를 알아야만 좀더 확실한 답을 찾을 수 있을 것 같다.

한 번 이런 것을 가정해 보자. 지금 "내가 구세주다. 내가 신의 계시를 받았고, 신의 아들이다"라고 주장하는 사람이 있다면 주위에선 어떤 반응을 보일까? 아마 대부분의 사람들은 "정신 나간 사람이다. 사기꾼이거나 사이비지, 무슨 구세주야!" 라는 말을 던질 것이다. 그런데 그 사이비가 100년 뒤쯤, 다른 나라 사람들에게 구세주라고 인정받는 일이 벌어지면 어떻게 될까?

문제는 이런 일이 지금으로부터 2000년 전쯤 실제로 일어났다는 것이다. 물론 당시 팔레스타인의 유대인 사회는 지금보다 훨씬 종교적인 사회였다. 하지만 그 사회 역시 지금의 우리처럼 구세주를 자처하는 사람에게 보이는 반응은 근본적으로 다르지 않았을 것이다. 당시 예수 외에도 구세주를 자처했던 많은 사람들에 대한 반응과 마찬가지로…….

교세가 신장하면서 자신들의 메시아를 유대인이 죽인 것으로 믿었던 기독교인들은 유대인들을 무자비하게 탄압했다. 이스라엘의 국부 테오도르 헤르츨은 시온주의 운동과 관련해 교황 비오 5세와 만났던 내용을 다음과 같이 전하고 있다.

"어제 나는 교황을 만났다. 그는 일어서서 나를 맞아들이고 손을 내밀었지만, 나는 입을 맞추지 않았다. 내가 생각하기에 이러한 나의 행동이 그와의 접견을 망쳐 놓았던 것 같다. 사실 그를 방문하는 사람은 모두 무릎을 꿇고, 적어도 그의 손에 입을 맞춘다. 이 행위는 나로서는 대단히 염려스러운 것이었고, 그 규율에 벗어나자 기쁘기조차 했다. 나는 교황에게 간단히 나의 요구 사항을 설명했다. 그러나 그의 손에 입맞추는 행위를 거절해서인지, 그는 아주 완강한 투로 대답했다.

'우리는 시오니즘 운동에 호의적일 수가 없군요. 하지만 우리가 예루살렘으로 가려는 유대인을 말릴 수는 없지요. 그렇다고 우리가 그것을 결코 인정하는 것은 아닙니다. 예루살렘은 예수 그리스도의 생명으로 신성하게 되었습니다. 그런데 유대인은 우리 구주를 인정하지 않으니, 우리도 유대 민족을 인정할 수 없습니다!'"

이 에피소드에서 알 수 있듯이 교황청의 입장에서는 유대인이 눈엣가시 같은 존재였다. 유대인들은 그 종교적인 뿌리를 같이 하지만, 자신들의 메시아를 인정하지 않고, 죽음으로 이끈 자들이다. 거기에 생명력은 끈질겨서 갖가지 탄압 속에서도 부를 축적하더니 이제는 기독교의 성지인 이스라엘로 돌아가겠다고 나서니 여간 얄미운 존재가 아니었을 것이다.

반면 유대인 역시 교황청이나 기독교인에 대해서 반감을 가질 수밖에 없었다. 특히 홀로코스트 당시 기독교계, 그 중에서도 한 마디 반대를 하지 않았던 교황청에 대해 유대인들이 우호적일 수는 없었다. 오히려 교황 비오 7세는 히틀러를 위해 기도까지 한 것으로 알려져 있다. 그리고 많은 기독교인들은 히틀러를 도와 유대인 학살에 참가하기도 하였다.

물론 교황청은 훗날 이에 대해 사과를 했다. 1985년에 교황은 로마에 있는 유대인 회당을 찾아가 유대인을 '우리의 형제*Our elder Brother*'라고 부르며 유대인 박해에 대해 용서를 구했다. 그리고 1998년에도 나치에 의한 유대인 학살에 적극적으로 저항하지 못한 것을 사과했다. 그런데 이 사과라는 것이 유대인들을 감복시킬 정도는 아니었던 모양이다. '슬픈 역사가 있었다, 우리의 심령을 아프게 했다'는 등 마치 지난 일제 36년의 과오에 대한 일왕日王의 사과 내용이 한국인들을 감복시키지 못했던 것처럼……

그러면 바라크 이스라엘 총리는 이런 정황을 모르고 교황을 초대했을까? 아니 그도 분명히 자각하고 있었다. 다만 그는 반유대주의 감정이 약화되는 상황을 우려하고 있었다. 역사적으로 반유대주의의 선봉에는 기독교인들이 있곤 했다. 유대인 입장에서야 분통 터지는 일이지만 이런 묵은 감정을 오래도록 갖고 있는 것은 이스라엘 입장에서도 좋은 일이 아니다. 이스라엘은 한편에서 아랍과 대립하고 있지만 이보다 더 무섭고 잠재되어 있는 적은 바로 반유대주의이다. 그렇기 때문에 역사적 상황에 따라 자칫 반유대주의로 돌변할 여지가 있는 기독교와의 화해는 중요한 의미를 담는다. 물론 이런 제스처가 내부 종교인들이나 홀로코스트 피해자들의 반발을 불러일으킬 수도 있지만 그보다 더 무서운 적인 반유대주의를 희석시키는 것이 중요한 것이다. 어차피 홀로코스트는 지난 일인데 미래의 홀로코스트를 방지하는 게 더 지혜로운 처사이지 않겠는가! 또 한편에서 이런 뉴스는 세계의 이목을 집중시켜 유대인이 종교적 화해에 앞장 섰다는 인상을 줌으로써 많은 관광객을 유치해 돈을 벌 수도 있게 해주는 것이다.

예루살렘성의 상점들을 둘러보니 얼마 전까지 터줏대감 노릇을 했던 예수의 기념품은 뒷전으로 밀리고, 교황의 사진엽서와 각종 기념품이 여기저기서 맹위를 떨치고 있었다. 결국 교황의 최초 성지 방문은 기독교인들에게는 '묵은 감정의 화해'라는 명분과 이스라엘에게는 '관광수입의 증가'와 '대외 이미지 개선'이라는 실리를 주었으니 서로에게 공평한 게임이었던 것 같다. 진짜 승자는 예루살렘성의 장사꾼들이지만.

2000년 3월 21일, 교황 요한 바오로 2세는 '가톨릭의 유죄'

를 발표하며 기독교와의 분파, 다른 종교에 대한 박해, 유대인
박해, 여성억압, 십자군 전쟁을 비롯한 각종 종교전쟁, 피정복
원주민에 대한 강압적인 개종 요구, 마녀사냥을 포함한 종교재
판, 성차별 및 인종차별 등을 고백하며 사죄하였다. 교황은 기
독교의 과오에 대해 상당히 구체적으로 사과를 한 셈이다. 유대
인들에게는 이래저래 좋은 한해였던 것 같다.

멍청한 유대인, 똑똑한 이스라엘

5월이 왔다. 이스라엘의 5월은 우리의 여름보다 더운 것 같았다. 그렇지만 역시 봄은 봄이고, 가을은 가을이라 이스라엘에서도 많은 신랑 신부들이 결혼을 하는 계절이다. 그 중에는 이스라엘에 거주하는 한국인 남녀의 결혼식도 있었다.

신랑은 고등학교를 졸업하고 병아리 감별사로 일하다 지금은 이스라엘에서 기술을 전수하고 있는 사람이었다. 신부는 대학을 졸업하고 예루살렘의 히브리대학에서 석사과정을 이수하고 있었다. 내가 이스라엘에 왔을 때 음양으로 도움을 많이 받는 등 개인적인 친분도 있어서 내가 결혼식 비디오 촬영을 해주기로 했다.

그런데 막상 대답을 해놓긴 했지만 결혼식 촬영 경험이 없어서 고민이 되었다. 하지만 다른 수가 없었다. 최선을 다하는 수밖에…… 나는 당일, 결혼식장인 예루살렘에 있는 한인교회에 일찍 도착해 하객들이 축하 인사를 건네는 모습과 신랑, 신부가 화장하는 모습 등을 찍었다. 한참 촬영을 하다가 옆을 보니 유대인이나 아랍인들이 신기하다는 듯 신랑과 신부를 쳐다보고 있었다. 특히 아랍 여학생들은 부러운 시선을 한참이나 신부에게 보내고 있었다. 정말 신랑과 신부가 차려입은 한복은 너무 아름다웠다.

결혼식 때문인지 평소보다 많은 분들이 교회에 오셨다. 특히 이국에서 행하는 행사여서 그런지 많은 교민들이 하객으로 참석했다. 결혼식이 쓸쓸하지 않게끔 많은 분들이 서로 배려하고 기쁨을 함께 나누고자 했던 것이다.

결혼식은 목사님의 주례로 기독교 방식으로 진행되었다. 긴 시간 동안 오로지 결혼식과 카메라 렌즈에만 신경을 쓰며 땀을 흘리던 나는 식이 끝나자 겨우 한숨을 돌리게 되었다. 나는 허기진 배를 채우기 위해 서둘러 식당으로 향했다. 그런데 혼자서 식사를 하고 있는데 여기저기서 하객들의 대화가 귀에 들려왔다. 그 중에서 나의 가슴에 와 꽂히는 대화들이 있었다.

"그거 참 신기해. 고등학교만 나온 신랑이 어떻게 대학원에 다니는 여자랑 결혼할 수 있을까? 신랑이 참 재주가 좋은가 봐."

"혹시 신부에게 무슨 문제가 있는 것 아냐? 그 학벌에 왜 고졸 남자와 결혼을 하나."

"지금이야 서로 좋겠지만 나중에는 문제가 많을 거야. 학력 차이가 쉽게 좁혀지겠어."

열심히 식사를 하고 있던 나는 이 말을 듣자 갑자기 맥이 풀렸다. 머나먼 이국 땅에서, 그것도 일생에 가장 행복한 때라는 결혼식에서 대한민국의 그 완고한 '가방끈의 편견'을 확인하게 될

줄이야. 그런 하객들
과 신랑, 신부에게 웃
으며 축하 인사를 했
지만 마음이 편치는
않았다. 차라리 이런
이야기를 듣지 않았으
면 정말 기분 좋게 축
하를 해줄 수 있었을
텐데.

물론 나도 어릴 때부
터 "하면 된다", "억울
하면 출세하라"는 말
을 많이 듣고 커왔다.
막상 내가 그 말들을
누구에게서 들었는지
생각은 나지 않지만

예루살렘 한인 교회에서의 결혼식 장면

이 말은 굉장히 친숙한 상식처럼 나의 뇌리에 각인되었던 것 같
다. 그러나 지금 나는 이런 말들을 경멸한다. 정확히는 이 말들
에 내포되어 있는 사회적 의미들을 경멸한다.

유대인은 우리처럼 교육열이 높은 사람들로 알려져 있다. 그
리고 그들의 우수성과 함께 거론되는 『탈무드』는 유대인의 지혜
의 보고이자 그들의 지혜를 상징하는 책으로 알려져 있다. 아기
의 어머니를 주장하는 두 여자에게 명판결을 내린 솔로몬의 지
혜, 굴뚝 청소를 하다가 한 사람은 얼굴이 새카맣게 되고, 또 한

사람은 멀쩡할 때 누가 세수를 하겠냐는 이야기 등 나도 예전에 이 책을 읽어본 적이 있다. 과연 우리가 생각하는 것처럼 유대인들은 늘 이 책을 가까이 하고 교사나 부모님들은 어린 학생들에게 『탈무드』의 지혜를 전하느라 여념이 없는 것일까?

유대인의 교육열이 높다는 이야기는 한 마디로 웃기는 이야기이다. 유대인이 한국에 온다면 '교육열'의 '교'자도 꺼내지 못할 것이다. 내가 처음에 유대인들을 접하면서 느낀 점은 생각보다 그다지 똑똑하지 않다는 것이었다. 물론 똑똑하다는 것을 판별하는 데는 어떤 특별한 기준이 있는 것은 아니다. 하지만 함께 대화를 나누거나 일을 하다 보면 자주 그런 생각이 들곤 한다. 오히려 그런 점에서 보자면 유대인들에게 지배를 당하고 있는 아랍인(팔레스타인 사람)들이 더 낫다는 생각이 들었다. 처음에는 내가 유대인들에게 너무 큰 기대감을 갖거나 보이지 않는 편견 때문에 그런 것은 아닐까 하고 자문도 많이 해보았다. 그런데 나중에 알고 보니 이는 나만의 생각이 아니었다. 한국인 여행자나 교포들도 나와 거의 비슷한 견해를 갖고 있었다.

자연 나는 의문을 하나 갖게 되었다. 도대체 무슨 유대인들이 교육열이 높고, 그들은 똑똑한 민족이라는 이야기들이 어떻게 해서 나왔을까? 그리고 어떻게 이런 나라 사람들이 자기보다 똑똑한 아랍인들을 제압할 수 있는 것인가? 이러한 의문들은 내가 유대인의 사고방식과 교육에 대한 생각들을 이해하면서 풀리게 되었다.

내가 사리드 키부츠에서 볼런티어로 있을 때였다. 키부츠의 식당 바로 옆에는 유치원이 있었다. 식사 때마다 유치원 앞을 지나가곤 했는데 그때마다 가장 먼저 눈에 들어오는 것은 유치원에 있는 장난감들이었다. 아랍인 유치원의 장남감들은 대부분 우리가 흔히 아는 진짜 장난감들이다. 어린이를 위한 장난감들을 사서 비치해 놓는 것이다. 그런데 유대인 유치원을 보면 대부분의 장난감이 일상생활에서 쓰다가 버린 물건들이다. 타자기, 전화, 커피포트, 텔레비전 등 거의 모든 것이 실생활에서 쓰던 것들이다. 우리 같으면 고물상에서나 볼 수 있는 버릴 물건들이었다. 처음에 나는 이것을 보고 역시 유대인들은 구두쇠라고 웃어 넘겼다.

그러던 어느 날 유치원에서 한 여자아이가 놀면서 못 쓰는 커피포트에 물을 담아, 역시 못 쓰는 가스레인지 위에 올려놓고 불을 붙이는 시늉을 하는 것이었다. 아이는 커피포트의 손잡이를 이리저리 돌리며 누르더니 나중에 플라스틱 컵에 물을 따라 아이들을 대접하며 놀았다. 그런데 이 장면이 나에게 신선한 충격을 주었다. 바로 이것이구나!

유대인 아이들은 이런 식의 교육과정을 통해 자신들이 사용해야 할 일상도구와 생활에 익숙해지고 친밀해진다. 분명 여기에는 나중에 따로 교육시켜야 할 시간을 줄여주는 효과가 있다. 그리고 무엇보다도 유대 교육은 지식을 가르치는 게 아니라 사회생활에 필요한 상식과 소양을 가르치는 데에 주목적이 있다는 것이다.

유대 유치원에서 있었던 발표 교육, 그러니까 우리의 학예발표회와 비슷한 행사에 가 보았는데 여기에서도 그들의 실용주의적 정신을 엿볼 수 있었다. 그 어린이들은 우리처럼 피아노,

미술, 춤, 노래 같은 장기를 발표하지 않았다. 대신 명절(구약과 관련된)이나 기념일 등에 그날의 의미와 관련된 연극과 퍼포먼스를 하고 있었다. 가령 유대인들의 식목일이라 할 수 있는 '투 비슈밧*Tu Bishvat*'에는 유치원의 모든 아이들이 직접 나무를 심고, 저녁에는 식목일과 관련된 연극을 어른들과 같이 공연했다. 아이들은 이런 행사를 통해 자연스럽게 그들의 역사와 문화를 배우고 익히며 간직하는 것이다. 우리처럼 배우는 것 따로, 입시에 나오는 것 따로, 사는 것 따로가 아니다. 입시에 나오는 것을 달달 외우는 시스템이 아닌 것이다.

그런데 이러한 교육 철학은 고등교육에도 이어진다. 여전히 보통 사람들이 사회 생활을 하는 데에 별 불편이 없도록 하기 위한 목적으로 교육이 이루어지고 있는 것이다. 이들 사회에서 공부하기 싫은 사람이나 소양이 없는 사람은 억지로 대학에 진학하고자 하지 않는다. 대학은 전문지식을 배우고 싶거나 학구열이 있는 사람만 가는 곳이다. 대신 가방끈이 짧더라도 남의 눈치 안 보고 자기에 맞는 일만 하면 되는 것이고, 사람들은 각자 이러한 삶을 존중해 주고 사회 시스템도 이런 분위기에 맞게 형성되어 있다.

내가 본 유대인 학생들은 정말 공부를 안 했다. 물론 공부하는 학생들은 집이나 도서관에 박혀 있을 테니 내 눈에 들어오지 않았을 수도 있겠지만 대부분의 아이들은 너무도 공부를 하지 않는다. 공부하라고 아이들에게 닦달하는 부모들의 모습도 거의 찾아보기 힘들었다. 학교 수업만 마치면 아이들에게는 자유로운 시간이 보장된다. 우리처럼 피아노, 컴퓨터 학원 등의 과외 공부 하는 모습을 거의 보지 못했다.

나는 이스라엘의 분위기에 익숙해지면서 어릴 적부터 과외에 보충수업에 매일 공부만 시키며 세계 최고의 교육열을 자랑하는 대한민국이 오히려 이상하게 생각되었다. 그렇게 하면서도 한국은 어렵게 살아가는데 왜 유대인들은 저리 놀면서 잘 사는 건지 이상했다. 유대인이 천성적으로 똑똑하다면야 모르겠지만 실제 와서 보니 그렇게 똑똑한 것 같지도 않았다. 거기에 이스라엘은 특별한 자원이 있는 것도 아니고 더군다나 땅도 작은 나라이다.

사실 대한민국은 교육열이 높다고는 하지만 지식에 대한 탐구나 연구의 의지가 충만한 나라는 아니다. 출세하기 위해 "대학에 가야 한다"는 집단최면에 걸린 나라이다. 나는 '하면 된다'는 바로 이 말이 우리 사회를 멍들게 만든 가장 큰말이 아닌가 싶다. 이 말은 개인의 노력 여하에 따라 성공할 수 있다는 뜻도 있지만, 사실은 '(공부 잘)하면 (잘) 된다' 라는 편견 속에 우리 스스로를 학대시키는 말이다.

"억울하면 출세하라"는 말도 "네가 그렇게 세상이 아니꼬우면 공부 잘 해서 우리 패거리 안으로 들어오라"는 말이다. 결국 한 개인은 선 안으로 진입해서 성공할 수 있겠지만 그 개인이 속한 공동체의 근본 속성은 바뀌지 않고, 불합리한 현실은 계속 생산될 뿐이다. 많은 불합리한 현실이 개인의 노력 여하에 달린 문제로 귀결되는 것이다.

한때 대한민국의 삼성그룹 이건희 회장이 "마누라 빼고 다 바꿔라!"는 말을 해서 세간에 화제가 된 적이 있다. 그리고 삼성은

"이등은 아무도 기억하지 않는다. 오직 일등만이 기억될 뿐이다"라는 공격적인 카피로 화제가 되기도 했다. 물론 그 후에는 광고 내용이 스스로 생각하기에도 너무 직선적이었는지 슬그머니 꼬리를 내리기는 했지만 우리 사회에 만연하는 일등주의나 학력 우선의 엘리트주의는 여전히 건재하다.

학력 위주의 엘리트주의가 가진 가장 큰 문제는 학력 이외의 재능에 대해서는 무시하게 된다는 것이다. 그래서 지금처럼 외부와 경쟁해야 되는 시기에 필요한 다양한 사고와 창의력이 저하되어 국제 경쟁에서 낙오될 수밖에 없다.

대한민국에서 중시하는 학력은 공동체에 대한 책임감이나 창의적인 생각, 실제적인 능력과 무관한 경우가 많다. 따라서 제자리가 아닌 자리에 일하는 사람이 상대적으로 많을 수밖에 없다. 이런 시스템을 가진 대한민국이 이스라엘처럼 전체 공동체가 유기적으로 결속된 나라에 비해 경쟁력이 떨어질 수밖에 없는 것은 당연하지 않을까? 최근 IMF 위기에서 보듯이 대한민국 엘리트들의 책임감이나 능력이 이런 조직력을 상회하는 것 같지도 않다. 본래 진정한 엘리트들은 자긍심이 강하고 책임을 회피하지 않기 때문이다.

유대인의 사고방식은 너무나 현실적이고 실용적이다. 때로는 경이롭기까지 할 정도이다. 교육에 대한 유대인의 생각을 보면 어차피 모든 사람이 똑똑할 필요는 없다는 것이다. 그리고 실제로 모든 사람이 똑똑할 수도, 그래서도 안 된다는 것이다. 개인이나 특정집단, 사회 지도층이 대우받는 것은 공동체 내에서나 가능하고 의미가 있다. 이것은 유대인들이 2000년 동안 방랑의 역사를 살며 뼈아프게 경험했던 것이다. 자기들을 보호해줄 수 있는 공동체가 없으면 개인이나 소수의 엘리트들도 결국에는 그 힘을 제대로 발휘할 수 없고, 오히려 불이익을 당하기도 한다.

한 공동체가 운영되기 위해서는 무수히 많은 기능과 그 기능에 맞는 역할이 필요하다. 어떤 역할에는 기본적인 상식과 소양만으로 가능한 것이 있고, 반면 전문적인 지식을 필요로 하는 역할도 있다. 따라서 대학처럼 전문지식을 배우는 것은 그러한 기량을 필요로 하는 자리에 가기 위한 과정인 셈이다.

이처럼 유대 공동체는 우리 사회처럼 직업이나 학력에 대한 편견이 심하지 않고 각자의 역할을 찾아가는 수평적인 사회구조를 갖고 있다. 즉 학력이라는 잣대가 사람의 우열을 판별하는 기준이 아니라 공동체에서의 역할을 판별하는 잣대가 될 뿐이다. 그들은 평범한 키부츠닉으로 일하든 택시기사로 일하든 대학교수로 일하든 모두가 공동체를 구성하는 일원이라는 생각 속에 결속된다. 지도층 인사라고 해서 '우리는 너희들과 질적으로 다른 엘리트'라는 생각을 품지 않는다는 것이다.

이 책을 읽는 독자들이 건방지다고 느낄 줄 모르겠지만 나는 내가 만난 유대인들 중에서 나보다 똑똑하다고 느낀 사람이 별로 없다. 아니 대한민국의 평균적인 사람들보다 특별히 잘 낫다고 할 만한 사람들이 거의 없었다. 개개인 하나로 보면 그들에게 남다른 뭐가 없다는 이야기이다.

그런데 나는 이스라엘과 유대인에게 느낀 것 중의 하나는 공포였다. "조직의 쓴맛을 보고 싶냐"는 우스갯소리처럼 나는 이스라엘에 오기 전에 조직의 위력이라는 것을 그렇게 크게 절감하지 못했다.

종교인을 예외로 한다면 이스라엘에서 정치인이나 사회 지도층으로 성공하기 위해서는 군 경력이 필수적이다. 물론 이는 이스라엘이 적대적인 아랍국가와 대치하고 있기 때문에 군의 입김이 크다는 것도 그 이유 중의 하나가 될 것이다. 그런데 여기에는 다른 흥미로운 점이 있는데 그것은 바로 엘리트에 대한 개념이다.

학력은 사람마다 차이가 있다. 세계에서 20위권이라는 히브리대학 출신에서 시작해 무학력자에 이르기까지 학력은 참으로 다양하다. 이처럼 공부에 대한 관심이나 재능은 사람마다 다르고 결국 학력은 개인의 재능과 의지에 좌우되는 속성을 가지고 있다.

하지만 군대는 누구나 가야 한다. 사람에 따른 개성이나 재능하고는 별 상관이 없다. 법에 의해 똑똑한 사람이든, 부자이든 누구나 공평하게 맨 밑바닥에서부터 시작해야 한다. 그런데 이러한 군대의 속성은 집단성이다. 나만 잘났다고 되는 게 아니라 다른 사람과 보조를 맞춰야 한다.

따라서 유대 사회의 엘리트는 개인의 재능뿐만이 아니라 공동체 조직에 대한 적응력을 갖춘 사람이어야 한다. 엘리트가 되기 위해서는 학력이 먼저 평가 대상이 되는 것이 아니라 자기 공동체에 대한 적응력을 갖추고, 이 중에서 개인적인 재능이 뛰어난 사람이 엘리트가 되는 것이다. 책상에만 앉아 있던 사람은 개인적인 성공은 가능할지 몰라도 전체 공동체를 이끄는 지도층이 되는 데에는 자격미달이다. 바로 유대인들이 생각하는 엘리트는 조직에 대한 적응력과 개인의 재능이 결합된 사람이다. 다시 말해 엘리트나 지도층의 자격을 누구나 가지고 있고 있어야 할 공동체를 수호하는 조직경력에 대해 우선권을 부여하는 시스템인 것이다.

한국에 귀국한 후에 보니 『세 친구』라는 시트콤이 인기를 얻고 있었다. 그리고 주인공인 윤다훈 씨도 많은 인기를 얻고 있었다. 그런데 이 이야기를 하기 전에 먼저 윤다훈 씨나 그분의 팬들에게 양해의 말씀을 구하고 싶다. 내 자신도 어릴 적부터 남들과 비교 당하는 것을 싫어했지만 부득불 예를 들기 위한 것이니 너그러운 마음으로 이해해주셨으면 한다.

나는 윤다훈을 보면서 그가 타고난 연기자라는 생각이 별로 들지 않는다. 그의 연기를 보고 웃어본 적이 거의 없다. 아마 내가 그의 연기를 이해하지 못해서 그렇겠지만 그의 연기는 몸에서 자연스럽게 나오는 것보다는 머리에서 나오는 것이라는 인상을 강하게 받는다. 물론 그의 캐릭터상의 한계일지도 모르지만 내가 보기엔 그가 가진 연기자로서 재능의 한계가 아닌가 싶다. 즉흥적이라기보다는 머릿속에서 생각하고 애써 노력하는 모습이 눈에 보인다. 그렇다 보니 그의 연기는 자연스러운 웃음이 아니라 과장된 연기에서 나오는 웃음을 주는 것 같다. 그에 비하면 남희석 씨는 개그맨으로서 타고난 재주를 갖고 있는 것 같다.

훗날 우리는 2000년대를 대표하는 최고의 개그맨이나 연기자로 윤다훈이라는 사람의 이름을 거론하지 않을 수도 있다. 그의 이름은 쟁쟁한 최고수의 이름에 묻혀서 사람들에게 기억되지 못하고 사라질지도 모른다. 하지만 이 정도면 충분하지 않을까? 다소 재능이 없는 사람도 노력하면, 최고수는 아니더라도 일류급의 경지에는 갈 수 있다는 것이다.

앞으로 우리 사회가 나갈 방향은 학력이라는 재능을 지닌 1등만이 인정받고 살아 남는 사회가 아니다. 각자 자신이 가진 재능을 갈고 닦으면 성공하고, 주위에서도 이를 배려하고, 또 그런 사람을 칭찬하는 사회가 되어야 한다고 본다.

우리들은 학대받고 스스로를 학대하며 살아왔다. 이 무슨 소리냐고요? 각자가 가진 무수한 재능 속에서 단지 공부를 못한다는 이유로 꾸지람을 받고, 또 자신의 개성이나 재능을 무시한 채 학교 성적을 올리기 위해서 발버둥쳐야 했다는 것이다. 그렇다고 많은 사람들이 학문에 뜻을 두고 향학열에 불탔던 것도 아니다. 심지어는 양심의 가책에 죄의식마저 느껴야 했던 것이다. 이것은 학대이지 않은가!

어차피 우리는 이런 우스꽝스런 시절을 겪었고 지금도 겪고 있지만 이런 소모적인 싸움은 우리 세대에서 끝내야 된다. 이런 부정적인 유산은 절대 우리 후손들에게 물려주어선 안 된다. TV에서 가끔 윤다훈 씨를 보면 지금은 웃으면서 그의 연기를 본다. 그가 우리 사회에 던져주는 건강한 메시지를 떠올리면서.

결혼식의 피로연은 어느덧 끝나고 신랑과 신부는 하객들에게 인사를 드리고 이스라엘 남쪽에 있는 항구도시인 에일랏으로 떠났다. 이제 막 부부가 된 두 사람의 밝은 얼굴을 보며 이런 기도를 올렸다. "편견에 구속되지 말고 정말 행복하게 사셔야 합니다.”

　이스라엘에서 귀국한 후 글을 정리하고 있던 중에 이들 신혼부부에게서 연락이 왔다. 지오라는 이름의 귀여운 남자아이를 출산했다는 소식과 함께 아기의 귀여운 사진을 보내왔다. 그리고 책이 출간되면 독자분들에게 꼭 다음과 같은 말을 전해달라는 부탁도 있었다. “지금 우리는 예쁜 아이 낳고 남부럽지 않게 잘 살고 있습니다.”

열정과 신념의 화신, 헤르츨

이스라엘에 대해 관심을 갖기 시작하면서 발견한 인물이 있다. 바로 이스라엘 건국의 아버지라 불리는 테오도르 헤르츨 *Theodor Herzl*(1860~1904)이다. 나는 헤르츨을 통해 조국에 대한 진정한 애국심과 헌신은 바로 이런 것이구나 하는 것을 깨달았다.

그는 19세기의 유대인으로 나와는 옷깃을 스친 인연조차 없었던 사람이다. 그러나 그가 남긴 글과 행적을 통해 나는 그의 사상과 열정을 체득할 수 있었다. 시공을 초월해서 그의 진솔하고 뜨거웠던 삶이 먼 나라 이방인의 가슴에도 전해져 왔던 것이다. 나는 지금도 가끔 그의 어록집을 읽는다. 이제는 외울 구절이 있을 정도로 많이 보았지만 매번 볼 때마다 가슴을 벅차게 하는 새로운 힘을 발견한다.

나는 또한 힘든 일이 있을 때마다 그의 인생을 떠올리면서 힘을 얻곤 한다. '내가 아무리 어렵기로서니 그가 겪었던 일에 감히 비할 수 있을까.' 기회가 된다면 그의 인생을 아니 최소한 그가 남긴 어록이라도 읽어보기를 독자분들에게 권하고 싶다. 일기 형식의 짧은 글이지만 그의 좌절과 기쁨과 고통을 처절할 정도로 느낄 수 있는 명문이다. 좋은 글이 많지만 그 중에서도 내가 아끼는 말은 "변화를 원하는 사람은 먼저 자신의 생활 여건을 바꿔라"이다. 나는 이 말이 그의 인생은 물론, 유대인이 2000년을 방랑해야 했던 이유를 이해할 수 있는 가장 중요한 열쇠라고 생각한다.

유대인들의 국가를 건설하려는 생각은 헤르츨이 처음 가진 것은 아니었다. 그 이전에도 헤스*Moses Hess*(1812~1875), 핀스커 *Leo Pinsker*(1821~1891) 등에 의해 이러한 계획이 구상되기도 하였다. 헤르츨은 이를 1896년 『유대인 국가』라는 책을 통해 정치적인 개념으로 정의하면서 팔레스타인에 독립국가를 건설하자는 시오니즘*Zionism* 운동을 전개하였다.

1860년 헝가리 부다페스트의 전통적인 유대교 가문에서 출생한 헤르츨은 오스트리아에서 저널리스트로 활동하였다. 헤르츨은 동화된 유대인으로, 처음에는 유대인으로서의 의식을 별로 갖지 못했다고 한다. 그러던 중 1894년 프랑스에서 유대인인 드레퓌스가 대역죄로 기소되는 사건*Dreyfus Affair*이 벌어진다. 바로 이 사건을 통해 헤르츨은 반유대주의의 실상과 유대인으로서의 정체성을 자각하게 된다. 드레퓌스의 공판을 취재하면서 헤르츨은 반유대주의의 실체를 확연히 느끼게 된 것이다. 법정에서 그의 귀에는 이런 소리가 들려오고 있었다. "반역자 유대인에게 죽음을!", "유대인이 우리 프랑스를 팔아먹고 있다!" 그

때까지 프랑스에 살던 유대인들은 다른 어느 나라의 유대인들보다 동화가 잘 되어, 프랑스에 대한 애국심도 순수 프랑인들 못지 않다고 평가되었다. 그런데 이런 프랑스에서조차 반유대주의가 존재하고 있었던 것이다.

물론 대다수 유대인들에게는 프랑스의 반유대주의가 놀랄 만한 일은 아니었다. 아이들을 제물로 바치는가 하면 우물에 독을 넣었다는 소문 때문에 살해되는 암울한 중세기를 보낸 유대인들은 근대에 와서도 이유만 달라졌지 여전히 반유대주의의 박해를 받아야 했다. 즉 드레퓌스 사건은 각국의 유대인들에 대한 관심을 환기시키는 사건이었지만 새삼스러운 사안은 아니었다. 유대인들로서는 종종 겪는 일로, '프랑스도 별 수 없구나' 하는 생각을 가졌을 뿐이다. 그러면 헤르츨은 어땠을까? 훗날 시오니즘 운동을 시작하게 되었던 단초를 제공한 이 사건에서 헤르츨은 무엇을 보았을까?

그는 자기 민족인 유대인의 성향이 다른 나라 사람들과 공존해서 살기 힘들다는 것을 정확히 파악한 것으로 보인다. 드레퓌스 사건을 통해 유대인이 동화를 하지 않는 한 반유대주의는 결코 사라질 수 없다는 것을 발견한 것이다. 유대인은 2000년 이산의 역사에서도 타민족에 동화되지 않았다. 이것은 앞으로도 유대인이 동화되기 힘들고, 반유대주의 역시 계속되리라는 것을 뜻한다.

그는 『유대인 국가』에서 유대인의 문제는 유대인이 해결해야 하며 팔레스타인에 독립국가를 세움으로써 해결될 수 있다고 주장했다. 앞으로도 계속될 반유대주의의 운명을 읽고 반유대주의에 대항해 유대인 공동체를 지켜줄 국가 건설의 필요성을 역설한 것이다.

지금 생각하면 지극히 당연한 발상일 수 있지만, 그 당시에는 오히려 커다란 반발과 집요한 방해를 불러일으켰다. 그것도 같은 민족인 유대인들에게서……. 헤르츨의 친구인 레비손은 그에게 "당신이 도와주려고 하는 그 사람들이 당신을 고통스럽게 십자가에 매달아 못을 박을 겁니다"라는 말까지 하였다.

그러면 왜 유대인들은 헤르츨의 주장에 반대하였을까? 헤르츨의 주장과 팔레스타인에 국가를 건설하자는 시오니즘 운동에 반대한 유대인은 크게 세 부류였다.

첫째는 동화주의자들. 이들의 생각은 영국이나 독일 등 현재 자신들이 사는 곳에서 배부르게 잘 살면 된다는 것이었다. 그들은 아랍인이 득실거리는 위험천만한 팔레스타인의 불확실한 미래보다는 현지에서 쌓아올린 기반을 배경으로 안정된 삶을 누리고자 했던 것이었다. 그들은 이런 국가건설 운동이 그나마 잠잠해 있는 각국의 반유대주의를 오히려 자극할 수 있다고 생각했다. 이와 관련해 헤르츨의 다음과 같은 이야기가 있다.

"레벤이 자꾸 프랑스의 국민성에 대해 말하는 것을 보고, 나는 이렇게 응수했다. '뭐라고요? 당신과 내가 같은 나라의 국민이 아닌가요? 그렇지 않다면 왜 뤼거*Lueger*(독일의 반유대주의자)가 선출되었을 때 그렇게 질겁을 하였습니까? 그리고 내가 왜 드레퓌스가 프랑스에서 대역죄로 구속되었을 때 그렇게 분노를 느꼈을까요?' 라고. 그와 작별하면서 '당신과 당신과 같은 동류의 사람들은 결코 나를 이해하려 하지 않겠지요' 라는 말을 던졌다."

둘째는 종교인들. 이들은 헤르츨처럼 팔레스타인에 국가를 건설한다는 목적은 같았지만 방법이 달랐다. 종교인들이 3000년 전의 다윗왕 때와 같은 정교일치의 사회, 신정국가를 원했다. 이에 비해 헤르츨은 정치와 종교가 분리된 현대적인 국가를 목표로 했다. 결국 그의 생각은 종교인들과의 간격을 좁히지 못한 채 종교인들의 반발을 샀다. 사실 종교인들이 헤르츨의 입장에 동의하지 않은 것은 한편에서 자존심이 크게 작용했다.

종교인들은 방랑의 시절, 유대인의 정신을 대표하고 그들의 문화와 정체성을 지켜왔던 주역들이다. 유대인들 사이에서도 많은 영향력을 행사하며 존경을 받았다. 그런데 어느 날 갑자기 듣도 보도 못한 사람이 나타나 자기들은 제쳐두고 국가를 만들겠다니 우선 감정적으로도 동의할 수가 없었던 것이다. 헤르츨이 남긴 글에도 이들의 이야기가 있다.

"게여는 라비*Rabbi*(유대교의 율법사나 율법학자)로 반시온주의자였다. 그는 우리들에게 거세게 맞섰다. 초기 시온주의자들이 우리의 땅과 백성을 찾아다니기 시작하자 게여 박사는 우리에게 욕지거리를 퍼부었다. 그래, 그는 우리를 어리석은 자, 때로는 협잡꾼이라고 했다. 그는 우리의 백성과 땅을 부정했다. 그는 기도서에서 시온에 관한 내용을 읽었고, 그러함에도 시온은 어디에나 있다고 생각했다."

셋째는 마르크시스트*Marxist*. 당시 유럽에서 유대인의 지위는 최하층 아니면 최상층이었다. 그래서 이들은 사회주의와 자본주의 양편의 가장 극단적인 위치에 노출되어 있었다. 그리고 유대인 사회에서 재력은 없지만 고등교육을 받은 많은 유대인들이 사회주의에 심취해 있었다. 많은 유대인들이 고통을 선사하는 계급의 소멸을 주장하는 마르크시즘에서 내일의 희망을 걸고 있었던 것이다. 이런 마르크시스트들은 국가는 소멸하는 과정에 있는데, 소멸해야 될 국가를 만들겠다는 헤르츨의 노력에 동의할 수 없었다.

앞서 말했듯 헤르츨은 "변화를 원하는 사람은 먼저 자신의 생활 여건을 바꿔라"는 말을 했다. 이 말은 개인에게만 해당되는 말이 아니다. "새로운 국가를 만들고자 하는 유대인은 자신들이 처한 환경을 바꿔야 된다." 이것은 국가라는, 2000년 동안 유대인이 경험해 보지 못했던 새로운 변화를 일으키기 위해서는 먼저 유대인 자신들이 2000년 동안 익숙했던 사고방식과 환경에서 탈피해야 함을 뜻한다. 그러면 유대인들이 2000년 동안 익숙했던 사고방식과 환경은 어떤 것이었을까?

먼저 유대교의 정통 종교인들. 이들이 초지일관으로 내세우는 것은 정교일치의 신정국가다. 서기 132년에 로마제국에 대항하는 바르 코크바의 반란이 시작되자 라비 아키바는 그를 유대인의 왕이자, 메시아로 선언하였다. 이 반란은 로마제국에 의해 진압되고 이후 팔레스타인을 떠나 유대인들에 의해 본격적인 이산의 역사가 시작된다. 이후 2000년 동안 유대인의 국가를 건설하기 위한 시도는 거의 없었다고 해도 무방할 정도다. 다만 그들은 세계 어디를 가더라도 자신들의 문화와 전통을 지키기 위해 노력했다. 하루에 세 번씩 예루살렘을 향해 기도를 하고, 그들의 역사를 간직했다.

이 과정에서 종교인들은 중요한 공헌을 했지만 한 가지 중요한 사실을 간과하고 있었다. 모든 유대인이 정교일치의 국가나 사회를 원했던 것은 아니라는 점이다. 실제 많은 유대인들이 여러 나라에 흩어지면서 종교인들이 원하는 규범대로만 살 수는 없었다. 종교인들의 방식대로라면 결혼도 유대인끼리만 해야 되는데 실제 대다수 유대인들은 현지인들의 피가 섞인 혼혈이었다. 결국 종교인들은 유대인만의 국가를 원했지만 그 국가를 만들기 위해서는 자신들이 익숙하고 당연하게 여기는 사고방식 즉, 정교일치의 국가여야 한다는 한계를 벗어나지 못했다.

그리고 동화론자들. 사실 이들은 어떤 조직을 형성하거나 뚜렷한 이념이 있어서 동화론자로 불린 것은 아니다. 이들은 상대적으로 부를 축적한 자들이 많았는데 지식인도 있었고, 종교적인 생활방식을 유지하거나, 그 나라에서 높은 사회적 지위를 가진 자들도 있었다. 그리고 유대인의 정체성을 잃은 사람을 비롯해 다양한 부류의 사람들이 있었다. 이들에게 가장 중요한 것은 안정이었다. 그들은 그저 반유대주의가 기승을 부려 자신들이 공격당하는 일이 일어나지 않는 것을 바랄 뿐이었다. 그래서 그들은 유대인임을 숨기고 잠행하는 경우가 많았다.

이들은 몇 차례의 국가 건설 시도가 어떤 결과로 끝났는지 잘 알고 있었다. 그래서 그들은 국가 건설은 불가능하다는 고정관념을 갖고 있었고, 설령 국가가 세워져도 이미 기반을 쌓은 채 잘 살고 있는 곳을 떠날 필요를 느끼지 못하고 있었다. 이들 역시 자신들이 익숙하게 잘 살고 있는 환경에서 머물기를 바란다.

그리고 마지막으로 마르크시스트들이다. 이들은 위의 두 부류의 사람들에 비해서는 시기적으로 훨씬 짧은 시기에 생기고 활동한 사람들이다. 이론만 놓고 본다면 이들이 신봉한 마르크시즘만큼 매력적인 것도 없을 것이다. 인종, 국가, 계급을 막론하고 누구나 평등을 누리며, 반유대주의와 같은 인종차별도 겪을 일이 없을 테니까. 그렇다면 구태여 유대인의 국가를 따로 만들 필요도 없이 그냥 원하는 곳에서 자유롭게 살면 되는 것이다.

그러나 헤르츨은 이들이 가진 이념이 비현실적인 것임을 익히 간파했다. 대부분의 마르크시스트들은 지식인이었는데 아이로니컬하게도 이런 지식인일수록 편견과 자신들의 약점을 인정하지 않으려 하는 경향이 심했다.

위에서 언급한 세 부류의 유대인들은 공통점이 하나 있다. 경제적으로나 정신적으로 또한 사상적으로도 그들은 유대인 사회의 엘리트였다는 점이다. 그렇다! 헤르츨은 바로 유대인, 그것도 기득권층과 싸웠던 것이다. 유대인들이 2000년 동안이나 방랑생활을 해야 했던 것은 우수한 민족으로 평가받는 그들이 자신들의 실력을 발휘할 공통의 방향을 잡지 못하고 개인의 기득권에만 집착했기 때문이었다. 결국 개개인은 뛰어났지만 민족의 방랑이라는 한계선을 넘지 못했던 것이다. 바로 이런 현실을 헤르츨은 정확하게 통찰했다.

독립 이전의 유대인 사회에는 별다른 구심점이 없었다. 각 곳에 크고 작은 점을 형성하며 살고 있었지만 그 점들이 서로 연결되어 있는 것은 아니었다. 그저 서로간에 연락을 취하고 사는 정도였다. 그래서 1492년, 스페인의 이사벨라 여왕이 유대인에게 개종이냐 추방이냐를 선택하라고 요구했던 칙령처럼 그 나라 사람들의 변덕(?)에 따라 죽거나 쫓겨나야 하는 일을 반복해야 했다.

또한 나치가 마음대로 홀로 코스트를 자행한 것도 유대인을 보호해 줄 수 있는 구심점, 즉 국가가 없었기 때문이다. 그래서 헤르츨은 따로따로 떨어진 점과 점을 유기적인 선으로 잇고, 구심점을 만들어야 할 필요성을 느꼈다. 그 선이 시오니즘이었고, 구심점

군복무를 위해 러시아에서 귀국한 유대인. 많은 해외에 거주하는 유대인들은 자신들의 나라가 있음으로 더욱더 공동체와 효과적으로 결합할 수 있다.

은 팔레스타인 지역에 국가를 건설하는 일이었다.

대부분의 유대인들에게 헤르츨은 위험하고 미친 사람이었다. 지금 잘 살고 크게 아쉬울 것도 없는데 이것을 왜 포기하고 낯선 팔레스타인에 가야 하는지, 누가 봐도 미친 사람이었을 것이다. 따라서 실제로 시오니즘 운동이 본격화되어 팔레스타인으

로 유대인의 이주가 급증했을 때 참여한 사람은 대부분 동유럽의 가난한 유대인들이었다. 그들은 자신이 있던 나라에서 가진 것이 없었기 때문에 쉽게 훌훌 털고 나설 수 있었던 것이다.

유대인은 어느 나라를 가던 차별과 질시 속에 맨주먹으로 시작해야 했다. 그리고 부와 명성을 얻었다. 그런데 이렇게 성공한 사람들은 밑바닥부터 올라왔기 때문에 다시 그 바닥으로 떨어지는 것을 두려워한다. 그 생활이 어떤지 겪어봤고 그때 받은 멸시가 고통스러웠기 때문에 일단 움켜잡은 것은 절대 놓지 않으려 한다.

결국 유대교를 신봉하는 종교인들은 신정국가라는 이상을, 동화된 유대인들은 자신들의 안정적인 기반과 부를, 마르크시스트들은 자신들의 이념이라는 기득권과 익숙한 환경에서 벗어나지 못함으로써 국가라는 새로운 변화를 요하는 일에 부응하지 못했던 것이다.

아마도 유대인들은 시오니즘 운동이 시작된 30년 뒤에 나치에 의해 홀로코스트가 생길 것이라고는 꿈에도 상상하지 못했을 것이다. 신은 유대인들에게 홀로코스트라는 재앙과 헤르츨이라는 빛을 동시에 준 것이다. 그러나 홀로코스트는 헤르츨의 선견지명이 옳았음을 입증해주는 사건이 되었다. 자신의 기득권을 포기하면서 당장은 별 이득이 없어 보이는 국가를 세우는 것이 왜 그렇게 절실한가를 깨닫게 해주었다.

그리고 헤르츨의 뛰어난 점은 시오니즘 운동이 성공하더라도 부유한 유대인들은 팔레스타인으로 오지 않을 것을 정확히 예측했다는 점이다. 그는 동화론자들을 설득했지만 강요하지는 않았다. 다만 지금대로 살다가 유대인의 나라에 위급한 일이 생기면 해외에서 엄호할 수 있도록 분위기를 유도했다. "나라는 가난하고 의지가 있는 사람들이 목숨을 걸고 지키겠다. 너희는 돈으로 엄호해라."

언뜻 들으면 굉장히 냉정하고 잔인한 말이다. 보통 우리들 정서로는 '돈 없는 것도 서러운데 우리들 목숨만 바치라고. 있는 놈들은 다 도망가고 우리만 희생하라고!' 생각할 것이다. 나는 이것이 유대인의 진정한 강점이자 공동체 의식이라고 생각한다. 어차피 인간이란 존재는 하기 싫은 일을 시키면 역효과만 나게 마련이다. 헤르츨은 이를 통찰하고 있었다. 그럴 바에는 차라리 내버려두고, 자기 편한 방식으로 도움을 줄 수 있는 길을 열어놓는 것이 더 낫다는 생각을 한 것이다. 헤르츨은 자기 민족인 유대인들이 욕심이 많고, 양보와 타협을 잘 안 한다는 사실을 자각하고 있었다.

유대인의 1948년 국가 건설은 이러한 보이지 않는 노력과 공감대 속에 이루어진 역사이다. 이는 유대 사회의 기득권층이 목숨 대신 경제력으로 도움을 주고, 직접 국가 건설에 참여한 대부분의 비기득권층은 몸으로 때우는, 비정하지만 가장 현실적이고 효과적인 공조체제를 이룬 결과이다. 이로써 기득권층에게는 나름대로 경제적인 기여를 하며 국가 건설에 참여했다는 자부심을 주고, 비기득권층에게는 자신들이 있었던 나라에서 겪은 반유대주의 대신 독립국가에서 차별을 받지 않고 자유롭게 삶을 영위하는 길을 열어주게 되었다.

지금도 이스라엘에 있는 유대인보다 해외에 거주하는 유대인의 수가 더 많다. 그렇지만 이들 해외거주 유대인들도 이스라엘이라는 유대인의 나라가 있음으로써 자신들의 힘이나 권리를 더 보호받을 수 있다. 그래서 본토에 전쟁 등의 위기가 닥치면 하나로 뭉쳐 성원을 보내는 것이다. 물론 이러한 성공은 유대 민족의 지혜와 양보와 헌신 속에 이루어진 일이다. 제아무리 개인적으로 능력이 뛰어나다 할지라도 이것이 공동체와 효과적으로 결합하지 못하면 힘을 발휘할 수 없다.

이와 함께 지적할 수 있는 것은 공동체가 나아갈 방향을 제시하고, 결집시킬 수 있는 선견지명과 능력을 가진 지도자의 역할이다. 헤르츨은 1897년, 스위스 바젤에서 1차 시온주의 총회를 연후 몸을 아끼지 않고 일을 하다 건강이 악화되어 1904년 44세의 한창 나이로 세상을 떠났다. 그는 죽기 전까지 자신의 고통을 가까운 친구들에게도 알리지 않았다고 한다. 그가 남긴 일기장에는 1897년 시온주의 총회에 대한 글이 적혀 있다.

"나는 여기에 유대국가를 세웠다. 만일 내가 이 사실을 크게 소리친다면 모든 세상이 비웃을 것이다. 그러나 어쩌면 5년, 적어도 50년 안에 모든 이들이 확인하게 될 것이다."

그 후 이스라엘은 1948년에 독립을 하게 되었으니 헤르츨의 예언은 적중한 셈이다. 그의 유서에는 자신의 주검을 '유대 민족이 나의 유골을 팔레스타인으로 옮길 때까지' 그의 부친이 묻힌 곳과 가까운 비엔나(오스트리아)에 묻어달라고 적혀 있다. 결국 신이 내린 저주도 인류가 준 재앙도 인간의 강렬한 집념을 꺾을 수는 없었다. 한 공동체를 향한 헤르츨의 집념과 헌신에 조용한 애도를 보낸다.

우리의 성문화, 경쟁력은 있는가

만약 누군가 나에게 "해외에서 살게 된다면 어느 나라를 선택하겠느냐"고 묻는다면 나는 영국이라고 대답할 것이다. 물론 나는 영국에 가 본 적은 없다. 하지만 이스라엘에서 만난 친구들 중에서 영국 출신들이 대개는 친절하고 성격들이 좋았다. '신사의 나라, 영국' 이라는 말이 괜한 말이 아니라는 것을 자주 느꼈다. 물론 여행 중에 사람을 대하는 것과 평소 이웃을 대하는 태도와는 다를 수 있다. 다른 나라들처럼 영국인도 이방인에 대해서는 배타적으로 대하는 경우들이 있을 것이다. 그렇지만 짧은 경험으로 볼 때, 영국 사람들과 지내기가 가장 편하고 격의 없는 대화를 나눌 수 있었다.

그런데 이번에는 누가 나에게 해외에서 가장 살기 싫은 나라를 꼽으라고 한다면 이스라엘이라고 말하고 싶다. 솔직히 다시 여행을 가라고 해도 싫다. 여러 이유가 있지만 우선 재미가 없다는 것이다.

물론 이는 나한테만 해당되는 이야기일 수 있다. 아마도 기독교인들은 가장 살고 싶은 나라가 이스라엘일 것이다. 기독교의 발상지이자 예수가 태어난 땅, 곳곳이 예수의 흔적을 간직한 성경의 무대이자 성지이기 때문이다. 흙 한줌, 무너진 유적의 돌 하나에서도 설렘과 감격을 느낄지 모른다.

그러나 나는 기독교인이 아니어서 그런지 이런 감흥과는 거리가 좀 있었다. 종교인들에게는 발칙한 말로 들리겠지만 나는 세속적인 쾌락에 더 많은 관심을 갖고 있었다. 그런데 이스라엘에는 그런 즐거움을 주는 곳이 너무 없었다. 언뜻 생각하기에는 유대인들이 모두 독실한 종교인들로 금욕적인 생활을 하기 때문이라고 생각할지 모른다. 그러나 이는 오해이다. 오히려 나는 이스라엘에 처음 왔을 때 여성들의 몸매를 훤히 드러내는 노출, 패션모델 뺨치는 복장에 놀랄 지경이었다. 아마 이스라엘을 방문한 많은 분들이 나와 같은 경험을 했을 것이다. 정말 유대인 여자들의 복장은 장난이 아니었다. 그리고 아랍 여자들도 결코 이에 뒤지 않았다. 이야기를 들으니 이곳의 노출 정도는 유럽보다 심하고, 미국과 거의 비슷하다는 평가이다.

속물이라고 손가락질을 하시는 분이 계실지 모르겠지만 솔직히 내 입장에서는 여성들의 그런 복장이 싫지만은 않았다. 그리고 처음에는 은근한 기대도 했었다. '어쩌면 나는 이 나라에서 기억에 남을 로맨스를 꽃피울지 모른다.' 하지만 재미는 무슨 재미! 이스라엘에서의 생활이 벌써 꽤 되었건만 로맨스는커녕 지루하고 따분하다는 생각만이 요즘의 나를 괴롭히고 있다. 이 나라를 여행하는 남성들은 나 같은 기대는 크게 안 하는 게 좋을 것 같다. 보통 유대인 여자들은 보기에는 좋지만(?) 사귀기는 굉장히 힘들다. 엄청 거만해서 여간해선 친해지기가 힘들다. 또 자칫 아랍 여자들에게 함부로 접근했다가는 상당히 험한 일을 겪게 될 공산이 크다.

키부츠에서 볼런티어들과의 생활은 너무 재미없었다. 한국에서 본 키부츠 안내 책자의 이야기와 현실은 사뭇 달랐다. 물론 이곳에 막 와서 생소한 환경에 적응하며 처음 경험해 보는 일들이 많았을 때는 설렘과 흥분이 있었다. 그러나 외국 친구를 사귀는 것도 하루 이틀이지 무슨 TV 드라마처럼 새로운 일이 늘 있는 것도 아니다. 그리고 키부츠의 환경에 이내 익숙해지자 모든 것이 지겨워지고 뻔한 일이 되었다.

처음에는 내가 있는 키부츠가 작은 도시여서 그런가보다 했다. 그러나 나중에 예루살렘이나 텔아비브 같은 큰 도시를 가보아도 별로 놀 만한 곳이 없었다. 한 번은 스페인 출신의 유대인 친구들과 함께 텔아비브의 나이트 클럽에 놀러갔다. 텔아비브의 나이트 클럽들은 올드 포트*Old Port*라는 곳에 밀집해 있었는데 하나같이 항구의 창고를 개조한 것들이었다. 대도시라 시설이나 분위기가 좀 다를 줄 알았는데 웬걸, 키부츠에 있는 퍼브나 나이트 클럽과 별 차이가 없었다. 우리가 보면 그냥 웃을 수준의 시설이었다. 널따란 창고에다 조명 몇 개 달아놓고 DJ가 트는 음악에 맞추어 제각기 알아서 노는 분위기였다. 그나마 매일 영업을 하는 것도 아니었다. 주로 금요일이나 휴일에 개장했다.

시내의 풍광도 우리네 도시와는 사뭇 달랐다. 우리 나라의 웬

만한 곳에선 볼 수 있는 그 흔한 비디오방, 노래방, 만화방을 이 곳에서는 보질 못했다. 오락실도 대도시 중심에 있는 쇼핑몰에 하나 있을 정도였고, 규모도 작았다. 인터넷 게임방도 좀처럼 찾아보기 힘들었고, 그나마 이용료도 비싸서 손님들이 별로 없었다.

처음에는 본래 이 나라가 이런가보다 했는데 시간이 지날수록 드는 의문이 하나 있었다. 내가 볼 때는 정말 심심하고 재미없는 나라인데 이곳의 사람들은 다 잘 노는 것이었다. 물론 없으면 없는 대로 적응하고 살겠지만 우리의 모습과는 너무 대조적이었다.

내가 이스라엘에 오기 전 인천의 한 호프집에서 불이 나 많은 청소년들이 죽은 사건이 있었다. 그때 언론에서는 '우리 청소년들이 갈 곳이 없다'라는 제목과 함께 건전하게 여가를 즐길 문화공간을 많이 만들어야 한다는 기사를 여기저기서 올리곤 하였다. 그런데 이곳과 비교하면 우리 청소년들은 갈 곳이 너무 많아 고민해야 될 처지였다. 대체 이곳 청소년들은 뭘 하며 사는 걸까 하고 의문이 들 정도였다. 유대인들을 보면서 느낀 것은 문화공간의 부족에 문제가 있는 것이 아니라 오히려 그 공간들을 어떻게 활용하느냐에 달린 것이라는 생각이 들었다.

서구와 이스라엘의 놀이 문화 중 큰 비중을 차지하는 것은 퍼브와 나이트 클럽이다. 이런 곳들은 단지 술을 마시며 춤을 추는 장소만은 아니다. 남녀가 자연스럽게 만나 이야기하고, 하룻밤의 성관계로까지 이어지는 분위기를 제공하는 곳이다. 우리의 나이트 클럽은 서구의 퍼브에서 온 것이다. 겉모양은 비슷하

게 흉내냈지만 그것이 담고 있는 성문화까지 가져오지는 못했
다. 우리의 성문화야 보수적이니 당연히 이런 문화까지 수용할
수는 없었을 것이다. 만약 그런 젊은이들이 있다면 오히려 죄악
시 하거나 문란하다고 손가락질을 받는 것이 더 일반적인 정서
일 것이다. 요즘 우리의 신세대들에게는 이런 개념이 희박해졌
을지 모르지만 아직까지 대세라고 볼 수는 없을 것 같다.

　그런데 내가 이곳에서 서구 문화를 접하면서 느낀 것은 문란
하다는 것보다는 우리와 다르구나 하는 것이었다. 이스라엘의
나이트클럽이나 퍼브에서 낯선 여자에게 접근해 말을 걸어 유
혹하고, 하룻밤을 즐기는 모습은 흔히 보는 광경이었다. 인간의
원초적 본능 중의 하나가 성욕이라는 것을 유감없이 보여주고
있었다.

　물론 성욕을 억제하는 문화나 이를 발산하는 문화나 나름대로
의 이유가 있을 것이다. 분명 우리 문화는 성을 억제하거나 많
은 부분에서 금기시 하는 문화이다. 유교 문화의 영향도 클 것
이고, 한반도라는 조그만 땅에서 오랫동안 다른 문화와의 교류
없이 지냈다는 역사적 상황도 작용했을 것이다. 마찬가지로 이
스라엘의 개방적인 성문화는 서구 문화의 영향을 받은 탓일 것
이다.

　그리고 내 생각에는 이스라엘의 지리적, 정치적 상황도 한 이
유가 된다고 본다. 이스라엘은 바다와 적대적인 아랍국가들에
둘러싸여 있다. 폭탄이 언제 터질지 모르고, 전쟁이 언제 일어
날지 모르는 상황에서 유대인들은 상대방의 움직임을 예의주시
하며 안보에 민감할 수밖에 없다. 그런데 사람은 늘 팽팽한 긴

데이트를 즐기는 군인들. 이스라엘의 유대인들은 여성이라도 의무적으로 군대에 가야 한다.

장감 속에서만 살 수 없다. 한편에선 긴장을 풀고, 욕구를 발산할 수 있는 욕망의 배출구도 필요하다. 늘 팽팽하게 긴장해 있는 사람은 결국 무너질 수밖에 없기 때문이다. 내 생각에 유대인들의 욕망의 배출구 역할을 하는 것은 바로 성과 여행이다.

유대인들은 군을 제대하면 대부분 해외로 장기간 여행을 떠난다. 주로 인도에 많이 가는 편이다. 그렇지만 여행을 자주 갈 수는 없는 노릇이다. 그에 비해 성은 상대적으로 가깝게 접할 수 있다. 우리 입장에선 '천박한 사람들'이라고 비판할 수도 있겠지만, 유대인들 관점에서는 너무나 자연스러운 현상일 수 있다. 어차피 성욕은 인간의 자연스런 욕망이다. 그 성욕을 억지로 억압하면 사라지는 것이 아니라 음지로 파고들어 사회에 더 큰 해악을 주게 된다. 물론 이런 성문화를 인정하게 되면 성의 문란

등 여러 사회문제가 생길 수 있지만 성을 억제하는 데서 오는 성범죄와 같은 역효과보다는 낫다는 것이 그들의 사고방식이다. 그리고 중요한 것은 이런 성문화에서는 자신의 일은 자신이 책임진다는 원칙이다. 너무나 당연할 말일 수 있지만 내가 이스라엘의 성문화를 신선하다고 느낀 것은 우리와 너무 비교가 되었기 때문이다.

나는 텔아비브시를 방문한 김에 지중해 해변에도 가 보았다. 이곳은 특히 금요일 밤이 되면 밤 풍취를 즐기려는 사람들이 사방에서 모여든다. 당연히 그 무리에는 청춘남녀들을 쉽게 찾아볼 수 있다. 무리지어 오는 청년들, 잔뜩 아름다운 몸매를 과시하며 나타나는 아가씨들. 곧 해변에서는 데이트 상대를 찾기 위한 남자들의 구애가 시작된다.

키부츠에서 같이 온 우리아는 이런 모습을 보면서 한 마디 했다. "저건 아주 멍청한 짓이야. 스페인에서도 여자들을 꼬시려는 남성들이 득실득실해. 어느 나라를 가도 마찬가지야. 여자들은 가만히 앉아 추근대는 남자들 중에서 마음에 드는 사람을 손가락으로 찍으면 돼. 남자들은 여자들에게 멋지게 보이려고 마음에도 없는 말을 하고, 왜 여자들에게 우선권을 주는 저런 멍청한 짓을 하는지 모르겠어."

하지만 그것이 바보짓이든, 능력이든 원하는 짝을 만난 남녀들은 해변에서 행복한 시간을 보내고 종종 그들은 좀더 은밀한 곳으로 장소를 옮기게 된다.

내가 이곳에서 발견한 우리 나라 성문화의 특징은 '다른 사람의 눈치보기'이다. 이스라엘에서 만난 한 한국인 여행자가 나에게 이런 말을 했다. "나중에 배우자를 고를 때 이스라엘에 온 여자는 한 번 생각해보고 마음을 정하세요. 많은 한국 여성들이 쉽게 백인들의 유혹에 넘어가요. 임신해서 돌아간 사람들도 많아요. 물론 모두가 그런 것은 아니지만……."

이는 한 개인의 피상적인 경험에서 나온 판단일 수 있다. 나 역시 이런 말을 하는 것은 이스라엘을 찾은 한국 여성들을 비하하기 위한 것이 아니다. 나도 다른 나라에서 온 볼런티어들처럼 성이라는 유혹에 빠지고, 그 달콤한 호기심에 노출되고 싶은 때가 많았다. 내가 내 삶을 즐기고 싶었던 만큼 여자들에게도 동등한 권리가 있는 것이다. 만약 내가 한국에 와서 여자를 사귀는데 그 여자가 나의 이스라엘에서의 사생활을 문제삼는다면 기분이 나쁠 것이다. 존중받고 싶은 나의 인격이 있는 것처럼 여성의 인격 역시 존중해줘야 하는 것이다. 내가 하면 로맨스고 남이 하면 불륜이라는 남성위주의 편협한 사고방식은 성을 왜곡시킬 수밖에 없다.

흔히들 많은 여자들과 만나는 남자를 능력이 좋다고 말하는데 반대로 여자가 주인공이 되면 행실이 나쁜 여자가 된다. 그러나 이건 분명히 잘못된 것이다. 남자가 여러 여자 만나고 싶으면 여자도 여러 남자 만날 수 있는 것이다. 있는 그대로 봐주고 내가 원하는 만큼 다른 사람도 인정하면 눈치 볼 일도 없고 서로가 편하게 된다.

그런데 나는 결국 한국인으로서의 벽을 쉽게 뛰어넘지 못하고 말았다. 무슨 금욕주의 철학이 있어서라기보다는 솔직히 같은 한국인들의 눈을 의식하고, 눈치를 보느라 그랬다. 해외를 여행한 많은 분들이 "밖에 나가면 한국인을 조심하라"는 말을 들었을 것이다. 이는 이스라엘에서도 적용되는 말이다. 왜냐하면 여기에도 한국인의 눈은 있고, 뒷소문이 두려우니까! 한국인이라면 많은 사람들이 공감하는 이야기가 있을 것이다. 한국인들은 남 이야기 좋아하고, 쉽게 타인을 매도한다는 것!

그래서 우리의 성문화의 기준은 자기책임이 아니라 '남의 눈치보기'이다. 결국 이런 편협한 성의식은 갖가지 불건전하고, 음성적인 공간으로 스며들거나, 왜곡된 방법으로 표현되게 된다. 결국 우리는 서로가 눈치를 보느라고 많은 문화공간이 있음에도 제대로 활용을 못하고 지하에서 놀 수밖에 없다. 내 생각에는 청소년들을 위한 문화공간을 하나 더 만드는 것보다는 '내가 하고 싶은 것은 남도 하고 싶다'는 상식적인 생각이 통하는 사회적 분위기를 만드는 것이 더 궁극적인 개선책이라는 생각이 든다. 그렇지 않다면 수없이 주어진 공간들이 있음에도 불구하고, 그곳들은 또 다른 감옥이 될 수도 있다는 생각이다. 그리고 청소년들은 남들의 시선이 미치지 못하는 곳을 찾아 더욱 책임질 수 없는 행위를 하게 될 것이다.

기록에 집착하는 사람들

아침 6시. 나는 평소보다 일찍 일어났다. 한 시간 뒤에 누군가를 만나기로 약속했기 때문이다. 이렇게 이른 시간에 사람을 만나기로 한 것은 지금까지 살아오면서 처음이었다. 하지만 상대방이 워낙 바쁜 사람이라 별 도리가 없었다. 약속 상대는 리디아, 프리랜서 저널리스트로 활동하는 유대인 여성이었다. 그녀는 내가 사리드 키부츠에서 있을 때 강연을 하다가 알게 된 여자였는데, 나에게 아주 강렬한 인상을 주었다.

그 후 나는 그녀에게 이메일을 보내 내 소개를 간단히 한 다음 내가 하려는 일을 설명했다. 그녀의 열린 마음이라면 나에게 유익한 조언을 해줄 수 있으리라 기대했기 때문이다. 그러다 몇 차례 그녀와 만나려 했지만 시간이 서로 엇갈리다가 마침내 오늘 약속이 잡힌 것이다. 서둘러 숙소를 나온 나는 그녀가 일하는 사무실로 향했다.

지금 그녀가 일하는 곳은 기밧 하비바*Givat Haviva*라는 단체이며 그곳에서 그녀는 유대인과 아랍인의 평화를 도모하는 활동을 하고 있다. 나중에 아랍인들에게도 이 단체에 대해 물어보니 그들 역시 굉장히 호의를 갖고 있었다. 유대인과 아랍 학생이 서로의 언어를 배우며 함께 공부하고, 갈등이 되고 있는 문제에 대해 직접 얼굴을 마주하며 토론을 펼치는 등 두 민족의 평화공존을 도모하는 일을 주로 한다. 때로 이스라엘이나 아랍의 반평화적인 행위가 있을 때에는 함께 항의시위를 하기도 한다.

나는 사람들에게 위치를 물어가며 아풀라*Afula*와 하데라*Hadera*를 잇는 간선도로가 지나는 서안 지역 경계선 근처의 사무실로 어렵게 찾아갔다. 사무실에 도착해보니 그녀는 벌써 나와 일을 하고 있었다. 간단한 수인사를 나누고 그녀는 내가 어떤 도움을 원하는지 물었다.

이른 아침에 약속을 했기에 리디아와 나는 아침식사를 함께 하며 이야기를 했다. 그녀는 자신의 동료들을 내게 소개시켜 주었는데 식사 도중에 동료들과 영어로 대화를 나누는 그녀의 모습이 참 고맙게 느껴졌다. 모국어인 히브리어로 하는 게 더 편하겠지만 이방인인 내가 소외감을 느끼지 않도록 그녀가 세심한 배려를 한 것이다.

식사가 끝나자 그녀의 동료 한 분이 이곳의 게토 박물관과 엑소더스*Exdous* 박물관, 그리고 키부츠 박물관을 안내해 주었다. 이곳에는 주로 유럽에서 온 그룹들이 방문해 이스라엘의 역사와 홀로코스트, 아랍과의 관계에 대한 세미나, 강연 프로그램에 참여하고 있었다. 그런데 나는 개인 자격으로 더욱이 이스라엘과 별 인연이 없는 나라에서 왔음에도 불구하고 그녀는 최선을 다해 친절을 베풀었다.

　그런데 안내를 받으며 박물관을 둘러보다가 노인 한 분을 만나 잠시 이야기를 듣게 되었다. 나치 치하의 폴란드에 있던 집단 유대인 수용소에서 구사일생으로 살아 돌아온 노인이었다. 생김새가 아리안 계통을 닮아서 다행히 목숨을 구했다고 한다. 나는 그분의 참담했던 과거를 들으면서 감정이 격해졌다. 비록 전혀 다른 나라에서, 다른 시대를 살다 왔지만 나 역시 그의 아픔에 깊이 공감할 수 있었다. 그러니 그 상황을 직접 겪고 견뎌야 했던 사람들의 고통은 오죽했겠는가!

　박물관들의 규모는 크지 않았지만 잘 정돈되어 있었다. 또 각 전시물에는 세세한 설명이 붙어 있었다. 국립박물관도 아닌 사설박물관이 이 정도니 유대인들이 기록에 대한 집념이 어느 정도인지를 알 수 있었다. 실로 아랍인들은 너무나 거대한 적을 상대로 하고 있는 것 같았다. 그러나 잠시 후 유대인 중학교 아이들이 단체 관람을 오는 바람에 박물관의 조용한 분위기는 순식간에 깨지고 말았다. 유대인에게는 숙연한 장소일 텐데 가이드의 설명은 아이들이 떠드는 소리에 묻혀 잘 들리지 않았다. 역시 인간은 재산을 물려받는 것에는 관심이 많지만 슬픔을 물려받기는 힘든 것 같다.

　나는 영화 감상을 퍽 즐긴다. 마니아 정도라고는 할 수 없겠지만 영화를 보는 것도, 이야기하는 것도 무척 좋아한다. 그래서 나는 〈열린영화〉라는 순수 아마추어 영화모임에 가입해 활동해 오고 있었다. 모임에는 회칙이 있었고, 그에 따라 매달 회지도 발간되었다. 하지만 나는 솔직히 회지 발간에 대해 부정적이었다. 무슨 전문가 그룹도 아니고, 순수 아마추어 동호회가 사비를 들여가면서까지 회지를 만들 필요가 있겠느냐는 생각이었다. 아마추어들이 쓴 글을 돈주고 사 볼 사람도 없을 것이고, 차라리 그 돈으로 회식 한 번 더하는 것이 낫다고 생각한 것이다. 그런데 그 생각을 재고하게 되는 계기가 생겼다.

나는 이스라엘에 있는 동안 키부츠들을 돌아다니며 그 역사나 운영하는 방식 등에 대해 관심을 갖고 살펴보았다. 하루는 사리드 키부츠의 역사 박물관에 갔는데 그만 나는 그곳에 보관되어 있는 자료들에 주눅이 들고 말았다. 1920년대부터 간행된 소식지들은 물론, 회의록, 인적사항 등을 빠짐없이 정리해 놓았던 것이다. 그뿐만이 아니었다. 1920년대의 물건과 사진들, 심지어는 어린아이들의 자수 작품에 이르기까지 우리 같으면 벌써 버렸을 것들이 박물관의 전시품으로 진열되고 있었다. 훗날 누가 사람을 찾거나 연구를 하고 싶다면 오히려 자료가 너무 많아서 고민이 될 정도였다. 알고 봤더니 이는 사리드 키부츠만 그런 것이 아니었다. 한국 도시의 일개 동 인구에도 못 미칠 인구 1000명 정도의 키부츠에서도 거의 이런 식으로 자신들의 역사를 보존하고 있었다.

유대인들의 투철한 기록 문화를 보며 내가 "회지 만들 바에야 회식 한 번 더하지"라고 말했던 것을 돌아보게 된 건 당연한 일이었다. 기록이라는 것은 무슨 거창한 사업이나 국가에서만 하는 게 아니다. 바로 우리 개개인의 기록이 모인 것이 곧 사회, 국가의 기록이다. 자그마한 동호회일지라도 술 마시고 놀면서 "지금이 좋은 거지, 뭐" 하고 끝내는 것과 과거를 새롭게 돌아보며 지금을 반성할 수 있는 기록이 있는 것 사이에는 정말 큰 차이가 있음을 절실히 깨달았다.

유대인은 강인한 민족이고, 세계 무대에서도 막강한 영향력을 발휘하고 있다. 여기에는 그들의 과거 역사에 대한 투철한 기록 정신도 단단히 한몫 하고 있다고 보여진다. 그 무엇보다 대표적인 것이 그들의 역사서라고도 할 수 있는 『구약』이다. 거기에는 물론 신화적인 요소 등이 가미되어 있지만 『구약』이 있기에 후손들이 유대인으로서의 정체성을 지켜갈 수 있다는 생각이 들었다. 물론 이러한 문화는 단순히 역사를 기록한다는 사실에 그치지 않는다. 바로 끊임없이 과거의 잘못을 반성하고 시정하는 토대도 되는 것이다.

어느 나라나 영광의 역사만을 갖고 있는 것은 아니다. 때로는 슬픔과 좌절의 시간이 있기 마련이다. 그러나 많은 나라들은 이런 역사를 숨기거나 축소하고자 한다. 우리의 현대사를 보더라도 여러 우여곡절이 많았고, 굴욕의 역사도 많다. 그런데 문제는 우리는 이에 대한 '기록의 문화'가 취약하다는 것이다. 그냥 좋은 말로 얼버무리거나 슬쩍슬쩍 넘어갔다는 말이 맞을 것이다. 역사서만 그런 것이 아니다. 동네 지하 가스관 매설에서 시작해 건물 설계도, 청와대 등의 관공서 회의록에 이르기까지 자료를 남기지 않는다. 그래서 IMF 위기가 닥치고, 성수대교가 무너지더라도 책임소재가 불분명하다. 또 반성도 제대로 될리가 없다.

5월 2일은 홀로코스트 추모일*Holocaust Memorial Day*이었다. 이곳에서 굉장히 중요한 날 중의 하나이다. 그러나 행사는 전날 밤에 있었다. 이스라엘의 모든 행사는 당일에 있는 것이 아니라 그 전날 밤에 이루어진다. 5월 1일 밤 각 가정과 도시에서 추모식이 있었다. 나는 바르카이 키부츠에서 있었던 추모식에 참석했다. 내가 유대인은 아니지만 유대인들이 어떻게 이날을 보내고 지내는지 궁금해서였다.

히틀러가 자행한 인류 역사상 최악의 학살사건. 유대인들이 이산의 역사 동안 반유대주의에 의해 많은 비극을 겪었지만 이 홀로코스트만큼은 절대로 잊어버리지 못하고 두고두고 한으로 기억할 것이다. 유대계 미국인인 스티븐 스필버그 감독도 홀로코스트 피해자들의 증언을 녹취하고 홀로코스트 영상 재단을 만들어 후손들에게 생생하게 전달할 수 있도록 노력하고 있으며, 홀로코스트의 장본인인 나치 전범들을 아직까지 쫓고 있다. 특히 아르헨티나에서 나치 전범 아이히만을 체포해 전범 재판에 회부한 사건은 너무나 유명하다.

추모장인 식당 앞에는 600만 명의 희생자를 상징하는 6개의 꽃이 걸려 있었고, 추모식은 밤 8시가 넘은 시간에 시작되었다. 인근의 에티오피아 출신의 유대인 고등학생들과 많은 키부츠닉이 참석했다. 모든 불을 끈 채 의식이 거행되는 동안 단상에만 불이 비추어졌다. 추모식의 시작은 단상에 놓인 600만 명의 희생자를 상징하는 촛대에 6명의 사람이 돌아가며 불을 붙이는 것으로 시작되었다. 그리고 추모사를 낭독하고 노래를 부르는 순으로 진행되었다.

추모식은 한 시간 정도 진행되었는데 시종일관 엄숙한 분위기였고 사람들도 거의 움직이지 않고 진지한 표정으로 행사에 임했다. 고령의 노인들은 슬픔을 이기지 못해 가끔씩 울기도 했다. 추모식은 히브리어로 진행되었는데, 나는 히브리어를 몰랐지만 놀랍게도 그날 행사의 낭독과 그들이 부른 노래의 의미를 거의 정확하게 이해하였다(나중에 유대인에게 물어서 나의 추측을 말했더니 유대인도 놀랐다). 그것은 내가 유대인과 말은 통하지 않았지만 그들의 진지한 태도와 행동을 가슴으로 느낄 수 있었기 때문이었다.

어린 유치원 아이들도 이 추모식에 참여했지만 누구 하나 떠들거나 움직이며 산만하게 굴지 않았다. 홀로코스트의 슬픔을 이해해서라기보다는 어른들의 진지한 모습에서 나처럼 가슴으로 무언가를 느꼈기 때문일 것이다.

나는 이때 다시 한 번 '교육이라는 것은 정말 이런 것이구나' 하는 것을 새삼 느꼈다. 이들이 이날을 일 년에 한 번 있는 행사 정도로 여기고 그런 자세로 임했다면 나는 절대로 그들의 낭독이나 노래를 이해하지 못했을 것이다. 다시는 이런 일이 없어야 된다는 마음으로, 절대로 잊어서는 안 된다는 자세였기에 말도 안 통하고 그들의 역사를 이해할 수 없는 이방인인 나조차도 가슴으로 느낄 수 있었던 것이다. 내가 이 정도였으니 아이들은 어땠을까? 아이들은 살아있는 교육을 받은 것이다.

이날은 엄숙하고 경건한 날이지만 달리 보면 유대인들에게는 굉장히 수치스러운 날이다. 그들의 힘이 약해 자기 가족, 동료들이 600만 명이나 죽은 날이다. 수치스러운 아니 기억조차 하기 싫은 악몽 같은 날이다. 세계 역사를 보아도 600만 명이나 학살되어 죽은 민족이 어디 있나? 그래 얼마나 못 났으면 600

만 명이나 죽었을까? 그런데 이런 수치스러운 날을 후손들에게 감추지 않고 알려주고 함께 하는 날이다. 우리가 못 나서 이런 일을 겪었지만 너희는 왜 이런 일이 일어났고 우리가 어떤 일을 겪었는지 알아서 다시는 이런 일이 없도록 해야 된다며 이를 악물고 교육시키는 날이다. 처절한 심정으로 자기 자식들에게 수치를 고백하는 날이다. 아이들은 어른들의 비통한 모습과 눈빛에서 그들의 역사를 가슴으로 배운 것이다.

우리 대한민국은 이와 같은 날이 있을까? 내 생각으로는 경술국치일이 이에 해당된다고 본다. 우리 민족이 이민족에게 국권을 빼앗기고 36년의 지배를 받기 시작한 날. 일제 지배하에 우리 동포 150만 명이 죽었고 150만 명의 매국노를 만들기 시작했다는 날. 우리의 여자들이 정신대에 끌려가 죽음보다 더한 고통이 시작한 날. 희생자 숫자로는 유대인에 비할 바가 아닐지 모르지만 우리 민족이 겪었던 고통과 투쟁도 결코 600만 명이 죽은 유대인들의 홀로코스트에 못지 않을 것이다. 그런데 나는 솔직히 경술국치일이 언제인지 모른다. 또한 지금까지 경술국치일이라 해서 특별한 행사나 추모식 같은 것을 본 기억도 없다. 아마 있었는데 내가 무심코 흘렸던지 TV에서 방송을 안 해 준 건지도 모르지만. 매년 국정공휴일로 쉬는 광복절은 당연히 기억하고 있다. 사람들은 '그래 그 수치스러운 날을 왜 기념할 필요가 있느냐? 우리가 해방된 광복절을 지키는 것만으로도 충분하다' 고 말할지 모른다. 나도 언제까지나 과거에 얽매이는 사람도 아니고 어떤 날이 특정적으로 중요하다는 것도 아니다. 사람들의 태도와 인식을 말하는 것이다.

본래 사람들은 자신들의 수치를 감추고 자랑스러운 것만 보여주고 싶어하는 법이다. 수치스러운 과거는 빨리 잊고 감추고 싶어한다. 내가 아랍인들에게 홀로코스트에 대해 물었을 때 대부분은 냉소적이었다. "유대인 600만 명이 죽은 것은 안 된 일이다. 그러나 제2차 세계대전 때 히틀러가 죽인 것은 유대인만이 아니다. 히틀러가 우리 아랍인도 집시도 미워해서 많은 사람을 죽였다. 그런데 그들은 다 어디 가고 마치 유대인만 모든 피해의 희생자인 양 떠들고 인식되느냐?"며 못마땅해했다.

하지만 이것은 전적으로 유대인이 받을 만한 정당한 대우라고 생각한다. 물론 유대인의 힘과 언론의 영향도 컸지만 근본적으로 그들 자신이 이런 수치를 잊지 않고 스스로 인정했고 다시는 이런 날이 오지 않도록 필사적으로 노력했기 때문이다.

우리는 이와 같은 노력이 있었나? 경술국치일은 우리 민족에게 최악의 수치였다. 이런 수치를 용기 있게 고백하고 반성하고 인정하려 했나? 잘 나가고 찬란했던 역사를 강조하고 가르치는 게 역사교육의 전부가 아니다. 우리가 겪었던 아픔과 수치를 고통스럽더라도 인정하고 다시는 이런 일이 없도록 시시비비를 가르치는 게 진정한 역사교육이다. 몇년 몇년에 무슨 일이 있었고 이것이 중요하니 시험용으로 달달 외우고 입시 끝나면 다 잊어버리는 우리의 교육 현실을 볼 때 유대인들이 너무나 커다랗게 보였다.

유대인이 성지로 여기는 마사다*Masada*를 보면 이런 의식의 차이는 명확하다. 이곳은 로마에 맞서 싸운 960명의 사람이 최후까지 싸우다 자결한 장소이다. 후세의 우리가 보면 장렬할지

마사다는 서기 73년 유대인들이 로마제국에 최후까지 저항했던 요새이다.

는 모르지만 결과는 진 싸움이다. 힘이 달려질 수밖에 없었던 수치스러운 싸움이다. 그런데 유대인은 이것을 수치라고 해서 감추지 않고 당당히 성지로 만들었다.

우리에게 이와 비슷한 장소는 남한산성이 아닐까 싶다. 조선의 인조가 청의 태종에게 아홉 번 머리를 조아려 절하며 항복했던 굴욕의 장소. 내가 예전에 남한산성의 유원지를 가 보았다. 그런데 그곳은 정말 유원지가 되어 있었다. 우리 민족이 겪은 굴욕의 장소였다는 감정을 거의 느낄 수가 없었다. 과거의 안 좋은 일에 얽매이지 말고 용서하고 미래를 보고 나가야 된다고 많은 사람들은 말한다.

그러나 용서하는 것과 잊는다는 것은 엄연히 다르다. 우리의 과거사에 대한 뼈저린 반성과 그에 대한 용서가 있었나? 그냥 잊은 것이다! 태연하게 슬쩍 넘어가고, 관심 없이 잊어버리는 것을 우리는 화해와 관용과 민족의 대단합이라고 말한다. 정말 멋진 말이다! 나는 우리 민족처럼 이해심과 포용력이 많은 민족을 아마 내 평생 다시는 보지 못할 것이다. 그리고 유대인처럼 자기 잘못과 수치를 인정하고 떠벌리는 바보 같은 민족도 내 평생 다시는 보지 못할 것이다.

　홀로코스트 추모장을 나오며 너무 괴로웠다. 네가 뭐 그리 대단한 애국자나 되는 양 그런 생각을 하냐고 내 자신을 조소하기도 했지만 너무 힘든 밤이었다. 나는 그때 절실히 깨달았다. 과거에 대해 반성과 성찰이 없는 민족은 같은 일을 반복해서 겪고, 다시 겪어도 그것이 같은 일이라고는 생각하지 않는다는 것을. 그리고 이런 민족은 미래에 대한 희망을 꿈꿀 수는 있어도 그 희망을 이루기는 힘들다는 것도.

3부
이스라엘에 예수는 없다

바르타의 엇갈린 두 운명

통일. 아마 이 단어처럼 우리 민족을 가슴 아프게 하는 말도 없을 것이다. 나도 어린 시절부터 '우리의 소원은 통일' 이라는 노래를 숱하게 불러왔다. 생각하면 그 뜻을 이해하며 불렀던 것 같지는 않지만 그 노래를 부를 때마다 알 수 없는 벅찬 감정이 솟구쳤던 것은 사실이다.

솔직히 나는 우리 민족의 지상 과제라고 하는 통일에 대해 진지한 고민을 해본 적이 거의 없다. 국시를 반공에서 통일로 바꿔야 한다고 주장했다가 구속되는 사람도 있었지만, 그 이유에 대해서는 진지하게 고민해보지 않았다. 하지만 내가 가만히 있어도 우리 사회는 끊임없이 통일과 반공교육을 시켜 주었다. 평화의 댐, 간첩 침투, 민방위 훈련, 심지어는 매년 열리는 청룡영화상 시상식에도 반공영화 부문이 있어(지금은 없어졌지만) 최소한 일 년에 한번 이상은 받아왔던 것 같다. 거기에 같은 민족이라는 생각보다는 공산주의를 먼저 쓰러뜨려야 된다는 생각이 나를 지배했다. 비록 몸과 마음을 바쳐 국가에 충성을 다할 용기는 없었지만. 우리의 자랑스런 『똘이장군』과 『배달의 기수』를 보면서 감격했던 어린 시절도 있었다.

그렇지만 나에게 있어 통일은 절실한 문제라기보다는 언젠가는 되겠지 하는 막연한 생각뿐이었다. 특히 시간이 지날수록 그런 문제보다는 직업이나 직장 문제로 더 많은 고민을 하면서 살게 되었다. 그런 내가 통일에 대해 진지하게 고민을 하게 된 것은 아이로니컬하게도 머나먼 이국땅 이스라엘에서였다.

전에 리디아를 만났을 때 그녀가 나에게 흥미 있는 취재 아이디어를 준 적이 있었다. 그것은 바르타*Barta*라는, 이스라엘과 팔레스타인의 관계를 압축적으로 잘 보여주는 작은 아랍인 마을에 관한 것이었다. 우리의 분단사와 비교해도 너무나 유사점이 많은 마을이었다.

바르타는 서안 지역의 북쪽에 위치한 아풀라*Afula*와 동쪽 해안에 위치한 하데라*Hadera*라는 도시를 연결하는 간선도로의 중간쯤에 위치해 있다. 원래 이곳은 이스라엘과 트랜스 요르단의 1949년 국경이었던 그린라인*Green Line*(1967년 6일전쟁 전의 이스라엘과 요르단의 국경선)의 경계에 위치한 인구 7000명 정도의 마을이었다. 이 마을은 카바하*Kabaha*라는 가족성을 가진 대가족이 무리를 지어 살고 있었다. 그래서 지금도 마을 사람들의 성은 거의 대부분 '카바하'이고 조카, 사촌 등의 인척관계로 이루어져 있다.

바르타에 큰 변화가 일어난 것은 이스라엘이 독립하면서부터였다. 이스라엘이 독립국가 건설을 추진하면서 1948년 이스라엘과 아랍국가 사이에는 전쟁이 벌어졌고, 싸움은 이스라엘의 승리로 끝났다. 그리고 1949년, 이스라엘과 트랜스 요르단은 로도스섬에서 국경선을 정하는 협상을 하게 되었다. 그런데 협상 과정에서 바르타는 어느 날 갑자기 두 개의 마을로 나뉘게 되었다. 바르타는 산으로 둘러싸인 분지에 위치한 마을로, 그 중심을 계곡이 지나고 있었다. 그런데 계곡이 그만 국경선이 되어버린 것이다. 결국 한 가족이었던 사람들은 철책선을 사이로 둘로 나뉘어 더 이상 만날 수 없는 운명이 되고 말았다. 1945년, 38선이 그어지면서 우리 민족에게도 일어났던 일이 바르타에서도 일어나고 만 것이다.

두 마을은 원래 같은 핏줄로 한 가족이며 같은 아랍인이었다. 종교도 이슬람교로 같은 아랍어를 쓰고 문화도 같았다. 그런데 마을 중심으로 국경선이 지나면서 두 지역의 사람들은 서로 전혀 다른 길을 가게 되었다. 이스라엘에 속한 바르타(서쪽 바르타) 사람들은 이스라엘 시민이 되어 민주적인 정치체제와 서구적인 문화의 영향을 받으며 현대화의 세례를 받게 되었다. 경제적으로도 동쪽에 비해 부유한 편이었고, 학교에서는 아랍어는 물론 히브리어, 영어를 교육받았다. 그러나 트랜스 요르단에 속한 바르타(동쪽 바르타) 사람들은 트랜스 요르단의 시민권을 얻고 보수적인 사회에서 이슬람 문화를 유지하며 경제적으로도 낙후된 삶을 살았다. 언어는 아랍어와 영어를 교육받을 뿐 히브리어는 제외되었다.

물론 분단의 선은 그어졌지만 한 가족이었던 이들은 서로를 그리워하여 몰래 국경을 넘거나 산 위에서 친척과 형제들의 이름을 부르며 소식을 전하곤 했다. 그러나 이스라엘과 트랜스 요르단은 이런 행위를 간첩행위로 여겨 엄격히 통제하고, 이를 위반할 때에는 감옥에 보내기도 하였다. 그 와중에는 국경을 지키는 경비대에 의해 총에 맞아 죽는 사고도 빈발했다. 한 번은 동쪽의 한 집에서 아기가 태어나자 이를 서쪽의 친척에게 알리기 위해 옥상에서 커다란 천을 흔들다 군인들의 총에 맞아 죽는 비극도 있었다.

이런 상황은 1967년 '6일전쟁' 때까지 지속되었다. 이 전쟁에서 이스라엘이 승리하면서 동쪽 마을마저 이스라엘의 영토 안으로 들어오게 되었다. 20년만에 양쪽 가족이 다시 만나게 된 것이다. 그들은 환호와 눈물로써 헤어졌던 가족들과 재회했다. 20년만에 조카를 본 사람도 있었고, 말로만 듣던 할머니와 손자가 처음으로 서로의 얼굴을 어루만지기도 하였다. 그러나 이런 기쁨은 오래가지 않았다. 20년이라는 시간의 격차는 말 이상이었다. 한 가족이고 한 핏줄이었지만 그들은 서로가 너무 달라져 있다는 점을 발견하게 된 것이다.

동쪽이 보기에 서쪽은 유대인과 서구문화의 영향을 받아 이슬람의 문화에서 멀리 떠나 있었다. 여자들은 머리를 가리지 않는가 하면 한 교실에서 남녀가 함께 교육을 받기도 하였다. 반면 전통적인 아랍 교육은 남녀가 각각 다른 학교에서 배우는 것이었다. 거기에 경제적인 격차도 컸다. 서쪽은 집도 크고 깨끗하고 전기, 물, 도로나 사회 기반시설이 잘 정비되어 있는 반면 동쪽은 낙후되어 있다. 한 마디로 말해 서쪽은 전반적으로 현대화되어 있었던 것이다.

금요일 동예루살렘의 황금사원으로 예배하러 가는 모슬렘과 경비를 서고 있는 이스라엘 군인들의 모습이 대조적이다.

이스라엘 정부는 동쪽 사람들에게 시민권을 주지 않았다. 그들에게 이주와 직업 선택에 있어서 통제를 가하는 등 차별대우를 하였다. 서쪽 사람들이 갖고 있는 이스라엘 시민권은 푸른색 카드*Blue Card*로 유대인에게 발급하는 것과 같은 종류였다. 이 블루카드만 있으면 이스라엘에서 직업을 구하기가 쉽고, 더 많은 돈을 벌 수 있는 기회를 얻을 수 있다. 반면 동쪽 사람들은 블루카드를 지급 받지 못함으로써 힘든 일을 하며 적은 돈밖에 벌지 못하는 등 경제적인 불이익을 당해야 했다. 차별은 이것만이 아니었다.

팔레스타인 사람들은 이스라엘의 의료시설을 이용하지 못하고, 더 먼 곳으로 가 더 비싼 돈을 내고 이용해야 했다. 전기와 물도 제대로 공급받지를 못했다.

사정이 이렇다 보니 같은 가족이면서도 동쪽 사람들은 서쪽 사람들에 대해 질투와 부러움의 이중적인 감정을 갖게 되었다. 동쪽은 서쪽 사람들에게 이슬람의 전통을 저버렸다고 비난하며 서운한 감정과 함께 상대적인 박탈감도 느껴야 했다.

이러한 비극은 1987년 '팔레스타인 해방기구*PLO*'의 아라파트 의장이 주도한 인티파다*Intifada*(팔레스타인 민중봉기) 때에도 계속되었다. 동쪽 사람들은 이스라엘 군인에게 돌을 던지며 대항했지만, 서쪽 사람들은 심정적인 동조를 보낼 뿐 행동으로까지 참여하지는 않았다.

먼저 서쪽 사람들은 이스라엘 시민으로 이스라엘의 법을 준수해야 되기 때문이었다. 그리고 그들은 동쪽 사람들처럼 독립국가 건설이 목표가 아니라 이스라엘 사회에서 유대인들과 동등한 대우를 받는 것이 목표였다. 이에 대해 동쪽 사람들은 서쪽 사람들을 배신자라고 비난했다. 이스라엘 군인들은 종종 서쪽 사람들의 집 위에서 최루탄을 쏘거나 총을 발포해 시위를 진압하였고, 많은 동쪽 사람들이 감옥에 가거나 죽기까지 하였다.

그러다 마침내 1993년, '오슬로 협정'이 체결되면서 바르타는 새로운 상황을 맞게 되었다. 서쪽은 계속 이스라엘의 영역이 되었고, 동쪽은 새로이 이원적인 체제를 유지하게 되었다. 즉 동쪽은 팔레스타인이 자치적으로 운영하고, 군사적으로는 이스라엘이 관할하는 B지역이 된 것이다. 동쪽 지역은 오슬로 협정에 따라 장차 군사적으로도 완전 자치지역인 예리코*Jericho*나 예닌*Jenin* 같은 A지역이 될 전망이다.

그런데 하나 흥미로운 점은 동쪽에 있는 약 300명 정도의 남자가 이스라엘 시민권을 가진 여자와 결혼해 낳은 약 150명 정도의 아이들의 운명이다. 모계를 따르는 이스라엘 법에 따라 이아이들은 이스라엘 시민이 되었다. 이 아이들은 대부분 팔레스타인 지역인 동쪽에서 살지만 학교는 이스라엘 지역으로 다닌다. 그리고 수업이 끝나면 다시 팔레스타인으로 돌아온다. 지금까지 대강 이 마을의 역사와 상황을 이야기했지만 문제는 아무도 이 마을의 내일을 모른다는 것이다.

처음 리디아에게 이 마을에 대한 이야기를 들었을 때, 나는 그런 마을이 있을까 하고 반신반의했다. 우리의 분단사와 흡사하고, 통일 후의 우리의 미래를 타임머신처럼 알려주는 것 같았기 때문이다. 일단 흥미 있는 소재라는 생각은 들었지만 정작 취재 결정을 내리기까지에는 망설임이 많았다. 그녀의 말을 전적으로 믿기에는 내가 현지 사정에 아직 어두웠고, 또 이것이 내 능력만으로 가능한 사안인지 잘 판단이 되지 않았다. 그래서 그녀와 같이 일단 바르타에 가 보고 결정하기로 했다.

얼마 후에 나는 키부츠 볼런티어들과 함께 단체로 이 마을을 방문했다. 실제 가 보니 양쪽의 차이가 한눈에 들어왔다. 동쪽은 서쪽에 비해 집과 거리가 한결 초라하고 불결했다. 리디아는 우리들에게 마을의 역사를 설명하고, 마을 중앙에 있는 다리를 건너 팔레스타인 지역으로 넘어갔다(바르타 지역은 현재 특별한 경계선으로 나뉘어져 있지 않고, 서로 자유롭게 왕래할 수 있다). 리디아는 동쪽 길거리에서 만난 한 팔레스타인 사람에게 이것저것을 물어보았다. 그의 이름은 라에드였고 동쪽에서는 엘리트에 속하는 사람이었다. 그는 아일랜드에서 공부했고 현재 두 개의 직업이 있는데 한 달 수입은 1500달러(약 6000세겔) 정도였다(팔레스타인 교사의 평균 임금은 약 1600세겔).

그런데 한참 자신과 이곳의 상황을 소개하고 있던 그의 목소리가 갑자기 격해졌다. 리디아가 던진 질문이 그를 흥분시킨 것이다. "당신들은 앞으로는 밝은 미래가 있을 것으로 기대하느냐"라는 리디아의 물음에 라에드는 "우리는 결코 밝은 미래를 기대할 수 없다. 우리의 거리와 집들을 봐라! 모든 것은 더럽고 낙후되어 있으며 사람들은 가난하다. 우리는 결코 밝은 미래를 가질 수 없을 것이다"라고 대답했다. 그런데 리디아가 "내 생각에는 당신이 틀렸다"라는 말을 하자 그가 발끈한 것이다. "그래, 나도 내 생각이 틀렸기를 바란다!"라는 것이 라에드의 대답이었다.

나는 지금도 그 대화를 생생히 기억하고 있다. 당시 라에드의 어두운 분위기와 격정, 어투 하나하나가 또렷이 내 머릿속에 남아 있다. 비록 짧은 대화였지만 여기에는 팔레스타인 사람들의 현재와 미래에 대한 비관적인 생각들이 잘 압축되어 있었다. 그때까지 망설이던 나는 이 대화를 듣고 취재를 결심했다. 특별한 이유를 발견했다기보다는 팔레스타인 사람들의 가슴에서 나온 감정을 느꼈기 때문이었다. 무엇이 내 감정을 자극한지는 모르지만 나는 그 순간 우리의 현실과 미래를 떠올렸다.

며칠 뒤 나는 아침 일찍 바르타로 다시 갔다. 그리고 볼런티어 매니저 에바의 주선으로 이 마을의 유력자인 서쪽의 리아드를 방문하기로 했다. 그는 리디아처럼 이스라엘 시민권을 가진 아랍인으로 서쪽 바르타(이스라엘)의 의장을 역임한 사람이었다.

처음 왔을 때는 관광버스를 타고 오느라 몰랐지만 홀로 바르타로 가는 길은 생각보다 복잡했다. 마을은 서안 지역의 경계선에 있는, 산으로 둘러싸인 조그만 분지에 위치해 있었다. 그 때문인지 마을을 아는 사람들이 별로 없었다. 나는 지도 한 장을 들고 물어물어 어렵사리 길을 청했다. 그런데 지나는 차가 있어서 히치하이크를 하였는데 마침 그 사람이 리아드의 친구여서 집 앞까지 편하게 갈 수 있었다.

리아드의 집에 도착한 나는 거실에서 그를 기다렸다. 집안은 깨끗하게 잘 정돈되어 있었다. 가구며 장식이 한눈에 그가 상류층 사람이라는 것을 알게 해주었다. 나는 집을 훑어보며 리아드의 성격을 대충 짐작해보고 있었다.

이윽고 그가 나왔다. 사십대의 차분한 인상을 가진 중년 신사였다. 굉장히 친절한 아랍인이었다. 그는 나에게 몇 가지 조언을 해주었는데 적극 나를 돕지는 않더라도 필요한 부분은 도와줄 수 있는 있겠다는 인상을 주었다.

먼저 나는 그에게 리디아에게서 들었던 바르타의 역사를 다시 물어보았다. 대부분이 사실 그대로였지만 서쪽의 아랍 사람들은 동쪽 마을과의 통합이나 팔레스타인 국가 건설에는 별 관심이 없다는 것을 느낄 수 있었다. 직설적인 표현은 안 했지만, 본인들의 정체성이나 정치적인 이슈보다는 보다 풍족한 삶을 사는 것에 관심이 기울어져 있다는 것이었다. 유대인들과 경쟁하며 살기에도 벅찬 현실에서 당연한 일이라 할 수 있겠지만 한편에서 우리 현실과 너무도 흡사하다는 생각이 들었다. 실제 이후에 만났던 대다수 서쪽 사람들 역시 동쪽 사람들의 고민이나 현실에 대해서는 별다른 관심이 없었다. 자본주의 영향 때문일까? 아니면 인간의 본성이 본래 그런 걸까? 나도 돈을 좋아하는 사람이지만 돈이란 것이 또 사람을 참 묘하게 만든다는 생각을 해보았다.

리아드와 대화를 끝내고 점심을 같이 했는데 생전 처음 접하는 아랍 음식이라 적응하기가 힘들었다. 맨손으로 먹는 아랍식 식사방식이 너무 당황스러웠다. 아침을 늦게 먹었다는 핑계로 조금만 먹었는데 정성스럽게 식사를 준비한 부인에게는 너무 미안한 일이었다.

그날 마을은 한 청년의 장례식으로 분주했다. 아랍인들은 사람이 죽으면 옆집에서 문상객을 대접할 밥을 준비한다. 상을 당한 집은 여러 모로 경황이 없기에 옆집에서 도와주는 것이다. 일종의 상부상조이다. 마을을 둘러보고 싶었지만 상중에 이방인이 어슬렁거리는 게 좋지 않을 것 같아서, 당초의 계획을 취소하고 일찍 바르타 마을을 떠났다.

나는 사리드 키부츠로 돌아오는 길에 조그만 선물을 하나 샀다. 나와 가장 친한 볼런티어 중의 한 사람인 엘레노라(스웨덴)의 생일이기 때문이었다. 절친한 대화 상대였던 그녀의 생일을 진심으로 축하해주고 싶었다. 사실 나는 그녀가 독일에서 온 마틴과 잘 어울린다고 부부라고 많이 놀려 미안한 마음이 있었다. 그때마다 그녀는 토라지곤 하였는데 화를 내지는 않았다. 보수적인 성격이었지만 이기적인 대다수 볼런티어와는 달리 착한 심성을 가진 친구였다.

그런데 선물을 주려고 방에 들어가니 엘레노라가 침대에 누워

울고 있는 게 아닌가! 이유를 물었지만 계속 서럽게 울기만 했다. 간신히 진정시키고 이야기를 들으니 오늘 자기의 생일인데 집에서 아무도 전화를 해주지 않는다는 것이었다. 그녀는 식구들의 무관심에 잔뜩 화가 나 있었다. 다 큰 여자가 왜 이러나 하는 생각 한편에선 그렇게 냉정해 보이는 서구인들도 결국 사람일 수밖에 없다는 생각이 들었다. 그녀를 위안하고자 다독거렸지만 나의 짧은 영어로는 한계가 있었다.

그리고 매니큐어를 선물했는데 뒤늦게 그녀가 평소에 손톱 치장을 하지 않는다는 사실을 알게 되었다. 그렇지 않아도 가족들의 무관심을 서러워하는 그녀에게 나마저 무관심했다는 꼴이 되었다. 나는 더 이상 머무르기도 무안해 방을 나와 마틴에게 상황을 알리고 잘 위로하라고 부탁했다.

저녁식사 때 그녀는 마틴과 같이 왔는데 기분은 한결 나아진 것 같았다. 나는 볼런티어들에게 바르타에 간 일을 말했다. 다들 조심하라는 투의 말을 건네주었다. 심지어 유대인 친구는 팔레스타인 지역에 혼자 다니는 것을 삼가라고까지 말했다. 내가 만난 대부분의 유럽인들은 대체로 아랍인들에게 좋지 않은 인상을 갖고 있었다.

이러한 선입관에는 아마도 아랍인들의 성문화가 크게 작용하는 탓인 것 같다. 지금은 많이 나아졌지만 아랍에서는 결혼 전에 남녀의 교제를 금지했다. 옛날에는 결혼 전에 여자가 성관계를 맺으면 아버지에게 맞아 죽기까지 했다. 그리고 남자는 채찍으로 100대를 맞는 벌에 처해졌다. 말이 100대이지, 체형을 당한 남자는 거의 죽거나 반병신이 되고 말았다. 거기에 일부다처

제가 허락되는 아랍의 전통도 서구인에게는 이해하기 힘든 점이었다. 아랍의 부자들은 네 명의 아내까지 둘 수 있다. 물론 여기에는 조건이 따른다. 네 명의 부인들에게 똑같이 해주어야 한다. 한 부인에게 옷을 사주면 다른 부인들에게도 같은 값어치의 옷을 사주어야 된다. 그러나 이는 돈으로 해결할 수 있지만 마음까지 그렇게 할 수 있을까? 똑같은 애정을 준다는 것이 현실적으로 힘들다는 것이다. 카사노바라면 모를까.

그런데 아랍 남자들은 이슬람교도가 아닌 이방인 여자들을 유혹하거나 이들과 성관계를 갖는 것은 무방하다고 생각한다. 그렇지만 이방인이 아랍 여자를 유혹하거나 성관계를 갖게 되면 난리가 난다. 즉 이방인 남자가 아랍인 여자와 사랑을 하기 위해선 목숨을 걸어야 하는 것이다. 물론 여자도 온전하지 못하게 되는 것은 말할 것도 없다. 이러니 성에 대해 개방적인 서구인들이 보기에 아랍 사회는 불공평하다 못해 이해 못할 사회가 되는 것이다.

그리고 볼런티어들과 대화를 나누면서 재미있게 느낀 건데 할리우드 영화 탓인지 많은 사람들이 서양 여자를 유혹하기가 쉽다고 생각한다는 점이다. 특히 영국 여자들은 쉽게 넘어간다는 소문이 이곳 유대인이나 아랍인들 사이에 퍼져 있었다. 영국 여자들이야 당연히 말도 안 된다고 화를 내지만(사실 내가 보기에도 그 말이 맞는 것 같은데?).

오늘 금요일은 내가 사리드 키부츠에서 보내는 마지막 휴일이다. 나는 바르타를 취재하기 위해 바르카이 키부츠로 옮길 계획을 세운 것이다. 막상 떠난다니 그 동안 정들었던 친구들에게 아쉬움도 남고, 새로운 곳에 대한 모험심과 두려움이 교차되기도 하였다. 밤에 퍼브를 가니 다정했던 로니와 조의 관계는 깨지고, 조는 알렉스와 가까운 사이가 된 것 같았다.

'알렉스, 역시 대단한 놈이야. 사전에 예비공작을 많이 해놓은 게 분명해. 연인이었던 사람들이 어떻게 저렇게 빨리 헤어지고, 새로운 사람들을 만나 아무렇지도 않은 듯 지낼 수 있나. 알렉스 이 녀석과도 이별이구나. 나보다 영어를 못하는 녀석이 어떻게 그렇게 여자들은 잘 유혹하는지……. 나를 감탄시켰던 녀석의 재주도 다시 보기 힘들겠군.'

그날 밤 여러 친구들의 모습을 보며 나는 이런저런 상념에 잠겼다. 서구 문화나 아랍 문화나 우리 문화나 남이 보기에 우습고 불합리해 보여도 각 문화에는 그 나름의 이유가 있을 것이다. 아랍인이 손으로 식사를 하든, 서구인들이 아무 애정 없이 성관계를 맺든, 우리가 개고기를 먹든……. 그러나 대부분의 사람들은 왜 저런 문화가 생겼는지 깊이 생각하지 않는 것 같다. 아예 잘못된 문화라고 손가락질을 하거나 이해하는 척할 뿐, 굳이 그 근원을 따지며 생각해보려 하지는 않는다.

현재는 이런 각 나라의 다양한 문화들이 서로 접촉하고 섞이는 시대가 되었다. 각 나라의 빗장이 열리면서 예전에 가능했던 통제가 점점 불가능해지고 있다. 이러한 시대에 우리는 타문화를 주체적으로 수용할 수 있는 기준을 갖고 있을까?

무엇보다 오늘 가 본 바르타에서의 일이 내 머릿속을 떠나지 않았다. 겨우 20년의 분단으로 한 핏줄인 바르타라는 마을을 저렇게 갈라놓았는데 과연 우리는 갖가지 장벽을 넘어 진정한 통일을 이룰 수 있을 것인가? 대부분의 사람들은 서쪽 바르타 사람들처럼 세상에 대한 관심보다는 냉소와 무관심을 보이며 자기 행복에만 몰두할 텐데. 그런데 우리는 아직 지역감정 하나를 해결하지 못하고 있다. 또 남의 자식은 못 키우겠다고 해외입양을 시키는 나라이다. 과연 우리 사회의 기준은 무엇일까?

내가 '반공' 이라는 단어에 의문을 가진 것은 이민국가인 유대인 사회를 보고 나서이다. 이스라엘은 약 100여 개 국가에서 온 사람들로 구성된 나라이다. 그들은 자본주의, 공산주의, 군사독재 등 갖가지 정치 형태를 경험해 보았다. 우리 같으면 공산주의 국가에서 온 사람이라면 사상검증부터 하겠지만 그들은 전혀 문제없이 잘 지낸다. 물론 우리와는 태생적인 환경부터가 다르겠지만 유대인에게 있어 국시는 '유대인에 의한 유대교에 입각한 유대국가' 의 건설이다. 중요한 것은 피가 얼마나 섞였든 '유대인' 이라는, 그리고 '유대교' 라는 그들만의 고유의식을 가졌는가의 여부이다.

우리의 국시라고 한다면 뭐가 될까? 반공, 반일? 그러나 이것들은 국민적 정서은 될지언정 한 국가의 국시로 표방하기에는 적절지 않다. 우리의 아픈 현대사에서 어쩔 수 없는 부산물로 생겨난 것들이지만 우리는 이런 감정을 넘어 우리 민족이 나아가야 할 길을 아직 공유하고 있지 못하다. 그리고 시대흐름을 읽는 선견지명과 탁월한 리더십을 갖춘 지도자를 아직까지 만나지 못했다. 우리가 폐허에서 한강의 기적이라는 단기간의 성과는 이루었지만 IMF라는 위기를 겪으며 답보 상태를 면치 못하고 있는 것은 바로 그런 이유 때문이 아닐까?

어느덧 밤은 깊어지고 싱숭생숭한 마음으로 잠자리에 들었다. 잠자리에 들기 전 여러 친구들과 작별인사를 했다. 다시 만날 날을 약속하며 "Good bye"라는 말 대신 "See you again" 이라 말했다. 그러나 우리는 서로 다시 보기 힘들 거라는 것을 알고 있었다. 나는 이제 바르타의 취재를 위해 바르카이라는 키부츠로 옮기게 되는 것이다. 본래 그녀의 일도 아닌데 이 모든 과정을 주선해주고 도와준 볼런티어 매니저, 에바가 너무 고마웠다. 이제는 새로운 생활이 시작되는 것이다. 힘내라 박기상!

작은 무덤 옆에서

1995년은 유대인들에게 여러 모로 의미도 있고 슬프기도 한 해였다. 라빈*Yitzhak Rabin* 전 이스라엘 총리가 아라파트 팔레스타인 의장과 함께 노벨평화상을 공동수상해 세계의 이목을 집중시켰지만 얼마 후 그는 극우 유대인 청년에게 텔아비브에서 암살되었다.

예루살렘을 여행할 때 나는 라빈 전 총리의 무덤이 있는 국립묘지에 들른 적이 있다. 국립묘지는 깨끗하고 단아했다. 오싹한 느낌보다는 교외의 한적한 공원 같다는 인상이었다. 일반 시민들도 별 부담 없이 산보를 올 수 있어서 죽은 사람들도 심심하지만은 않겠다는 생각이 들었다.

그런데 그곳에 있는 라빈의 무덤은 의외로 작았다. 깔끔하기는 했지만 한 나라의 수상으로 노벨상까지 받았던 사람의 무덤이라 하기에는 너무 소박했다. 그러나 그 무덤의 분위기가 한편에선 그의 이미지와 잘 어울린다는 생각이 들었다.

만약 라빈이 무소불위의 철권을 행사하는 권력자였다면 일반인이 찾기도 힘든 곳에 신비함을 간직한 채 묻히는 게 어울렸을 것이다. 그러나 그가 추구했던 팔레스타인과의 평화와 공존은 민족과 종교를 초월해 더불어 살자는 이상의 표현이었으니 지금처럼 시민의 가까운 품안에서 다른 사람들과 함께 잠들어 있는 것이 더 좋게 보였다.

라빈의 암살 사건은 표면적으로는 극우파 청년의 단독 범행인 것으로 밝혀졌다. 그런데 이 사건을 단독범행이라고 생각하는 유대인은 거의 없다. 대부분의 유대인들은 종교인들이 뒤에서 사주했다고 믿고 있다. 한 번은 러시아에서 온 유대인 다비드에게 물었다.

"라빈의 평화를 위한 노력은 밖에서 노벨평화상까지 수여하는 등 인정을 했는데 왜 너희 유대인은 그를 죽였는가?"

이에 대한 그의 대답이 의미심장했다.

"물론 그가 평화를 위해 많은 일을 하고 노벨평화상을 받은 것은 사실이다. 그러나 밖에서 보기에 멋있다고 안에서도 그런 것은 아니다. 러시아의 고르바초프와 푸틴을 봐라. 고르바초프가 개혁을 할 때 전 세계인들은 환영했다. 그러나 국내에선 그를 러시아를 망치는 인물로 생각했다. 반면 지금의 푸틴은 전 세계인들이 우려하는 것과는 달리 러시아인들의 지지를 받고 있다."

나는 그의 말을 들으며 라빈이 국내에서는 많은 반발에 부딪쳤다는 것을 짐작할 수 있었다. 그런데 재미있는 것은 죽은 라빈을 정치가가 아니라 다른 점에서 평가하는 대목들이다. 한 형

가리 출신의 유대인은 또 이런 말을 했다.

"사실 나는 라빈을 그다지 좋아하지 않았다. 그런데 그가 암살 당했다는 소식을 접하고 경악했다. 세상이 어떻게 이런 일이! 그가 죽고 나서야 비로소 나는 그의 공백을 느끼며 그를 존경하게 되었다."

한 스페인 출신의 유대인도 비슷한 말을 했다.

"라빈이 암살 당한 것은 안 된 일이다. 하지만 그는 우리 이스라엘에 좋지 않은 일을 많이 했다. 그런 그가 암살 당하자 갑자기 영웅으로 등장한 것이다. 아주 웃긴 상황이 발생했다."

그렇다! 유대인들은 정치가인 라빈을 존경하고 사랑했던 게 아니다. 평화를 추구하다 암살 당한 '인간 라빈'을 존경하고 사랑했던 것이다. 그럼에도 불구하고 의문은 남는다. 대체 누가 왜, 라빈을 싫어했고, 마침내는 암살이라는 극단적인 방법까지 동원했던 것일까?

이를 이해하기 위해서는 먼저 종교인들, 그 중에서도 특히 하시드*Hasid*라 불리는 전체 인구의 약 6%를 차지하는 정통파 종교인들에 대해 알 필요가 있다. 종교인들은 전체 인구에서 볼 때는 소수이지만 이들이 갖는 정치적 힘이나 영향력은 그 이상이다.

우리가 흔히 유대교의 종교인들 하면 흔히 영화나 『탈무드』에 등장하는 라비를 떠올릴 것이다. 이들은 같은 유대인들에게서도 굉장히 극단적인 평가를 받는다. 이산의 역사를 살면서 유대인의 정체성을 지키고 전승한 위대한 영혼, 성경과 『탈무드』를 연구하며 유대의 역사와 지혜를 계승해온 학자, 우리에게는 마치 인간문화재와 같은 존재이다.

그들은 그 더운 날씨 속에서도 항상 검은 옷과 모자를 착용한 채 그들의 전통을 지켜가고 있다. 패션쇼를 연상케 하는 노출 심한 옷차림의 유대인 여자들 사이로, 유행에 아랑곳하지 않는 차림으로 걸어가는 종교인들의 모습은 무척 흥미롭다. 이는 바로 유대인들이 종교인들에게 대해 갖고 있는 긍정적인 생각들이다.

이에 못지 않게 부정적인 평가도 많다. 가령 이런 식이다. 그들은 군대에도 안 가고 빈둥빈둥 논다. 쓸데없는 법을 만들고, 메시아가 온다고 소란을 피운다 등등. 그런데 내가 만난 대부분의 유대인은 이들 종교인에 대해 감정이 좋지 않았다. 유대인 대학생들과 이 문제로 이야기를 한 적이 있었는데 그들은 대부분 불만에 가득 차 있었다.

"한 마디로 욕 나온다. 왜 군대에 안 가는가? 우리처럼 똑같이 군대를 가야 된다. 우리는 목숨을 걸지만 그들은 편하게 책이나 보면서 소일한다. 『탈무드』를 공부한다고, 모세 5경을 공부한다고? 그래 공부해라. 누가 말리는가. 군대에 가도 그런 공부 할 수 있다. 우리를 봐라. 군대에 가면서도 공부할 것 다 한다. 왜 그들만 그렇게 못하냐? 사실 우리 나라에서 종교인으로 지내는 것은 다른 나라처럼 그렇게 어려운 일이 아니다."

보통의 유대인은 군대에서 3년을 보내야 되지만 종교인에게는 병역의무가 면제되기에 형평성이라는 측면에선 문제가 되는 것은 사실이다. 그러나 반감의 근원은 다른 데에서 기인한다. 이들 종교인이 정치를 비롯해 여러 분야에 간섭하며 특권을 누

예루살렘의 황금문이 보이는 곳에 있는 묘지. 황금문은 닫혀져 있는데 마지막 심판의 날에 메시아가
와서 이 문을 열면 세상이 종말한다고 믿는 유대인들은 제일 먼저 구원을 받기 위해 이곳에 묻히길
원한다.

린다는 것이다.

어떤 사람은 우스갯소리로 종교인이 정치에서 물러나야 되는
가장 큰 이유는 카지노 때문이라고 한다. 유대인들은 도박을 좋
아하는 것으로 유명하다. 그런데 이스라엘 내에서 도박을 하는
것은 불법이다. 물론 종교인들의 입김 때문이다.

몇 년 전에는 네게브 사막에다 카지노를 만들 계획을 추진하
다가 중단된 일이 있었다. 세계적인 관광지라 할 수 있는 이스
라엘에 카지노를 만들면 많은 돈을 벌 수 있다는 것은 거의 기
정사실이다. 어느 나라고 카지노 사업을 해서 망했다는 이야기
는 들어보지 못했다. 그런데 이 알토란 같은 카지노 사업을 금
지하니 얼마나 종교인이 미웠을까. 그렇다고 유대인들이 도박

을 안 하는 것은 아니다. 서안 지역의 예리코, 아니면 멀리 그리스, 터키 등지로 원정도박을 간다. 때로 남쪽의 에일랏 항구의 근처 바다에 배를 띄우고 도박을 한다. 국내에서는 불법이지만 영해상은 법의 저촉을 받지 않기 때문이라나.

아무튼 세속의 유대인들에게 "이거 하지 마라, 저거 하지 마라" 하는 종교인들이 성가시고 귀찮은 존재임에는 틀림없다. 샤밧이라 해서 금요일 일몰부터 토요일 일몰 전까지 공공버스나 기차의 운행을 정지하는 법을 통과시킨 것도 바로 종교인들이다. 예루살렘에서는 이 시간대에 장사하는 사람들이 있으면 종교인들이 중심이 되어 가게 앞에서 시위를 하는 것도 심심찮게 볼 수 있다.

그 중에서도 일반 유대인과 종교계나 우익 경향의 사람들의 태도를 아주 잘 보여준 사건이 하나 있다. 정통 유대교 정당인 샤스*Shas*의 전 총수인 데리*Deri*가 뇌물수뢰죄로 기소되었다가 3년형을 선고 받았는데 이에 대한 반응들이 다양했다. 좌익 계열인 『하레츠』는 지극히 정당한 판결이라는 논조였고, 반면 우익 계열인 『예루살렘 포스트』는 색다른 논조를 보였다. 이 신문 사설의 주장은 왜 데리는 유죄이고 전직 대통령 바이즈만은 무죄냐는 것이었다.

올 초(2000년)에 전직 대통령이었던 바이즈만*Etzer Weitmann*(당시는 현직 대통령)이 프랑스 사업가에게 거액(60만 달러로 추정)의 뇌물을 받은 혐의로 검찰에서 조사를 받은 적이 있다. 조사 결과 무죄로 방면됐는데 말이 무죄이지 사실 그냥 눈감아 준 것이었고, 대부분의 사람들도 그렇게 짐작하고 있다. 고령의 나이에

다 한때 이스라엘을 대표하는 대통령이었던 점을 감안한 정치
적인 사면이었다.

『예루살렘 포스트』는 이 점을 물고 늘어진 것이다. 데리나 바
이즈만이나 뇌물 받은 것은 같은데 왜 판결이 다르냐고 추궁을
한 것이다. 재미있는 것은 이 사설에 숨겨져 있는 메시지이다.
데리는 유죄이니 바이즈만도 유죄 처리해야 된다는 것이 아니
라 바이즈만이 무죄로 방면되었으니 데리도 무죄로 처리해야
되지 않느냐는 뉘앙스를 풍기고 있었다. 나는 그때 그 사설을
보고 실소를 금할 수 없었다. "역시 똑똑하다는 유대인들도 어
쩔 수가 없구나. 저런 말도 안 되는 주장을 하다니."

그러나 나의 이런 생각은 곧 바뀌었다. 단순히 똑똑한가의 여
부와 연관해서 판단할 일이 아니라는 생각이 든 것이다. 법과
질서를 강조하다가도 자기들이 아쉬울 때면 형평성 따지는 버
릇은 우익을 가장한 수구 기득권층의 전매특허이기 때문이다.
대한민국에서 인권문제를 들먹이면 왜 북한의 인권에 대해서는
침묵하느냐고 따지는 것처럼.

나는 데리의 판결을 이곳 유대인들에게 물어보았더니 대부분
은 당연하다는 반응을 보였다.

"그는 평소에 자기가 신이라도 되는 것처럼 행동했는데 꼴좋
게 됐다. 죄를 졌으니 당연히 벌을 받아야 한다."

유대인 친구, 아브너에게 바이즈만과 비교하면 불공평한 것
아니냐고 물었지만 그의 반응 역시 비슷했다.

"바이즈만은 수뢰혐의로 기소되어 무죄판결을 받았다. 하지
만 네 말대로 아마 그는 뇌물을 좀 받았을 것이다. 그러나 그는

이 나라를 위해 정말 많은 일을 했다. 군인으로서, 정치가로서 이 나라의 발전을 위해 그의 인생을 보냈다. 하지만 데리, 그는 이 나라를 위해 한 게 아무 것도 없다! 하늘에 대고 기도밖에 더 했냐! 바이즈만은 죽으면 천국에 갈 것이고 데리는 죽으면 모로 코로 돌아갈 것이다!"

물론 이는 법정에서 통할 말은 아니다. 나라를 위해 일했다고 무죄고, 누구는 기도만 했으니 유죄라고 할 수는 없는 것이다. 그러나 이것이 종교인에 대한 일반인들의 감정이다. 사람들은 뇌물 받은 데리를 미워하는 게 아니라 아무 일도 안하고 쓸데없는 법만 만들면서 군대에도 가지 않는 등 자기들과 다르게 사는 종교인을 미워하는 것이다.

일반 정치가와 종교 정치가들 사이에는 커다란 차이가 있다. 일반 정치가는 현실에 바탕을 두고 미래를 보는 정치를 한다. 그런데 종교 정치가들은 책에 바탕을 두고 과거로 향하는 정치를 한다. 이런 차이는 대화나 협상으로 쉽게 좁혀질 문제는 아니다.

자연 종교 정치가들에게는 정치의 중요한 속성이자 미덕인 타협과 협상력을 발휘할 여지가 별로 없다. 그리고 그들은 갈등의 소지를 넓히고, 분란을 증폭시킬 가능성이 많다. 종교인들이 정치권력에 큰 영향력을 발휘하고 있는 아랍국을 보면 이런 점을 명확히 알 수 있다. 변화에 맞추자니 그들의 성경인 『코란』에 위배되고, 할 수 없이 필요한 부분만 어렵게 바꾸는데 이는 다른 나라의 변화 속도에 비해 늦을 수밖에 없다.

이스라엘에서도 종교인들은 정교일치의 신권국가를 원한다.

문제는 그럴 경우 이스라엘 역시 퇴보할 가능성이 높아진다는 것이다. 대부분의 유대인은 이를 원치 않는다. 종교인들이야 하늘에 열심히 기도하는 게 이스라엘을 위하는 일일지 모르지만. 그러나 확실한 것은 그렇게 기도만 하다가는 2000년 전처럼 정말 기도밖에 할 수 없는 상황이 올 수도 있다는 것이다.

앞으로 이스라엘의 장래는 이들 종교인의 정치권력을 어떻게 해체하느냐에 있다고 봐도 과언이 아니다. 종교인들은 기도만 하기도 바쁠 텐데 언제 정치까지 할 시간이 있을까? 각자 영역에서 열심히 사는 게 당신들에게도, 당신네 나라와 중동평화에도 좋을 것이다.

이스라엘에는 '사스'와 'NRP*National Religious Party*', 'UTJ*United Torah Judaism*' 같은 종교정당도 많고 암묵적으로 다른 정치인들에게도 영향을 미친다. 1999년 선거에서 주요 종교정당인 사스는 17석, NRP는 5석, UTJ는 5석을 차지했다. 120석의 국회의석 중 아랍인에게 할당되는 10석을 제외하면 약 25%의 의석인 셈이다.

결코 적지 않은 정치적 힘을 갖고 있기에 종교인에게는 각종 이권도 따라다닌다. 그런데 종교인들이 누릴 수 있는 이권의 상당 부분은 아랍과의 대립 상황에 기인하는 바가 크다.

정치의 속성으로 보자면 종교인들의 완고함은 무척 골치 아플 수밖에 없다. 그러나 아랍과 생존의 대결을 벌이고 있는 마당에 그 화살을 내부의 종교인에게 향할 여유란 없다. 그런데 문제는 이스라엘과 아랍이 화해를 하게 되는 경우이다. 대외적으로 평화 분위기가 정착하면 가장 먼저 타깃이 되는 것은 바로 이들

종교인이 될 수 있다. 현재 종교인들이 누리는 기득권은 아랍과
의 대치 상태가 지속되면서 반사적으로 얻는 부분이 크기 때문
이다. 그래서 유대인들은 지금도 아랍과의 평화 정책에 대해 가
장 강경한 입장을 보이곤 한다.

결국 라빈의 평화정책은 한편에서 종교인들의 목을 죄는 일일
수도 있었다. 거기에 라빈의 평화정책은 진행속도가 너무 빨랐
고, 노벨평화상까지 수상해 국제적인 인지도도 높아졌다. 그는
너무 위험한 존재였던 것이다.

그렇다면 왜 종교인들은 암살이라는 극단적인 방법을 썼을
까? 그렇지 않아도 국민들로부터 따가운 시선을 받고 있는 처지
에 모험을 택한 이유는 무엇일까? 설령 단독범행으로 사건 수사
가 마무리된다고 하더라도 문제는 여기에서 끝나지 않을 수도
있다. 케네디, 김구, 마틴 루터 킹 등의 암살사건은 모두 단독
범의 소행이었지만 이를 결코 한 개인의 범행으로만 생각하는
사람은 거의 없다. 분명 배후에서 조종한 사람이 있을 거라고
사람들은 믿을 것이고, 라빈의 암살은 종교인들에 대한 반발로
이어질 수도 있다. 그럼에도 불구하고 암살이라는 극단적인 방
법을 동원한 데에는 다음과 같은 이유가 있다.

첫째는 선거를 통한 제거. 선거에서 라빈이 속한 노동당이 패
배하면 총리가 바뀌고 노동당의 정책은 벽에 부딪칠 수 있다.
그러나 1995년은 노동당 정권이 계속되는 시기였고 반대당과의
공조를 통해 현 정부를 불신임하기에는 명분과 힘이 부족했다.
그리고 설령 불신임에 성공해서 재선거를 한다 해도 이긴다는
보장이 없다. 본래 선거와 시험과 남녀 문제는 뚜껑을 열어봐야

결과를 알 수 있는 것이다.

둘째는 라빈 개인의 실각이다. 어차피 라빈도 현실 정치인이다. 털어서 먼지 안 나는 사람 없다는 말처럼 라빈에게도 개인 비리와 같은 약점이 없을 리 없다. 그의 이런 약점을 잡아 그의 정책에 제동을 걸 수도 있다. 실제 종교인들에게는 그럴 힘과 능력이 있다. 그러나 여기에는 시간이 걸린다. 교묘하게 계획을 진행시켜야 하기에 많은 시간이 걸리고, 또 상대방에게 눈치를 채여 반격할 시간적 여유를 줄 수 있다. 설령 실각한다고 하더라도 배후에서 계속 영향력을 행사할 수도 있다. 결정적으로 그는 싫든 좋든 노벨상까지 받은 유대인의 지도자이다. 세계인의 이목을 집중시켰던 유대인의 지도자가 추문으로 전 세계 언론에 오르내리는 것은 장기적으로 유대인들에게 썩 좋은 일은 아니다.

그렇다면 마지막으로 고려할 수 있는 것은 암살이란 카드이다. 이는 극단적인 방법으로 사람들의 반발을 부를 수 있다. 그러나 한 방에 끝낼 수 있다는 장점이 있다. 반격의 틈을 주지 않는다. 거기다 다음 도전자들에게 무언의 압력을 가할 수도 있다. "자, 봤지. 우리에게 도전하면 어떻게 되는지."

목숨에 대한 위협은 정치생명이 위협받는 것과는 비교할 수 없는 압박을 준다. 정치지도자들의 생각과 행동을 제한하는 효과를 기대할 수도 있다. 그래서 종교인들은 극단적이지만 가장 효과적인 암살을 선택했을 것이다.

나는 팔레스타인 사람들에게도 라빈에 대한 평가를 물었다. 아랍과의 평화를 위해 애쓰다 죽었으니 당연히 팔레스타인 사

람들이 호감을 갖고 있으리라 예상을 하면서……. 그러나 반응
은 의외로 차가웠다.

"그래 라빈이 평화를 위해 애쓰다 죽은 건 사실이다. 그렇지
만 평화가 왔느냐? 이게 평화인가? 서류상으로만 평화가 왔지
변한 게 뭐 있는가? 변한 건 노벨평화상 탄 것밖에 더 있는가?"

라빈은 유대인이나 팔레스타인 사람, 양쪽으로부터 배척 당했
다. 자신에게 떡고물이 돌아오지 않으면 아무리 좋은 상, 좋은
정책도 찬사를 보내지 않는 것 같다.

보이지 않는 국경선

나는 본격적으로 바르타에 대한 취재를 시작하였다. 지금 계획으로는 두 달 정도에 걸쳐 작업을 끝낼 계획이다. 그리고 틈틈이 서안 지역의 현지 탐사도 할 예정이다. 막상 바르타 마을을 취재하기로 했지만 두려운 마음이 들었다. 한국에서 매스컴을 통해 접했던 과격한 테러리스트로서의 이미지에 이집트와 이스라엘에서 겪었던 아랍인들에 대한 부정적인 모습들까지 겹쳐 자꾸 나의 마음을 무겁게 만들었다. 의사 소통도 자신할 수 없는 처지에 통역가이드를 구할 수도 없고, 무엇보다도 홀로 작업을 해야 한다는 사실이 큰 부담이 되었다. 모든 것을 혼자 결정하고 처리해야 했던 것이다. 그저 "설마, 죽기야 하겠어" 하는 마음으로 취재에 임하는 수밖에 도리가 없었다.

바르타는 지형상 먼저 이스라엘에 속한 서쪽 마을을 통과해야 팔레스타인 영역인 동쪽 마을로 들어갈 수 있다. 서쪽 마을이야 이스라엘에 속해 있으니 별 일이 없을 거라 생각했지만 문제는 팔레스타인 영역인 동쪽 마을이었다. 이곳에는 상주하는 군인이나 경찰도 없었다.

나는 서쪽의 지형을 대강 둘러보고 마을 중앙에 있는 다리를 건너 동쪽으로 넘어갔다. 조그만 다리 위에는 1949년 이후 국경선이었음을 표시하는 페인트 자국이 아직도 남아 있었다. 두 마을의 경계선 역할을 하는 다리를 웬 이방인이 넘어오자 아이들이 수군거리며 다가왔다. 그런데 나를 보더니 한결같이 "샬롬, 샬롬" 하며 히브리어로 인사하는 게 아닌가! 이곳이 팔레스타인 지역인데 왜 이스라엘식 인사를 유대인도 아닌 동양인에게 하는지 의아했다.

내가 동쪽 마을에 가졌던 두려움은 첫날 몇 시간만에 사라졌다. 동쪽 마을을 둘러보는데 가는 곳마다 사람들이 "샬롬 알레이쿰(아랍식 인사말, 'You are in peace'란 뜻)"이라고 하며 나를 환대했기 때문이다. 주민들은 하던 일을 멈추고 집으로 초대해 차와 음식을 대접하며 대화를 나누고 싶어했다. 막무가내로 나를 붙드는 사람도 있었다. 여자아이들은 쌍꺼풀이 없는 이방인이 신기했던지 창문에 모여 나를 구경했다. 예상 밖의 일에 나는 당황할 수밖에 없었다. 생면부지의 나를 마치 '돌아온 삼촌'처럼 대하고 있었던 것이다. 너무 친절해서 무슨 꿍꿍이가 있나 하고 의심할 정도였다.

결국 나는 며칠 동안 바르타 마을을 제대로 돌아다닐 수가 없었다. 들르는 곳마다 거의 모든 사람이 이런 식의 초대를 하는데 마을 사람들과 친해질 필요가 있는 내 입장에선 일일이 뿌리칠 수도 없는 일이었다. 나중에 알았지만 이것이 아랍사람들의

문화였다. 나는 촬영에 방해가 될 정도로 과분한 대접을 받으며
이들의 정겨운 문화에 흠뻑 빠져들었다. 그리고 마음 속에 도사
리고 있던 아랍인에 대한 좋지 않은 선입관이나 감정을 완전히
떠나보냈다.

　며칠 동안 현장조사를 하는 동안 나는 동쪽의 팔레스타인 지
역 사람들이 서쪽의 아랍이스라엘리(이스라엘 시민권을 가진 아랍
인)보다 확실히 더 친절하다는 것을 느낄 수 있었다. 물론 동쪽
사람들이 아랍이스라엘리에 비해 이방인을 볼 기회가 적은 탓
도 있겠지만 가난한 사람들이 인심이 좋은 현상은 여기서도 어
쩔 수 없는 것 같다. 분명 경제적으로 동쪽은 서쪽에 비해 풍족
하지 못하다.

　하루는 길거리에서 '무스타파'라는 한 팔레스타인 대학생을
만났다. 그는 지금 예루살렘에 있는 팔레스타인 사람들을 위한
대학에 다니는데 졸업을 해도 직장을 구하기가 쉽지 않다고 한
다. 가장 큰 이유는 그에게 이스라엘 시민권이 없기 때문이다.
팔레스타인 지역은 무스타파와 같은 청년을 수용할 경제적 기
반이 허약하다. 좋은 보수에 좋은 직장을 구하기 힘드니 동쪽과
서쪽 마을은 물론 팔레스타인 사람과 아랍이스라엘리 사이에
경제적 격차가 커지는 것은 당연할 수밖에 없다는 것이다.

　한편 문화에 있어서도 동쪽은 서쪽 주민들에 비해 더 보수적
이었다. 옷차림에서 서쪽이 전반적으로 서구화되고 세련된 반
면 동쪽은 전통적인 옷차림이다. 특히 서쪽의 젊은 사람들일수
록 더 서구화되어 있었다. 독실한 이슬람교도는 하루에 다섯 번
그들이 최고의 성지로 여기는 메카를 향해 절을 하며 기도를 올

린다. 물론 이를 잘 지키는 사람들은 동쪽 주민들이다. 학교도 서쪽은 남녀공학이지만 동쪽은 독립된 학교에서 남녀가 따로 배운다.

그러나 겉으로 보기에 두 마을 사이에 큰 차이가 있는 것은 아니다. 왕래도 자유롭고, 서로 적대시 하는 것도 아니다. 많은 동쪽 사람들이 이스라엘에서 유대인과 일했다. 물론 서쪽에서는 이런 경향이 더욱 강했다. 유대인과 같이 교육받고, 일하고, 때로는 연인이 되어 드물지만 결혼까지 하는 사람도 있다.

한국에서 느낀 유대인과 아랍인은 불구대천지원수 사이였다. 그런데 현지에서는 아랍인과 유대인들이 서로를 향해 노골적인 적대감을 드러내는 것을 보기란 쉽지 않다. 팔레스타인 주민들의 대다수가 모여 사는 서안 지역은 물가가 다른 이스라엘 지역보다 싸다. 이러다 보니 유대인들이 물건을 사기 위해 그곳으로 가는 일이 많고, 이들을 상대로 물건을 하나라도 더 팔아야 할 아랍인들이 그들에게 적개심을 보일 필요는 없다.

문제는 이런 유대인과 아랍인의 미묘한 관계가 나를 고민하게 만든 것이다. 바르타의 두 마을이나 양 민족 사이에 뭔가 두드러진 차이가 없기 때문에 취재를 하는 사람 입장에서는 곤란한 점이 많았다. 그렇다고 없는 사실을 만들 수도 없고, 시간은 계속 흘러갔다.

며칠 더 노력을 하던 나는 결국 카메라를 놓고 말았다. 뭔가 잘못되었고, 이렇게 해선 안 되겠다는 생각이 들었다. 시간이 걸리더라도 원점부터 다시 시작할 필요가 있다는 생각이었다.

나는 많은 고민을 한 끝에 대화를 통해 접근하는 게 가장 바람

돌팔매질로 이스라엘군에 맞서고 있는 팔레스타인 사람들

직하다고 결론을 내렸다.

내가 머물던 곳의 옆방에는 모하메드라는 아랍이스라엘리 대학생이 있었고, 아래층에는 같은 과에 다니는 다비드와 테리라는 유대인 대학생이 있었다. 특히 모하메드는 굉장히 똑똑하고 자긍심이 강한 아랍 청년이었다. 그와 이야기를 나누다 보면 대화 곳곳에서 그의 냉철한 안목을 엿볼 수 있었다. 나는 그들과 대화를 나누는 가운데 바르타 마을의 보이지 않는 문제를 비롯해 팔레스타인과 이스라엘의 미묘한 관계에 대해 조금씩 접근해 갈 수 있었다. 그리고 내가 부딪쳐야 했던 문제의 실마리를 하나씩 풀어가게 되었다.

모하메드를 비롯해 많은 아랍이스라엘리가 유대인에 대해 느끼는 가장 큰 반감 중의 하나는 차별이다. 이스라엘 국회에는

120명의 의원이 있는데 아랍 출신 의원은 10석으로 고정되어 있다. 아랍인의 인구 비율이 약 20%인데 불공평하다는 것이다. 다시 말해 아랍이스라엘리의 입장에서 볼 때 유대인들은 그들에게 공평한 경쟁의 기회를 주지 않는다는 것이다.

그리고 팔레스타인의 아랍인에 비하면 낫지만 전반적으로 아랍이스라엘리들은 불리한 여건에서 힘든 일을 하는 경우가 많다고 한다. 그나마 이런 직업에서도 값싼 아시아 인력들이 수입되면서 점점 경쟁력을 잃고 있다. "우리가 권리의 확대를 요구하면 손톱만큼 들어주고 입을 싹 닦는다." 이것이 아랍이스라엘리의 생각이다.

그런데 이러한 불공평의 문제에는 두 가지 숨은 이유가 있다. 첫째는 보통의 유대인이라면 남자는 3년, 여자는 2년씩 군대에서 복무해야 하며, 제대 후에도 밀루임(우리의 예비군)이라고 해서 보통 1년에 한 달 정도를 군에서 보내야 한다. 반면 아랍이스라엘리는 군대에 가지 않는다. 이스라엘과 아랍국은 적대관계에 있는데 아랍이스라엘리 입장에서는 자기 형제들에게 총을 겨눌 수 없는 일이고, 유대인 입장에서는 이들을 믿고 총을 줄 수가 없기 때문이다. 유대인으로서는 군 복무와 예비군으로 보내는 시간을 번 아랍인들이 다른 부분에서 어느 정도 손해를 감수하는 것은 당연하다고 생각할 것이다. 그런데 이것은 속마음이 그렇다는 것이지 노골적으로 말할 수 있는 것은 아니다. 다시 말해 "너희는 군대 안 가니까 손해 좀 봐도 당연해"라고 말할 수는 없다는 것이다.

둘째는 아랍인은 일반적으로 대가족이다. 유대인 가족이 평균

4~5명 정도인 데 반해서 아랍인 가족은 보통 8~10명이나 된다. 때로 아랍이스라엘리는 유대인과 같은 돈을 벌지만 이렇게 부양가족에 있어 차이가 나다 보니 생계비와 양육비로 지출되는 돈이 많을 수밖에 없다. 결국 이는 아이들 개개인에 투자되는 교육비가 이래저래 유대인에 비해 적을 수밖에 없다는 결론이 나온다. 교육은 한편에서 미래를 위한 가장 값진 투자이다. 그런데 아랍의 대가족 문화는 교육적인 측면에서 유대인과의 경쟁력을 떨어뜨리게 만든다. 그러나 이 역시 공개적으로 비판할 성질의 문제는 아니다. "그러면 애를 적게 나면 되잖아" 식의 말을 하기는 힘든 것이다.

내가 아랍과 이스라엘의 반목과 대립을 관찰하며 느낀 점은 그 이면에 복잡하게 얽히고 숨겨진 문제들이 굉장히 많다는 것이다. 이러한 문제들에 제대로 접근하지 못한다면 아랍과 이스라엘의 뿌리깊은 반목을 이해하기는 힘들다.

유대인 입장에서는 아랍이스라엘리가 눈엣가시 같은 존재이다. 아랍이스라엘리의 대가족 문화는 유대인에 비해 인구증가율이 높을 수밖에 없다. 실제 팔레스타인 사람들 중에는 경제적인 이유로 이스라엘 시민권을 얻고자 하는 사람이 많다. 그렇다고 원하는 족족 다 시민권을 주면 지금의 인구비가 언제 역전될지 모른다. 그렇다고 가족당 몇 명에게만 시민권을 주겠다고 제한하면 국내외에서 감당할 수 없는 비난이 쏟아질 것이 뻔하다.

그러니 지금은 시민권을 주기 싫지만 할 수 없이 주고 있다. 물론 이것도 노골적으로 말할 수 없는 이스라엘 정부의 고민이다. 인구가 많다고 무조건 좋은 것은 아니지만 주변 아랍국을 상대할 절대적인 인구수가 부족한 현실에서 이스라엘이 러시아나 에티오피아 등 해외 유대인들을 적극적으로 국내에 이주시키는 정책을 추진하는 숨은 이유 중의 하나도 바로 이런 국내 사정 때문이다.

아랍이스라엘리가 가진 또 다른 문제는 자신들의 정체성이다. 모하메드가 영국에서 유학할 때 이스라엘에서 온 이스라엘 시민이라고 하자 사람들은 그를 유대인 취급을 했단다. 그때마다 그는 자기가 아랍인임을 설명해야 했다. 그런 그가 자신의 정체성에 대해 혼란을 느끼는 것은 어쩌면 당연하다 할 것이다.

아랍이스라엘리는 요르단과 이집트, 사우디아라비아의 메카를 제외한 주변의 아랍국가에 갈 수 없다. 주변 아랍국이 이스라엘과 적대관계이고, 아랍이스라엘리도 유대인과 똑같은 취급을 받기 때문이다. 아랍이스라엘리는 이스라엘에서는 유대인이 아니라고, 같은 아랍 형제들에게는 이스라엘인이라고 매도를 당하니 정말 애매한 처지일 수밖에 없다.

한 번은 내가 아랍이스라엘리와 이 문제를 이야기하며 "그렇게 자기 정체성에 혼돈을 겪고, 차별이 싫다면 이스라엘 시민권을 포기하고 팔레스타인이나 다른 나라로 이주하면 되지 않느냐?"고 물었다. 그러나 그들의 대답은 이랬다.

"우리는 그렇게 할 수가 없다. 내가 사는 이곳은 바로 우리 고향이다. 만약 우리가 이곳을 떠난다면 이스라엘 정부는 좋아한다. 다른 데로 가고 싶으면 얼른 가라고. 그러면 이 땅은 유대인들 차지가 된다. 그리고 팔레스타인이나 주변 아랍국은 이스라엘에 비해 교육이나 경제적 수준이 떨어진다. 당장 우리는 제쳐

두고라도 우리 자식들의 미래는 교육에 있다. 다른 나라는 직업도 찾기 힘들고, 좋은 교육을 받기도 힘들다. 이것은 우리가 지금보다 못한 곳에서 가난하고 힘들게 살아야 된다는 것을 의미한다. 한 마디로 길이 없다. 이럴 수도 저럴 수도 없다. 이스라엘이 우리를 이렇게 만들었다."

이후로도 나는 많은 아랍인들을 만났지만 '길이 없다' 라는 말을 정말 많이 들어야 했다.

물론 유대인들의 생각은 다르다. "그렇게 우리가 싫으면 다른 곳에서 살면 되지 않느냐? 너희들은 우리를 싫어하면서도 우리가 만든 시스템의 혜택을 받고 있다. 너희들의 직업이나 지금 하고 있는 일은 결국 이스라엘과 유대인을 위하는 일이다. 우리를 미워하면서 우리를 위한 일을 하고 있으니 이보다 더한 모순이 어디 있느냐?" 이스라엘과 아랍의 관계는 너무 극단적이고 서로 양보의 여지를 찾기가 극히 힘들었다. 길이 없었다.

그렇게 현지의 사정을 익혀나갈 때 하루는 몸도 마음도 쉴 겸 숙소에서 나는 『Sixth Sense(육감)』라는 영화를 보았다. 브루스 윌리스가 주연한 이 영화의 스토리는 한 소년이 죽은 사람과 대화를 통해 그들의 억울함을 해결한다는 것이다. 그런데 그 소년의 어머니는 어릴 적에 학교에서 연극을 하는데 그녀의 어머니가 오지 않았다는 사실에 평생 서운한 감정을 갖고 있었다. 그렇지만 그날 그녀의 어머니는 다른 관객들 틈에서 딸의 연극을 보았고, 다만 그 사실을 딸에게 말하지 않았을 뿐이다. 소년은 죽은 외할머니와의 대화를 통해 어머니에게 이 사실을 알려주자 어머니는 오래 마음에 담아두었던 서운한 감정을 풀어버리게 된다.

나는 이 마지막 장면이 그렇게 가슴에 와 닿을 수 없었다. 이 영화를 보고 나는 사람들 사이에 일어나는 갈등의 근원은 의사소통의 부족에 있다는 사실을 절감했다. 만약 외할머니가 연극에 늦게라도 간 사실을 어머니에게 말했다면, 또 어머니는 서운했던 감정을 외할머니에게 말했더라면 몇십 년의 오해와 묵은 감정은 없었을 것이다.

이곳 유대인과 아랍이스라엘리, 그리고 팔레스타인 사람들 사이의 문제도 바로 이런 의사소통의 부족에 있지 않을까? 내가 만난 대부분의 유대인과 팔레스타인 사람들은 서로에 대해 잘 안다고 말하지만 이는 사실이 아니고 그런 노력이나 시도도 하지 않는다.

물론 대화가 없는 것은 아니다. 종종 아라파트 의장이나 바라크 총리가 만나서 이야기를 나눈다. 그러나 이것은 어디까지 회담일 뿐이다. 이런 회담에서는 가슴에 묻어둔 생각을 말할 수도 없고 사실 말해서도 안 된다. 회담이란 보통 솔직한 감정을 그대로 드러낼 수 없는 무대인 것이다. 때로는 이런 원칙을 무시하고 "일본의 버르장머리를 고쳐 놓겠다!"고 아주 솔직하게 말하는 사람도 있지만 이는 공식적인 자리에서는 제 발등 찍기밖에 되지 않는다. 그리고 이집트나 미국 등 제3자가 대신 이들의 문제를 해결해 줄 수도 없다.

그들의 궁극적인 관심사는 자신들의 이익이기 때문이다. 결국 해결은 당사자들만이 풀 수 있고 또 그렇게 해야 한다는 것이다. 어떻게? 바로 얼굴을 맞대고 허심탄회하게 이야기하고 역지 사지하는 지혜를 터득하는 것이다. 문제의 근원적인 해결은 바로 여기에서 출발할 수밖에 없다.

내가 앞에서 소개한 기밧 하비바라는 단체가 바로 이런 일을 하는 곳이다. 양쪽이 함께 배우며, 문제를 토의하고, 이해하는 프로그램들을 운영하고 있는 것이다. 서로가 처한 상황을 이해하면 자기 것만 주장하지 않게 된다. 그러나 이스라엘과 팔레스타인의 전반적인 상황은 이런 노력들과는 거리가 멀다. 구세대는 둘째 치더라도 젊은 세대들도 별로 다를 바가 없다.

나는 유대인이나 아랍 대학생들과 대화를 하면서 양쪽이 어쩌면 그렇게 똑같은 말을 하는가 하고 놀란 적이 한두 번이 아니었다. 마치 사전에 입을 맞춘 것은 아닐까, 어디서 단체 합숙훈련을 받고 온 것은 아닐까 할 정도로 이야기의 흐름이 같았다.

평화라는 대전제에 대해 물으면 양쪽은 모두 평화를 원하고 상대방과 평화롭게 같이 살고 싶다는 말로 시작한다. 그런데 이야기가 깊어지면 "우리는 그들을 믿을 수 없다. 그들은 우리를 전부 죽이려 한다. 몇 년 전에 무슨 일이 있었는지 아느냐? 그들이 아무 죄도 없는 우리 아이들, 형제들, 부모를 죽였다"고 똑같이 말하는 것이다. 여기에 '산 넘어 산' 이라고 양쪽 진영에는 이런 일반인들의 정서를 효과적으로 활용하는 유능한 선동가들이 강력한 힘을 발휘하고 있다.

현재 팔레스타인과 아랍이스라엘리의 지위나 권리 문제에 대한 생각들을 보면 양쪽의 시각차가 분명하다. 먼저 유대인의 입장이다. "저들은 항상 끊임없이 우리에게 무엇을 달라고 요구한다. 우리가 그것을 주어도 절대로 만족하지 않고 계속해서 많은 것을 요구한다. 이러다가 우리가 가진 모든 땅과 권리를 내놓으라면서 우리를 지중해로 밀어낼 것이다.”

반면 아랍인의 입장은 이렇다. “우리가 1m의 권리(땅)를 요구하면 저들은 겨우 1cm를 양보한다. 그리고는 마치 100m를 양보한 것처럼 떠들어댄다. 저들은 계속 말을 바꾸고 우리는 내일을 기약할 수 없다. 우리는 그저 하루하루를 견디고 있을 뿐이다.”

아마 진실은 1cm와 100m 사이에 있을 것이다. 문제는 그 간격이 너무 크고, 그 기준점이 없다는 것이다. 팔레스타인 사람들 입장에서 보면 유대인은 자신들의 땅을 빼앗은 자들이다. 몇백 년 동안 잘 살고 있었는데 어느 날 갑자기 그들이 들이닥치더니 땅을 빼앗은 것이다. 반면 유대인들에게 이 땅은 자신들의 선조가 먼저 살고 있었던 땅으로 『구약』에도 기록되어 있다고 한다. 그리고 소수지만 유대인은 계속 이 땅에 거주해왔다. 게다가 시오니즘 운동이 본격화되어 팔레스타인 지역으로 유대인이 이주해오면서 아랍인들로부터 많은 땅을 구입하기도 했다. 오히려 당시 이곳을 통치하던 영국이 아랍인들이 유대인에게 토지를 매각하는 것을 금지할 정도였다.

그런데 중요한 것은 지금 이 땅의 주인이 누구냐가 아니라 두 민족이 같은 땅 위에 살게 되었다는 것이다. 어차피 현실을 인정하면서 공존의 길을 모색할 수밖에 없는 것이다. 그렇지 않으면 전쟁과 테러의 공포가 끝없이 반복될 수밖에 없다. 어느 한 민족이 사라지기 전까지…….

아랍인들이 유대인을 싫어하는 숨은 이유 중의 하나는 유대인의 성격이다. 유대인의 특기 중의 하나는 '파고들기'이다. 한 번 파고들어 일단 자리를 잡으면 무서운 속도로 발전한다. 발전하는 것은 좋은데 문제는 주위와 융통성 있게 지내지 못한다는 것이다. 유대인의 성격은 굉장히 완고하고 원칙적이다. 이런 사람과 사회생활을 하게 되면 껄끄러운 점이 한둘이 아니다. 슬쩍 넘어갈 수 있는 일도 따지고 드니 답답하고 얄미울 수밖에 없다.

반대로 유대인의 입장에서 보면 아랍인들의 성격은 너무 급하고 쉽게 흥분해서 한 번 화나면 걷잡을 수 없다. 나도 아랍인들의 싸움을 몇 번 목격한 적이 있는데 옆에서 구경하기가 겁날 정도였다. 이에 반해 몸에 손을 대며 싸우는 유대인들은 한 번도 보지 못했다. 대부분 대화로 해결한다. 그리고 빗나간 이야기이지만 유대인의 재미있는 점은 내가 이스라엘에 있는 동안 그들이 술주정 하는 것을 한 번도 보지 못했다는 것이다. 술을 마시고 이를 토하는 유대인은 봤을지언정 술주정을 하는 유대인들은 보지 못했다. 정말 희한한 일이다. 마시는 술의 알콜 농도가 약한 것도 아닌데, 그만큼 자제력이 뛰어나다는 이야기일까? 아무튼 지금까지도 풀지 못한 수수께끼 중의 하나다.

이렇게 대조적인 성격의 사람들이 살다 보니 문제가 없는 것이 오히려 이상하다. 그렇기 때문에 오히려 양쪽이 필요로 하는 것은 대화일 것이다. 기존의 오감으로도 풀 수 없던 문제를 해결해 줄 여섯 번째 감각은 바로 '대화의 감각'이다. 서로 얼굴을 맞대고 대화를 통해 문제를 풀어가는 감각, 이것이 결여되면 궁극적인 평화와 공존은 없을 것이다.

그런데 이는 두 민족에게만 해당되는 일은 아니다. 우리의 통

일도 이런 대화의 감각이 전제되지 않는다면 통일에 대한 논의
는 허상에 불과할지도 모른다. 북한에서 온 어린이가 대한민국
학교에서 느꼈던 것을 다룬 기사를 봤다. 자신이 북한에 있을
때는 남한 사람이 못사니 우리가 빨리 통일시켜줘야 된다고 생
각했는데, 이곳 아이들은 지금 우리도 살기 어려운데 통일을 해
서 북한 사람까지 책임질 일이 뭐 있냐는 식의 이기적인 태도를
보인다고 지적했다. 기사의 진위여부는 모르겠지만 부끄럽다는
생각이 들었다.

　높은 분들이 만나서 하는 거창한 회담만 교류가 아니다. 일반
인들이 나누는 허심탄회한 대화가 오히려 진정한 교류일 수 있
다. 이것이 없다면, 그리하여 남북 양쪽의 감정의 골이 채워지
지 않는다면 우리의 통일도 멀어질 수밖에 없다. 결코 통일은
몇몇 사람의 회담 속에서 이루어지는 것은 아니기 때문이다.

여군이 거리를 누빌 때

바르타 마을을 취재하는 동안 나는 바르카이 키부츠에서 머물고 있었다. 그런데 하루는 키부츠에서 '남자들의 날Men's Day'이란 파티가 열렸다. 무슨 국가적인 행사는 아니었고, 이곳 키부츠에만 있는 전통이었다. 파티는 저녁에 있었는데 나도 초대를 받고 참석하게 되었다.

파티가 열리는 식당으로 향하니 키부츠의 여자들이 모두 예쁘게 차려 입고 입구에서 남자들을 환대하고 있었다. 처음에는 나이 지긋하신 노인들이 입장했고, 곧이어 나도 파티장으로 들어섰다. 여자들은 입장하는 남자들에게 예쁜 바구니에 포장된 조그만 물건을 하나씩 선물로 주었다. 물론 나도 그 선물을 받았다. '대체 어떤 선물일까?' 그러나 다들 가만히 있는데 나 혼자 궁금하다고 포장을 뜯어볼 수도 없었다.

그런데 궁금한 것은 또 있었다. 막상 초대장을 받고 파티에 오긴 왔지만 이방인인 나에게는 이 행사가 무척 궁금하기만 했다.

주위 여자들에게 이를 물었더니 보통 일 년에 한 번씩 부정기적
으로 이곳의 여자들이 특별한 것을 준비해 남자들을 즐겁게 해
주는 날이라고 했다. 그러면 '여자들을 위한 날'도 있느냐고 물
었는데 특별히 날이 정해져 있지는 않다고 했다. 다만 오늘 파
티에서처럼 대접을 받은 남자들은 그에 대한 답례로 그 '무엇'
을 해준다는 것이었다. 이런 대답을 하는 그녀들의 눈빛이 반짝
반짝 빛나며 뭔가 기대감으로 설레는 것처럼 보였다.

행사는 여자들이 정성스럽게 만든 식사를 남자들에게 대접하
며 시작되었다. 그리고 여자들이 남자들을 위해 노래를 부르더
니, 이어서 늘씬한 무희들이 등장해 분위기를 고조시켰다. 그리
고 그 다음에는 남녀들이 서로 어울려 춤을 추는 시간이 이어졌
다. 이런 문화에 익숙하지 못한 나로서는 쉽게 어울릴 수는 없
었지만 보는 것만으로 참 행복한 시간이었다. 남자와 여자들이
참 다정하고 서로를 잘 위해준다는 생각 때문이었다.

사실 이 나라는 이성간에는 굉장히 잘 해 준다. 나 같은 이방
인도 조금만 머물다 보면 금방 눈치챌 정도이다. 우리 입장에서
보면 '과하다' 싶은 생각이 들 정도이다. 그렇지만 같은 성끼리,
그러니까 남자 대 남자, 여자 대 여자끼리는 영 별로이다.

한 번은 텔아비브 버스 정류장에서 차를 기다리고 있을 때였
다. 어린애들이 계단에 앉아서 서로 눈길을 주고받고 있었는데
사내의 눈빛이 아주 끈적끈적했다. 한국의 아저씨들이 지하철
에서 젊은 아가씨들의 몸매를 훔쳐볼 때의 눈빛 그대로였다. 남
성들이라면 국적과 나이, 장소를 불문하고 비슷한 건가?

유대인 여자들에게 물어보면 유대인 남자가 전 세계에서 최고

예루살렘성 여덟 개의 문 중의 하나인 야파문(Jaffa Gate) 주변

라고 자랑한다. 여자들을 대하는 유대인 남자들의 태도를 보면 이런 평가가 전혀 과장되게 느껴지지 않는다. 우리 눈으로 보면 느끼하고 남자답지 못하다고 흉볼지도 모르지만 나는 그저 '보기 좋다'는 생각을 했다.

이스라엘은 남녀평등이 굉장히 잘 되어 있다. 여자들은 너무 기가 세다는 느낌이 들 정도로 목소리가 크다. 사실 이스라엘에 선 여자들도 군대에 가는 등 남자들에게 기죽을 일이 없다. 군대에서도 남자들을 훈련시키는 여자 교관들을 어렵지 않게 볼 수 있다. 좋게 이야기하면 이스라엘 여자들은 남자들 이상으로 매사에 솔선수범하는 적극적인 성격이고, 나쁘게 말하면 고압적이다.

이러한 유대인 여성의 특징은 '성문화'에 대해서도 고스란히

205

나타난다. 여자들의 요구나 표현이 굉장히 적극적인 것이다. 나이트 클럽이나 공공장소에서도 여자들이 남자 손을 잡고 끌고 가(?) 무릎 위에 앉혀 놓고 키스하는 장면도 여러 번 목격했다. 다시 한 번 말하겠다. 종종 여자들이 남자들을 무릎에 앉혀 놓고 위에서 키스한다는 것이다. 한 번은 버스 뒷좌석에 앉았는데 군인 남녀가 옆에 앉더니, 여자가 남자를 눕혀 놓고 진하게 키스를 퍼붓는 게 아닌가! 순간 당황해서 주위를 둘러보았는데 어색해 하는 사람은 나 혼자였다. 다른 승객들은 별 관심이 없었다.

예전에 내가 한국에서 예비군 훈련을 받을 때 한 예비군 동대장의 일장훈시가 생각이 났다. 이런 요지의 이야기였다.

"우리 한국 남자들은 여자들에게 많이 반성해야 합니다. 우리 남자들이 못 나서 고려 때, 임진왜란 때, 한일합방 때 여자들이 얼마나 고생했습니까? 많이 반성해야 됩니다."

나라의 힘이 약해지면 그 나라 여자들이 가장 먼저 험한 일을 당한다는 이야기가 있다. 혹시 유대인 남자들이 여자들에게 잘 해 주는 것도 이런 보이지 않는 역사적 이유 때문인가? 아무튼 그들은 2000년의 세월을 방랑하며 홀로코스트 등의 수난을 겪었는데, 이 과정에서 유대인 여성들이 감내해야 했던 억울함과 피해도 많았을 것이다. 물론 유대인 남자들의 친절함이 그런 역사적 배경에서 오는 무의식적인 표현인지는 나로서는 알 길이 없다. 다만 분명한 것은 유대인 남자들이 여성들을 대하는 태도는 한국 남성들의 그것과 사뭇 다르다는 것이었다.

아직도 우리에게는 남아 있는 욕 중에 '화냥년' 이란 말이 있다. 본래 이 말은 조선 중기에 병자호란을 당하면서 청나라에 끌려갔다가 돌아온 여자들을 환향녀還鄕女('고향에 돌아온 여자'라는 뜻)라고 부르는 것에서 유래했다고 한다. 그런데 이들 환향녀들을 당시 조선 사회를 지배하던 남성들, 사대부들은 어떻게 대했을까? "미안하다. 우리 남자들이 못나서 너희를 지켜주지 못했다. 우리가 사과하고 따뜻하게 보살펴 주마"라고 했을까?

그러나 상황은 그렇게 전개되지 않았다. 청나라 병사들은 전쟁 중에 조선의 사대부 집안의 사람들을 많이 잡아갔는데 이는 돈을 벌기 위한 목적이었다. 전쟁이 끝나고 조선과 청나라는 이들 포로 반환 문제를 놓고 협상을 벌였는데 그 반환 금액을 놓고 합의를 보지 못했다. 그러자 사대부 집안에선 개인적으로 돈을 지불하며 이들을 데려오고자 했다. 그런데 남성들과 여성들에 대한 대우가 완전히 달랐다. 남성들은 그간의 고생을 위로받으며 가문에 복귀한 반면, 여성들은 정절을 잃고도 자살하지 않았다며 문전박대를 당했다. 그 여성들은 손가락질을 받으며 모진 겨울밤 담장 옆에서 얼어죽거나, 시댁의 대문에 목을 매 죽기도 했으며, 팔도를 떠돌다 굶어죽기도 했다.

만백성의 어버이라는 조선의 국왕은 나라를 제대로 지키지 못한 채 청나라 왕에게 머리를 조아리고 절을 올리는 수모 속에서도 목숨을 보전했지만 정작 피해자인 여성들은 온갖 멸시를 받아야 했던 것이다. 여성들을 지키지 못하고 나라를 망쳤던 조선의 남성들은 그 잘난 가부장적 권위와 가문의 명예를 위해 환향녀들을 또다시 죽인 것이다.

한 번은 그렇다 치자. 일제 때 위안부로 끌려간 여성들의 문제에는 또 어떠했는가! 그때도 우리 남자들은 똑같은 비열한 짓을 했다. 정신대에 끌려간 여자들을 따뜻하게 끌어안기는커녕, 그녀들이 평생 죄의식과 수치심으로 음지에서 숨어살게 만들었던 것이다.

파티는 무르익어 끝날 시간이 가까워지고 있었다. 사람들은 하나둘씩 다정하게 팔짱을 끼며 나갔다. 나도 의자에서 몸을 일으키려는 순간, 문득 들어올 때 받았던 선물이 생각났다. 궁금증에 풀어보니 콘돔이 아닌가! 나는 너무 어이없어 한참을 웃었다. 그리고 여자들이 말한 남자들의 보답이 뭔지를 알 것 같았다. 그 보답은 오늘밤 있을 것이었다. 나이 드신 할아버지들은 잠시 옛 시절을 회상하며 할머니들에게 보답할까? 이들의 재치와 유머가 너무 절묘해 나는 계속 미소를 지었다. 하지만 그 웃음이 나중에는 나를 더 초라하게 만들기도 했다.

그로부터 얼마 뒤 나는 이스라엘 북쪽 레바논 국경 지역에 위치한 하니타Hanita라는 키부츠에 놀러갔다. 이곳에서는 매주 목요일 밤 부근의 볼런티어들을 초청해 퍼브에서 파티를 열었다. 말이 파티지 그냥 술 마시고 춤추고 노는 분위기이다. 내가 이곳에 갔을 때는 다섯 명의 한국인 볼런티어가 있었다. 그들과 이런저런 이야기를 나누는데 이 키부츠에 유대인과 결혼한 한국인 여자분이 있다는 말을 우연히 듣게 되었다. 약간 의외라는 생각에 자세히 물어보니 지금은 이혼하고 아이들과 같이 키부츠닉으로 산다는 것이었다. 순간 나는 '이혼했으면 귀국하지 않고 왜 남의 나라에서 살고 있을까' 라는 생각에 호기심이 일어 그분과의 만남을 주선해달라고 부탁했다.

유대인은 국적을 결정할 때 모계를 따른다. 종교적 풍습 때문이다. 그리고 이중국적을 갖는 것도 가능하다. 그렇기 때문에 그 한국인 여자가 이혼을 했다면 아이들은 유대인이 아니고 법적으로 이스라엘에서의 체류가 불가능하다는 것을 의미한다. 이곳에 별다른 친척이 있을 리도 만무하고 문화와 말도 다른데 먼 타향에서 살고 있는 것이 잘 이해가 되지 않았다.

약속이 잡히자 나는 저녁에 한국인 볼런티어와 같이 그 집을 방문했다. 아담하고 깨끗하게 정돈된 집이었다. 그런데 집에 들어가 아이들을 보는 순간 내가 갖고 있던 의문 하나가 풀렸다. 유대인 피가 우성이어서 그런지 아이들이 한결같이 유대인의 모습이었다.

나는 그날 저녁 차를 마시며 그녀와 많은 대화를 나누었다. 그녀는 1980년대 초 간호사로 중동에 파견된 후 당시로서는 드물게 이스라엘 키부츠에 볼런티어로 오게 되었다. 그리고 지금은 헤어진 남편을 만나 결혼하였고, 결혼 후에는 한국에서 취득한 간호사 자격증을 인정받아 이스라엘에서 간호사로 일했다. 물론 집안 어른들은 결혼을 반대했다. 외국인과의 결혼을 부모님들이 결코 반길 리 없었다. 거기에 당시 키부츠는 공동농장, 사회주의 제도를 채택하며 사유재산이 없는 것처럼 우리에게 인식되고 있어서 부모님들은 더욱 부정적일 수밖에 없었다.

그녀의 말에 따르면 이곳에는 많지는 않지만 자기처럼 유대인과 결혼한 사람들이 있는데 대부분 이혼율이 높다고 한다. 그녀도 역시 이혼 후에 귀국 문제를 놓고 많은 고민을 했단다. 그렇지만 결국 귀국을 포기했던 것은 외국인과 결혼했다가 이혼한 자신에게 쏟아질 시선을 견딜 수 없을 것 같았기 때문이라고 했다. 그리고 더 큰 문제는 아이들이었다. 그들이 한국에서 당할 수모를 생각하니 자신의 문제는 제쳐놓더라도 귀국을 포기할 수밖에 없었다는 것이다. 아이들의 행복을 위해서라도 이곳에서 사는 것이 더 낫다고 판단해 유대인으로 개종했다고 한다. 그녀는 라비청에서 실시하는 시험과 심사를 통과하면서까지 유대인이 되었던 것이다.

몇 년 전 그녀가 아버지의 환갑 잔치 때 아이들과 함께 한국에 다녀왔는데 나는 그 이야기를 들으면서 정말 가슴이 아팠다. 한국에 있을 때 아이들이 자신의 곁을 떠나지 않고 손을 꼭 붙잡고 다녔다고 한다. 주위의 이상한 시선과 낯설은 태도가 아이들로 하여금 본능적인 두려움을 안겨준 것이다. 결국 이는 그녀가 이스라엘에 남을 결심을 더욱 굳히게 하는 사건이 되었다.

그녀가 일가 친척도 하나 없이 먼 이국 땅에서 아이들과 함께 살아남기 위해 강하게 자신을 다그쳐야 했던 모습은 나를 슬프게 했다. 나는 대화 중간중간에 아이들이 히브리어로 엄마와 같이 대화를 나누는 것을 보면서 잠시 "너희들이 한국어를 알아 우리와 대화하면 좋을 텐데"라는 생각을 했었지만 곧 그 생각을 바꾸었다.

"그래 너희들의 삶과 행복을 위해서라면 굳이 한국과 한국말을 알 필요는 없겠지. 오히려 상처받고 나쁜 기억을 갖기보다는 모르고 사는 게 더 좋을 수도 있겠다."

무심하게 TV를 보는 아이들의 얼굴을 보며 동료들과 함께 집을 나온 나의 가슴은 울분으로 가득했다. 왜 대한민국은 이런 우리 동포들을 따뜻하게 받아들이지 못할까? 자기가 태어난 조국 대신 왜 아무 연고도 없는 남의 나라에서 살게 만드나? 대체 대한민국의 그 무엇이 저 가족의 아픔과 행복보다 소중하길래 귀국을 막고 있는 것일까?

나는 그날 울분으로 밤늦도록 잠을 자지 못했다. 이 생각 저 생각으로 뒤척이다가 문득 내 자신의 과거가 떠올랐다. 나 또한 이러한 보이지 않는 폭력의 가해자였던 것은 아닐까? 그에 대한 답은 나 역시 그랬다는 것이다. 때로는 주위의 친구를 '왕따' 시키면서, 때로는 어머니의 희생 위에서 행복을 누렸던 남자였다.

우리 사회에서 여성들은 자식과 가족과 가문이라는 보이지 않는 울타리에 갇혀 살아왔다. 자식 때문에, 이혼한 여성에 대한 편견 때문에 남자들의 학대와 모욕에도 참고 견디며 평생을 살아야 했던 것이 한국 여성들의 운명이었다.

물론 요즘에는 사회 전반에서 여권신장을 외치는 목소리가 높아지고 과거의 불합리한 남녀차별이 많이 개선되고 있는 추세이다. 정말 이제는 그 무엇이 정말 소중한 가치인지를 우리 사회가 깨닫고 이를 회복해 갔으면 한다. 그리고 우리 사회의 불합리한 차별과 편견 때문에 더 이상 희생자들이 나오지 않았으면 좋겠다. 세계의 교류가 점점 빈번해지는 시대에 한국 남성들이 국제경쟁력이 잃지 않기 위해서라도…….

돈이 시간을 만든다

유대인들이 돈이 많다는 것은 공공연한 사실이다. 물론 이는 내가 유대인들의 호주머니를 뒤져보고 내린 결론은 아니다. 어쩌면 그들은 우리가 상상하는 것보다는 돈이 적을지도 모른다. 1999년 자료를 보면 이스라엘의 1인당 국민소득은 약 1만6천 달러가 된다. 우리에 비하면 두 배 가량 되지만 인구는 600만 명이니 전체 국부로 따지면 우리가 더 크다고 할 수도 있다. 물론 이는 해외에 있는 재산까지 포함한 것은 아니다. 그러나 이스라엘 규모의 국부라면 유럽의 작은 나라에서도 찾아볼 수 있다. 덴마크나 스위스, 오스트리아처럼 1인당 소득은 높지만 인구와 땅덩이가 작은 나라와 비교해 월등한 경제적 격차를 보이지는 않는다는 것이다. 그런데 이들 국가에 비해 이스라엘이 세계 무대에서 갖는 영향력은 월등하다.

이스라엘에서 돌아온 내가 한국에서 느낀 가장 큰 변화 중의 하나는 자본주의의 물결이 우리 삶의 곳곳에 스며들고 있다는 것이었다. 물론 이는 우리만의 경향은 아니다. 지금 전 세계적으로 이런 현상이 확산, 심화되고 있다. 한때 순수미술, 순수과학, 순수문학 등으로 불리던 영역들이 있었지만 지금은 그 경계선이 희미해지거나 의미가 축소되고 있다. 이제는 '돈'과 관련되지 않은 것들이 의미를 잃어가고 있다.

신문의 외신을 보니 현재 미국에서 대학총장감 1순위는 빌 클린턴 전 대통령이라고 한다. 그의 리더십과 비즈니스 능력이 대학에 많은 기부금을 안겨주고 그만큼 대학을 발전시킬 수 있기 때문이란다. 진리 탐구의 전당이라는 대학 역시 자본의 영향에서 결코 자유로울 수는 없을 것이다. 실제 우리 나라의 대학들도 취업을 준비하는 학원으로 변해가고 있고, 전공과 관련되지 않는 과목은 존폐의 위기를 맞고 있다. 대학 운영에도 기업 마인드가 도입되고 있음은 물론이다. 학자의 권위, 지성의 가치가 존중되던 시대 대신 돈을 어느 정도 벌 수 있느냐에 따라 능력이 평가되는 시대가 오고 있는 것이다.

혹자는 이런 현실을 낯설어하고, 개탄할지도 모른다. 그러나 나에게는 이런 광경이 결코 낯설지 않았다. 왜냐하면 이스라엘에서 유대인들에게 이미 한 수 배웠기 때문이다. 현재 지구촌을 강타하고 있는 자본주의의 바람도 어쩌면 유대인들이 오래 전부터 생활 속에서 실천해왔던 것을 요즘 사람들이 따라가고 있는 건지도 모른다.

나는 여행 중에 여러 나라 사람, 특히 유럽 사람들을 많이 만났는데 이리저리 비교를 해보면 확실히 유대인들이 상술에 뛰어나고 이재에 밝은 민족이라는 것을 확연히 느낄 수 있었다.

내가 유대인들과 큰 거래를 해본 것은 아니지만 그들이 돈을 대하는 태도에는 집요한 구석이 있었다.

"시간이 돈이다"라는 말이 있는 것처럼 유대인들 역시 "돈이 시간을 만든다Money makes time"라는 생각을 금과옥조처럼 생활 속에서 실천하고 있다. 물론 우리 나라를 비롯해 현대 사회를 사는 많은 외국인들도 이 말에 동의하며 삶의 철칙처럼 여기고 있을 것이다. 구구절절 이 뜻을 설명하지 않더라도 우리가 어렸을 때부터 익숙하게, 아니 늘 들어왔던 말이다.

그런데 돈과 시간의 관계에 대해 유대인들의 생각은 각별한 점이 있다. 언젠가 내가 줄리라는 덴마크 여인과 대화를 하다가 무심코 "돈이 많았으면 좋겠다. 그러면 내가 훨씬 더 행복할 텐데"라고 말한 적이 있다. 그러자 그녀는 정색을 했다. "그렇게 생각하는 것은 안 좋아. 세상에는 돈으로 해결할 수 없는 것이 너무 많아. 왜 꼭 돈이 많아야 행복하다고 생각해"라며 나를 준엄하게 꾸짖었다. 이는 그녀가 사회주의 국가인 덴마크 출신이거나 지금까지 남에게 아쉬운 소리 한 번 할 필요 없이 유복한 환경에서 자랐기 때문에 그런 말을 했는지 모른다. 그렇지만 다른 유럽 친구들 역시 비슷한 이야기와 반응을 보이는 것이었다. "돈이 많으면 좋긴 하겠지만 꼭 돈이 많아야 되는 것은 아니다. 그리고 돈이 많다고 하더라도 그 돈을 언제 다 쓸거냐?"라는 식이었다.

그런데 이런 비슷한 이야기를 유대인들에게 하면 정반대의 반응이 나온다. 루마니아 출신의 유대인, 아드리안은 "당연하지. 돈이 많으면 그만큼 너는 많은 기회를 가질 수 있다. 더 좋은 차와 집, 윤택한 생활. 이것은 그만큼 네가 행복한 생활을 할 수 있게 해준다. 그리고 너의 사회적 지위도 올라 더 좋은 조건의 여자를 만날 수 있다. 보통 사람들은 자기와 비슷한 사람을 찾고 만나는 법이다. 결국 돈은 네가 원하는 것을 이룰 수 있는 시간을 단축시켜 준다"라고 명쾌하게 이야기했다. 단축된 시간만큼 더 많은 기회를 갖고, 다른 일을 즐길 수 있다는 것이다.

우리가 흔히 하는 말 중에 "죽으면 빈손으로 간다", "인생은 돈이 전부가 아니다"라는 말이 있다. 그런데 이 말을 유대인이 들으면 어떤 반응을 보일까? 아마도 "너무 욕심을 부리지 말라"는 교훈과는 다른 각도에서 받아들일 것이 거의 분명하다. 유대인들의 사고방식을 따른다면 인생에 있어 돈으로 해결할 수 있는 부분은 99%이다. 그리고 나머지 돈으로 해결 못 하는 1%는 그 무엇으로도 해결할 수 없다는 것이다. 나도 처음에는 유대인들이 돈만 밝힌다고 생각했지만 지금은 그들의 생각이 새롭게 와 닿는다. 돈이 인생의 전부는 아니어도 대부분은 돈으로 좌우되는 경우가 많다는 것을 피부로 느꼈기 때문이다. 단지 우리는 이런 말로 스스로를 위로해 왔던 것뿐이다.

요즘은 많이 바뀌었지만 우리 사회의 채용 관례를 보면 유대인이 참으로 현실적인 민족이라는 생각이 든다. 예전에 몇 번 중소기업체에 응시한 적이 있었는데 회사마다 조금씩 차이는 있지만 IMF 위기 때문인지 전반적으로 임금이 상당히 낮았다. 내가 이 부분을 지적하면 대부분 "지금은 어려우니 나중에 봐서 올려주겠다"는 식의 이야기를 했다. 그러나 유대인들에게는 '나중에'와 같은 사고방식은 통하지 않는다. 대신 그들은 이렇게 이야기할 것이다. "회사가 나를 쓰는 것은 지금의 나의 능력 때문이다. 그런데 현재의 능력에 대해선 제대로 평가를 안 하고, 나중이라는 말을 쓰느냐? 그들이 나의 나중을 보고 고용한 것은 아니지 않느냐?"

유대인의 방식이 꼭 옳다거나 우리에게 맞다고 할 수는 없다. 우리에게는 우리만의 전통과 관습이 있으니까. 또 모든 유대인이 이런 사고방식을 가지고 있는 것도 아니다. 오히려 우리보다 더 끈끈한 정으로 뭉쳐진 사람들도 많이 보았다. 그렇지만 유대 사회를 언뜻 들여다 보면 상당히 비정하거나 돈만 밝히는 것처럼 보일 수 있다. 실제 그런 경우가 많은 것도 사실이다. 그런데 이를 장기적으로 보면 그 공동체는 실력위주의 사회로 갈 수 있다는 장점이 있다. 왜냐하면 우리처럼 '나중에'라는 식의 표현으로 우회하지 않고, 지금 이 순간의 가치와 능력에 대해 정확하게 평가하는 문화가 자리잡을 수 있기 때문이다. 그리고 '나중에'라는 표현 뒤에 숨어있는 힘있는 자들의 속셈도 그 효력을 발휘할 수 없다는 장점이 있다.

우리의 신입사원 채용은 물론 노사 협상 등에서 '나중에'라는 말을 많이 쓰게 된다. 물론 이는 부정적으로만 볼 일은 아니다. 어려운 시기엔 서로가 조금씩 희생하고 양보하는 것이 '나중에' 더 큰 이익을 안겨줄 수 있기 때문이다. 그런데 우리 사회에선 이 말은 주로 힘있는 자들에 의해 쓰인다. 어려울 때는 "참자! 허리를 졸라매자! 인간적으로 하자!"며 구렁이 담 넘듯이 은근 슬쩍 위기를 넘겨놓고선 막상 상황이 바뀌면 언제 그랬냐는 듯이 입을 씻거나 내팽개쳐 버린다. 대한민국에는 '나중'은 나중에 없는 경우가 많은 것이다. 역시 "돈이 인생의 전부가 아니다"라는 말도 빛 좋은 개살구가 되기 쉽다. 임금을 제대로 받고자 하는 사람을 이상한 성격의 소유자로 만들고 대신 노동자를 싼값에 고용할 수 있는 좋은 구실이 될 수 있는 것이다.

나는 개인적으로 유대인의 방식이 현실적이고 합리적이라 생각하지만 그다지 좋아하지는 않는다. 얄밉다는 생각이 드는 것이다. 이스라엘은 1967년 6일전쟁 때 이집트로부터 빼앗은 시나이 반도를 1982년에 다시 이집트로 반환한 적이 있다. 그런데 이 과정에서 힐튼호텔의 영유권이 문제가 되었다. 점령 후에 이스라엘은 호텔을 지었는데 국경선이 애매하게 호텔 지역을 지나갔기 때문이다. 결국 긴 협상 끝에 1988년, 이집트는 보상금을 지불하고 이곳을 되찾을 수밖에 없었다. 이집트 입장에서는 이스라엘이 얼마나 얄미웠을까? 자기 땅 뺏긴 것도 억울한데 보상금을 내고 찾아가라니.

그런데 이와 비슷한 일이 지금도 골란고원*Golan Heights*에서 벌어지고 있다. 이곳 역시 이스라엘이 1967년 6일전쟁 때 시리아로부터 점령한 땅인데 지금은 상당히 개발되어 있다. 과거 라빈 총리는 이곳에 대한 반환 문제로 시리아와 협상을 벌이며 개발에 대한 보상금을 지불하라고 요구한 적이 있다. 유대인의 방식은 일단 내일 돌려주더라도 먼저 개발하고 보자는 것이다. 자기 땅이 되면 좋고 아니면 나중에 개발에 대한 보상금이라도 받을 수 있다는 것이다. 이웃의 입장에서 보면 여간 얄미운 짓이 아니다. 그러나 유대인들에게는 문제될 것도, 잘못된 것도 아니다. 전쟁이야 승자의 몫이고 투자해서 개발한 것에 대해선 보상

받는 것이 당연하니까.

결국 이집트나 시리아로서는 잃어버렸던 땅을 되찾고 싶으면 전쟁이나 돈을 선택할 수밖에 없다. 그러나 전쟁이야 현실적으로 힘든 일이고, 결국 돈으로 문제를 해결해야 하니 그만큼 군사력에 대한 투자는 줄어들 수밖에 없다. 이집트나 시리아가 돈을 버는 시간에 이스라엘은 군사력 증강이나 다른 일에 투자할 시간적 여유가 생기는 것이다. '돈이 시간을 만들고 있다'고 할 수 있다.

유대인은 지금 돈에 대한 명확한 개념, 현실적인 판단, 뛰어난 상술로 세계경제를 풍미하고 있다. 그리고 그들은 그 돈으로 많은 기회와 시간을 새롭게 만들어가고 있다. 그런데 유대인들을 보면서 드는 생각은 과연 우리에게는 다른 좋은 방법은 무엇일까 하는 점이다. 다음은 내가 해외에서의 경험을 통해 나름대로 생각해본 것들이다. 돈에 뜻이 있는 분들에게는 조금이라도 도움이 되었으면 한다.

내가 외국인, 특히 서양인들과 접하면서 느낀 점은 그들이 우리 동양 문화를 신비감과 때로는 경이감을 갖고 바라본다는 것이다. 어떻게 보면 잘 알지도, 익숙하지도 않은 나라에 대해 환상을 품는 것은 당연한 일이겠지만 내가 느꼈던 것은 이런 피상적인 환상을 넘어서는 것이었다. 그들은 구체적으로 상당한 호감을 갖고 있었다. 다시 말하면 우리에게는 대수롭지 않은 것들에 대해서도 굉장히 진지하게 호기심을 보였다. 이는 우리 동양 문화가 서양 문화보다 뛰어나다고 받아들일 수도 있겠지만 우열을 떠나 우리 문화의 잠재력이 앞으로 세계무대에서 경쟁할 수 있는 가능성을 보여주는 사실이라고 할 수 있겠다.

한때 "가장 한국적인 것이 가장 세계적이다"라는 말이 유행한 적이 있었다. 이에 대한 내 생각은 반만 진실이라는 것이다. 그럴 수도 있고 아닐 수도 있기 때문이다. 나는 세계시장에서의 승부를 위해 우리 문화를 크게 세 가지 차원에서 바라봐야 한다고 본다.

첫째는 가장 한국적인 것으로 승부를 보는 것이다. 가장 좋은 예가 '김덕수 사물놀이패' 이다. 우리에게는 익숙해져 관심의 대상이 아닐 수 있지만 외국인들은 돈을 내고 일부러 찾아와서 본다. 그만큼 신비함과 새로운 호감을 줄 수 있다는 것이다. 제대로 콘텐츠 개발을 해놓으면 지속적으로 우리 문화를 알릴 수 있는 계기가 될 수 있다. 만약 김덕수 선생님이 세계공연을 한다면 한 나라에서 1개월씩만 공연해도 약 200개월(약 16년)을 활동할 수 있는 것이다(현재 지구촌에는 200여 개의 나라가 있으니까).

이것을 가장 잘 하고 있는 나라 중의 하나가 인도이다. 인도의 방송 프로덕션들은 아예 외국시장을 노리고 그들의 문화유산을 촬영해 수출하는 경우가 많다. 특히 그 상품들에는 외국인들의 구미에 맞게 적당한 신비감을 가미하기도 한다.

둘째는 한국적인 것에 세계인의 취향을 결합시키는 것이다. 특히 우리의 음식 문화가 이에 가장 잘 어울리는 것이라 할 수 있다. 사실 우리 음식은 굉장히 독특해서 다른 나라 사람들이 익숙해지는 데에 상당히 시간이 걸린다. 그래서 이를 맥도널드 햄버거처럼 현지인의 입맛에 맞도록 변형시키는 작업이 필요하다.

솔직히 나는 해외에 나가기 전에 한국인들의 폐쇄적인 문화를 민족성과 연관시켜 보곤 했다. 그런데 밖에 나와서 그 이유 중의 하나가 바로 우리의 음식 문화 때문일 수도 있겠다는 생각을 하게 되었다. 나 역시 외국에서 음식 문제로 많은 고생을 해야 했다. 그러나 이는 나만의 문제가 아닐 것이다. 외국에 나가는 많은 한국인들이 이 문제로 고심하는 것이다. 물론 다른 외국인도 타향에서 음식 때문에 고생을 하기도 하지만 특히 우리 나라 사람들이 심한 것 같다. 우리 음식이 다른 나라에 비해 너무 뛰어나다는 것이다. 밖에서 만난 외국 친구들은 처음에는 우리 음식에 힘들어했지만 일단 적응을 하자 다들 좋아했다. 단순한 예의 표시나 호기심 차원에서가 아니라 정말로 좋아했던 것이다. 실제 이스라엘의 예루살렘과 텔아비브에는 한국인 식당이 있는데 이곳에는 유대인 손님도 많다. 어느 정도 현지 적응을 거치면 우리 음식은 그야말로 천하무적이 될 수 있다고 본다.

셋째는 외국 문화(하드웨어)에 우리 문화의 아이템(소프트웨어)을 결합하는 것이다. 얼마 전 뉴욕의 브로드웨이에서 우리의 뮤지컬 『명성황후』가 인기를 끌었고, 국산 영화인 『쉬리』와 『JSA』도 관심의 대상이 되었다. 영화와 뮤지컬이라는 외국의 장르에 우리가 가진 문화적인 아이템을 결합시켜 세계 시장에 접근에 성공했던 것이다. 이것을 잘해 왔던 나라가 일본이었다. 남의 나라 것을 많이 모방한다고 비난도 받았지만 자신들의 문화적인 캐릭터를 도입해 제조업 분야에서 상당히 재미를 보았던 것이다.

21세기를 흔히 문화의 시대라고 말한다. 다른 상품과 달리 문

화상품은 사람들에게 오랫동안 영향을 미치고, 국가의 이미지
도 동반상승하기 때문에 돈으로만 환산하기 힘든 많은 부가가
치를 창출한다. 물론 이런 접근 방법이 말처럼 쉽지만은 않을
것이다. 그러나 아직도 우리 문화에 대해 세계인들이 잘 모르
고, 제대로 평가되지 않고 있다는 점에서 먼저 우리 문화에 대
해 애정을 기울이고 재발견 작업을 열심히 한다면 충분히 가능
성이 있다고 본다.

　내가 밖에서 느낀 수확 중의 하나는 우리 문화가 외국 문화에
비해 결코 뒤떨어지지 않는다는 자부심이었다. 단지 우리가 제
대로 인식하지 못하고 발굴을 안 해서 그 가치가 드러나지 않을
뿐이었다. 유대인들은 "돈이 시간을 만든다"고 생각한다면 우리
는 "문화가 시간을 만든다"는 생각으로 한 번 세계에 도전해봤
으면 한다.

4부
부딪힌 만큼 변한다

내가 만난 고려인 여성

"야, 이젠 좀 쉬자!"

얼마 전 바르타에 관한 취재를 끝냈다. 혼자서 하다보니 우여곡절도 많았고 어려움도 많았다. 여러 모로 내 자신이 아직 부족하다는 것을 느끼며 반성도 많이 했다. 그러나 일단은 쉬고 싶었다. 일을 끝냈다는 안도감과 만족감보다는 몸이 제대로 말을 듣지 않았다. 혹시 내가 이스라엘에 있으면서 늙어버린 것은 아닐까?

바르타의 취재를 마치고 비자연장 신청을 기다리던 나는 서안 지역을 여행했다. 홀가분한 마음으로 이곳 저곳을 돌아다니고, 여러 사람들을 만났다. 그러던 중 카프 카리아라는 아랍 마을을 여행하면서 친절한 30대 후반의 한 아랍인을 만나게 되었다. 그리고 하루는 그의 초대를 받아 집에 가게 되었다.

그런데 그 집에서 한참 대화를 나누는데 내가 아랍인에 비해 유대인과 많은 대화를 나누지 못했다고 했더니 그가 갑자기 어

디로 전화를 거는 것이었다. 그러더니 아주 좋은 유대인 친구를
소개시켜 준다는 게 아닌가! 그는 한참 히브리어로 통화를 하더
니 오늘밤 9시에 네타냐*Netanya*라는 곳에서 함께 보기로 했으
니 같이 가자고 내게 일방적으로 말했다. 조금 황당하기도 하고
약간 이상하다는 생각도 들었다. 나야 굳이 나쁠 것은 없지만
유대인이 아랍인의 소개로 밤 9시에 초면의 이방인을 만난다는
것은 드문 일이었다.

시간이 되자 내가 사는 곳으로 아랍 친구가 차를 몰고 왔다.
우리는 약속장소로 먼저 나갔다. 그런데 반신반의하며 짐작은
했었지만 아니나다를까 그곳에 나타난 사람은 30대 중반의 유
대인 여성이었다. 착해 보이는 인상의 그녀는 나를 반갑게 맞이
하더니 곧 아랍 친구와 포옹을 하는 것이었다. "Oh, darling!
my child!" 어째 수상하다 했지. 두 사람은 불륜의 관계였던 것
이다. 내가 너무 우스워 그녀에게 그는 애*Child*가 아니고 어른
*Adult*이라고 말했지만 애인 앞에서 어린아이가 되는 것은 동서
*東西*가 다 같지 않은가!

두 사람은 오랜만에 만난 듯 애정이 넘치는 해후를 했고, 그녀
는 밤 10시쯤 나와 그를 자기 집으로 초대했다. 그녀는 러시아
에서 온 유대인으로 두 딸의 어머니였다. 남편이 외국에서 근무
중이라는 그 여인은 정말 성격이 좋았다. 그녀는 내게 자신의
방과 두 딸의 방을 보여주는 등 친절하게 대했다. 그런데 그 딸
들의 방을 보니 완전히 개판이었다. 속옷은 아무렇게나 내팽개
쳐져 있고, 화장품만이 깔끔하게 정돈되어 있었다. 이 밤중에
어디에 갔냐고 물으니 요즘 남자친구가 생겨 밤마다 나가느라

정신이 없단다.

그녀는 아랍인 남자를 사랑하지만 가정이 있어 결혼은 할 수 없고 가끔씩 이렇게 만날 수밖에 없다고 푸념했다. 너무 어처구니가 없어 나는 실소할 수밖에 없었다. 이런 일은 이스라엘에서도 도덕적으로 비난받을 일이지만 두 사람은 너무 다정해 보였다. 그리고 한편에선 아랍인과 유대인 사이에 이런 일도 있을 수 있구나 하는 놀라움이 들었다. 그저 이들 유대인과 아랍인이 미움의 포로가 되기보다는 사랑의 포로가 되었다는 것에 위로를 삼아야 하나? 그런데 나도 그만 이들의 관계에 얽히게 되고 말았다.

그날 헤어지고 나서부터 이 아랍인 친구는 매일같이 나에게 전화를 했다. 공처가였던 그는 밖에서 유대인 애인과 놀고 싶은 핑계를 대느라 나를 이용했던 것이다. 나는 갈등(?)을 해야 했다. 달콤한 유혹을 뿌리치느냐 아니면 단란한 가정이 있는 한 아랍인과 유대인의 불륜에 공범이 되느냐! 결국 심약한 나는 유혹에 넘어가 매일 그와 이스라엘의 밤을 휘젓고 다녔다.

그러던 어느 날 그와 같이 오르 아키바*Or Akiva*라는 유대인 마을에서 식사를 할 때이다. 청소부로 일하는 중년의 동양인 여자가 눈에 들어오는 것이었다. 동양인이 청소부로 일하는 것은 흔치 않은 일인데 나는 호기심이 일었다.

이곳 이스라엘에서는 동남아나 중국에서 온 노동자들이 많다. 영어가 되는 필리핀 사람들은 주로 노인을 돌보거나 병원에서 일하고 중국이나 태국, 미얀마 사람들은 키부츠 노동자나 요리사로 일하는 경우가 많다. 중년의 동양인 여성이 청소부로 일하

이스라엘의 한인 상점

는 경우는 거의 없는 것이다. 그리고 나는 얼굴을 보면 일본인인지 중국인인지 동남아 사람인지 대충 구분할 수 있었는데 이 여자의 얼굴은 일본인이나 동남아 사람의 얼굴은 아니었다.

왠지 이상한 느낌이 들어 그녀의 얼굴을 유심히 보는데 중국인 같기도 했지만 알 수 없었다. 다른 때에는 그냥 무시하고 지나쳤을 텐데 그 순간에는 나도 모르게 말을 걸고 싶다는 생각이 들었다. 식사를 끝낸 나는 그녀에게 다가가 영어로 말을 걸었다. 그러나 그녀가 영어를 몰라 옆에 있던 아랍인 친구가 통역을 도와주었다. 그런데 그녀는 바로 러시아에서 온 한국인 2세, 고려인이라고 하지 않는가! 피는 물보다 진하다는 말이 이래서 나온 것일까? 나의 시선이 묘하게 끌렸던 데에는 나름의 이유가 있었던 것이다.

그녀는 러시아 출신 유대인 남자와 결혼해 2년 전에 이스라엘에 왔다고 한다. 그녀의 이름은 케이트 텐으로 한국말은 물론, 히브리어도 잘하지 못했다. 그날은 그녀가 바빠서 오래 이야기를 나누지 못하고 연락처만 주고받았다.

그 후 그녀를 잠시 잊고 있었던 나는 몇 달 뒤에 다시 연락을 해서 만나기로 하였다. 물론 거기에는 특별한 이유가 있었던 것은 아니었다. 같은 민족이라는 생각 때문이었을까. 아무튼 그냥 만나고 싶었다.

그렇지만 언어가 문제였다. 나는 영어와 한국어만 할 수 있었고, 그녀는 한국말을 모르고 러시아와 약간의 히브리어만 가능했는데 그나마 히브리어도 제대로 구사가 안 되어 통역을 구하기가 힘들었다. 대부분의 유대인이 영어를 모국어처럼 구사하지만 러시아에서 온 유대인들은 대체로 영어를 잘 못하는 편이기 때문이다. 그녀의 남편도 같이 나왔는데 60대 초반의 인상 좋은 아저씨였다. 그러나 역시 말이 안 통해 서로 인사를 나누고는 미소만 짓고 있을 수밖에 없었다. 그녀가 친구에게 전화를 한 뒤 잠시 후에 친구인 칼리나가 와서 통역을 도와주었다. 그녀는 영어, 히브리어, 러시아어를 자유자재로 구사했기 때문에 대화는 별 불편함이 없었다. 내가 영어로 물으면 그녀가 러시아어로 케이트에게 전달하고 다시 케이트의 답을 나에게 영어로 번역해주었다.

그녀는 카자흐스탄 공화국에서 왔는데 그녀의 아버지는 1920년생으로 1937년 부산에서 러시아로 왔다고 한다. 그녀의 어머니도 북한에서 러시아로 와 두 사람이 결혼하였다. 제2차 세계

대전 때 그녀의 오빠와 누나가 죽고 그녀는 지금의 남편과 결혼
해 두 명의 아들을 낳았는데 2년 전에 남편을 따라 이스라엘에
왔고, 자식들은 카자흐스탄에서 계속 살고 있다고 한다. 나는
그녀에게 한국 이야기를 물었지만 그녀는 한국말도 몰랐고 한
국에 대해 알거나 기억하는 것도 거의 없었다. 물론 그녀가 한
국에 온 적이 없기에 당연한 일이었지만 내심으로는 그녀가 부
모들로부터 한국에 대해 뭔가 들은 것이 있으리라 생각했던 것
이다. 그런데 그녀는 부모의 한국 이름도 몰랐다. 어머니의 이
름은 'Kim Se Per'라는 러시아식 이름으로만 알고 있었고, 아
버지의 이름도 성만 'Dzen'으로 기억했는데 전씨가 아니면 천
씨인 것 같았다.

　여기에는 그녀는 물론 당시 많은 고려인들이 겪어야 했던 사
연이 있다. 그녀가 자란 곳은 스탈린이 소련에 거주하는 고려인
들을 한국에서 멀리 떨어지게 할 요량으로 강제로 이주시킨 곳
이었다. 그리고 소련은 고려인들이 한국의 소식을 접하는 것마
저 금지시켰다. 자연 러시아어를 쓰다 보니 한국어를 배울 기회
가 적을 수밖에 없었다.

　나는 우리 현대사의 아픈 상처를 안고 있는 고려인 케이트를
보면서 만감이 교차했다. 교과서에서만 접했던 우리 민족의 역
사를 눈앞에서 접했지만 막상 그녀와 나 사이에는 아무런 공감
대가 없었던 것이다. 나는 그녀와의 대화에서 기억의 끝자락 어
딘가에 있을지도 모르는 공통의 뿌리를 찾았지만 이는 거의 불
가능했다. 이스라엘에서도 한국인과 접촉했던 적이 없다는 그
녀는 어쩌면 처음으로 대한민국 사람을 만나고 있는지도 몰랐

다. 한국에 있을지도 모르는 그녀의 친척을 찾아주는 등 뭔가 그녀를 돕고 싶었지만 아버지의 한국 이름도 모르는 상황에서 그건 너무 불가능한 일이었다. 어쩔 도리가 없다는 생각이 들자 나는 참 답답해졌다.

그런데 그 순간 나의 뇌리를 휙 스쳐가는 것이 있었다. 잘 하면 케이트가 이것만은 알 수 있을 것 같았다. 나는 지푸라기라도 잡는 심정으로 케이트에게 한 가지 제안을 했다. "내가 지금부터 노래를 하나 부를 테니 혹시 이 노래를 알면 같이 부르자"는 제안이었다. 그리고 나는 조용히 '아리랑'을 불렀다. "아리랑, 아리랑, 아라리요~" 나는 조용히 그러나 또박또박 아리랑을 부르기 시작했다. 그런데 한국의 말이나 역사, 심지어는 부모님의 한국 이름도 모르던 그녀가 뭔가 반응을 보이는 것이었다. 케이트는 '아리랑'을 알고 있었던 것이다. 갑자기 목이 멘 나는 더 이상 노래를 부를 수가 없었다. 한국에서 아무 생각 없이 부르던 그 노래가 아니었던 것이다. 내가 언제 그 노래를 목이 메인 소리로 불러봤던 적이 있었을까!

잠시 감정을 가라앉힌 나는 케이트에게 한국말도 모르면서 어떻게 이 노래를 아느냐고 물어보았다. 케이트의 대답은 북한에서 온 그녀의 어머니가 어릴 적 자기를 앉혀놓고 아리랑을 자주 불러주셨다는 것이다.

해외에 있는 동안 나는 이날처럼 내가 한국인이라는 것을 가슴 깊이 느껴본 적이 없었다. 나는 그녀의 얼굴을 찬찬히 들여다보았다. 그리고 그녀의 눈을 보았다. 그녀의 얼굴은 한국인의 얼굴과는 약간 차이가 있었다. 우리와 다른 러시아의 토양과 기후, 음식의 영향 때문일 것이다. 그러나 그게 뭐 그리 중요할까. 우리말을 할 수 없고, 우리 문화도 모르고, 우리와 다른 사고방식을 가졌더라도 그녀는 바로 나와 같은 민족인 것이다. 정말 모든 것이 다를지도 모르겠지만 때로는 '아리랑'이란 노래 하나만으로도 우리는 함께 어울릴 수 있는 것이다.

우리는 단일민족이라는 폐쇄적인 울타리에 빠져 순수한 혈통을 강조하고, 언어와 사고방식도 같을 것을 요구하지만 나는 여기에 반대한다. 케이트처럼 다른 나라에 사는 우리 교포나 국제결혼으로 태어난 2세, 3세들도 다 같은 우리 민족인 것이다. 꼭 '아리랑'이라는 노래가 아니어도 우리와 공유할 수 있는 것이 있다면 따뜻하게 포용하고 대해야 한다는 생각이다. '우리 민족'이라는 어떤 고정된 편견에 사로잡혀 그 기준 안에 들어오지 않는 해외동포들을 외면하고 배척하는 자세는 이제 바꿔야 되지 않을까 싶다. 모든 것이 달라도 때로는 '아리랑'이란 노래 한 곡을 부르며 서로 마음의 문을 열고 추억을 나눌 수 있다면 좋은 것 아닌가?

나는 이날 케이트와 한국말을 한 마디도 나누지 못했다. 그러나 나는 그녀와 아리랑을 부르며 가슴으로 대화했다. 그녀는 유대인으로 개종을 하지 않았다고 한다. 그래서 그녀의 여권의 국적란은 빈 공간으로 남아 있다. 그녀가 개종을 안 했으므로 그녀의 아들 역시 유대인이 아니다.

그녀는 나를 다시 초대하고 싶고 가능하면 부모의 친척이나 다른 많은 한국인을 만나고 싶다고 했다. 케이트와의 만남은 짧았다. 아쉬움을 뒤로 하고 그녀와 작별인사를 나누고 돌아오는

데 점점 작아지는 그녀의 모습만큼 내 입가의 노랫소리는 조금
씩 커져만 갔다. 그리고 언젠가 다시 만날 날을 기약하고 있
었다.

검은 유대인, 흰 유대인

나는 가끔 예루살렘에 있는 나사렛 한인교회에 들르곤 하였다. 기독교 신자는 아니었지만 나에게 그곳은 종교적인 갈망과는 다른 그 무엇을 채워줄 수 있는 안식처였다. 아무리 마음을 굳게 먹고 왔어도 종종 한국 사람을 만나고 싶다는 생각마저 지우기는 힘들었다. 또 고국과 교포 사회의 소식도 궁금할 수밖에 없었다. 이렇게 시작된 걸음이 계속되다 보니 몇몇 분과는 얼굴을 자주 접하며 친하게 지내게 되었다. 자연 마음 속에 담아두고 있는 이야기들도 나눌 수 있게 되었다.

그런데 대화가 많아지면서 나는 많은 교포들이 자식들 교육 문제로 고민하고 있다는 사실을 알게 되었다. 아무래도 이곳에 있다보니 이스라엘의 문화적 영향을 받는 것은 불가피한 일이다. 이스라엘에 오래 있었던 아이들, 특히 여자아이들은 옷차림부터가 한국의 아이들과 다르다. 그런데 문제는 이런 아이들에게 한국인의 정체성을 심어주는 일이다. 어려운 일이지만 그렇다고 지나칠 수도 없는 문제였다. 한국으로 다시 돌아갔을 때 자녀들이 한국 사회에 적응하지 못 할 수도 있기 때문이었다.

이스라엘에는 한국인을 위한 학교가 따로 없다. 따라서 한국과 관련된 교육은 가정을 통할 수밖에 없다. 그렇지만 부모들이 한국인의 정체성을 심어줄 교재를 마련하고, 한국 사회를 체계적으로 교육 시키기는 어려운 일이다. 한국어만 가르친다고 문제가 해결되지 않는 것이다. 아마도 이런 문제는 이스라엘뿐만 아니라 다른 나라에 있는 교포들이 공통적으로 안고 있는 고민일 것이다. 나는 교포들의 고민을 이해하면서 문득 몇천 년 동안 세계 각국에 흩어져 살면서 정체성을 지켜온 유대인을 다시 생각해 보게 되었다.

한 민족의 정체성을 구성하는 것에는 여러 가지가 있다. 언어는 물론, 종교나 문화 등이 다양하게 얽혀 정체성을 형성하게 된다. 그러나 민족의 정체성에 그 민족의 언어가 결정적인 영향을 미치지는 않는 것 같다. 나라를 잃고 전 세계로 흩어졌던 유대인들을 보면 그런 생각이 드는 것이다. 그들은 히브리어를 잊고 자신이 사는 나라의 말을 쓰며 몇천 년을 살아왔다. 그럼에도 그들은 마침내 유대인의 국가를 세울 수 있었다. 그렇다면 서로 말도 통하지 않던 유대인들은 어떻게 자신들의 정체성을 유지할 수 있었을까?

2000년 유대인 이산의 역사에는 크게 두 가지 싸움이 계속되었다. 하나는 생존을 위한 싸움, 또 하나는 동화를 피하기 위한 싸움이었다. 유대인은 나라를 잃었기 때문에 세계 여러 나라에 흩어져 살아야 했다. 그런데 대부분의 사람들은 이방인인 이들의 존재를 반가워하지 않았다. 그래서 유대인은 세계 여러 곳에서 냉대를 받을 수밖에 없었다. 거기에 유대인들은 경제적인 부를 축적하며 시기와 질투의 대상이 되었다. 그리고 기독교와의 관계 때문에 기독교인들로부터 종교적인 탄압을 받기도 하였다. 특히 많은 유대인들이 거주하던 유럽에서는 '반유대주의' 세력으로부터 심각한 생존의 위협을 겪어야 했다. 한 마디로 유대인은 숨을 죽인 채, 그들의 존재가 노출되지 않도록 조심하며 생존의 문제와 싸워야 했던 것이다.

한편에서 유대인은 이와는 또 다른 싸움을 벌여야 했으니 그것은 동화에 저항하는 싸움이었다. 사실 유대인의 생존 문제는 한편에서 그들이 동화를 거부했기 때문에 일어난 문제이기도 하다. 유대인들에게 정체성을 지키는 문제는 심각할 수밖에 없었다. 하지만 유대인들의 노력에도 불구하고 그들은 살고 있는 지역의 영향을 받을 수밖에 없었다. 그리고 시간이 지나면서 유대인 역시 다른 민족과 점점 피가 섞이고 점점 많은 유대인들은 그 나라 사람과 구별이 안 될 정도로 혼혈아가 되었다. 가령 외관상 유대계 러시아인을 보면 러시아인과 구별이 힘들고, 유대계 에티오피아인을 보면 아프리카 흑인과 구별이 불가능하다. 유대인은 피의 순수성을 고집했지만 몇천 년을 다른 나라에서 살면서 이러한 일이 일어나는 것을 막을 수는 없었던 것이다.

그렇다면 백인에서 흑인에 이르기까지 다양한 피부색과 외관을 지니게 된 유대인들은 자신들의 정체성을 어디에다 두었을까? 물론 여러 가지가 있겠지만 그들은 '의식의 순수성'을 가장 강조했다. 만약 '피의 순수성'에 두었다면 많은 유대인들은 유

히브리대학에서 주최한 '외국인의 날' 행사에 참석한 한국 교포들

대인 사회로부터도 멸시의 대상이 되거나 아예 타민족에 동화되어 갈 수밖에 없었을 것이다. 이런 생각을 고집했다면 스스로 유대인 자신들이 처한 현실을 무시하는 처사였을 것이다. 수천 년 동안 유대인끼리만 결혼하며 산다는 것이 어디 쉬운 일이겠는가!

그렇지만 유대인은 그들의 정체성을 '의식의 순수성'에 두면서 이런 문제를 극복해 갔다. 같은 의식을 공유하기만 한다면 유대인이라는 공감대만 있다면, 러시아 출신이든, 에티오피아 출신이든 서로를 인정하며 함께 살아왔던 것이다.

지금도 유대인들은 "우리는 선택받은 민족이고, 너희들과는 다르다"라는 '배타적인 선민選民사상'을 공유하고 있다. 그들은 여호와가 선택한 민족이자 아브라함의 자식이라는 생각을 갖고 있다. 이러한 공감대 속에 이스라엘은 100여 개의 국가에서 온 말도 안 통하고 얼굴 모습도 다른 동포를 같은 유대인으로 포용할 수 있었다.

여기서 이야기를 우리 문제로 돌려보자. 만약 검은 피부의 교포가 있다면 그들은 우리 사회에서 어떤 대우를 받을까? 그리고 한국사는 물론 한국어도 모르는 교포, 혹은 교포 2·3세가 있다면 그들은 어떤 대우를 받을까? 틀림없이 왕따를 당할 것이다. 아직 우리에게는 사고방식이나 문화적인 차이를 넓게 포용하는 자세가 부족한 것이다.

그렇다면 우리가 한 민족이라는 의식은 어디에서 나오는 걸까? 물론 유대인처럼 우리들에게도 배달민족은 단군 할아버지의 자손이라는 생각이 있다. 단군신화를 따르자면 우리 민족은 하늘의 자손, 즉 '천손'이 된다. 그렇지만 우리에게는 같은 배달민족이라는 의식만 있지, 같은 뿌리라는 의식은 유대인보다 훨씬 약하다. 아마도 우리가 민족을 이야기하면서 같은 얼굴, 같은 언어, 같은 피를 강조하는 것은 여기에도 그 이유가 있는 것 같다.

그렇지만 나는 유대인의 신화를 단군신화와 같이 본다. 이러한 신화는 기억과 기록이라는 복잡한 과정을 통해 후대에 이어져 왔다. 그리고 신화의 많은 부분은 상징과 은유로 표현되기 마련이다. 물론 그렇다고 이를 비난할 이유는 없다. 많은 민족에게는 그 나름대로 건국신화가 있고, 거기에는 인류의 삶을 이해하는 귀중한 자료로써의 의미가 있는 것이다. 그런데 신화를 잘못 받아들여 자기들 것은 절대 진리이고, 남들이 믿는 것은 악이요, 우상이라는 식으로 몰아붙여선 안 될 것이다. 서로의 생각을 이해하고 포용하는 자세가 필요하다고 본다.

나는 이스라엘에 있는 동안 성경을 열심히 읽었다. 솔직히 말하면 성경 그 자체보다는 이스라엘을 이해하기 위해서였다. 구약에서 우상숭배에 대한 구절을 읽고 그 의미를 생각하기 위해 현장답사도 하였다. 그리고 훗날 귀국길에 오르면서 유대인들이 모세의 인도로 이집트를 탈출해 40년간 방랑했다는 유대 광야도 둘러보았다.

정말 그곳에는 고개를 들기 어려울 정도로 뜨거운 태양이 작열하고 있었다. 그늘 하나 찾기 힘든 광막한 사막은 푸석푸석한 돌가루만 끝없이 뿌려져 있었다. 도대체 유대인은 무슨 생각으로 이런 땅에서 40년을 머무르며 방황했을까? 40년이 아니라 단 40분도 서 있기 힘든 이런 땅에서……. 그날 나는 구약에서 이에 관한 대목을 다시 읽어보았다.

유대인들은 예루살렘을 지척에 둔 광야에서 그들의 지도자를 믿지 못하고, 그들의 신 여호와에게 죄를 저지르는가 하면 때로는 금송아지를 만들어서 숭배했다. 유대인이 금송아지나 바알 Baal신을 숭배한 것은 그것을 좋아하거나 믿어서 그랬던 것이 아니었다. 그들의 신, 여호와가 조금이라도 그들의 요구를 충족시켜주지 못하면 이를 참지 못하고 뭔가 다른 '대속물'을 찾았던 것이다. 하긴 보통 사람들이라면 이런 기후조건에서는 조금만 실망스러우면 짜증을 내고 변덕을 부렸을 것이다. 극도의 인내력을 필요로 하는 상황에서 늘 부족하고 불안했기 때문에 뭔가 다른 것을 믿거나 쉽게 다른 방법을 찾으면서 자신들의 어리석은 행동을 스스로 합리화시키는 경우가 많았다는 것이다.

그렇다! '우상숭배를 하지 말라'는 참뜻은 어쩌면 자기의 그

릇된 행동과 생각을 합리화하지 말고 이를 변명해줄 대상을 찾지 말라는 뜻이지 않았을까 생각한다. 유대인이 40년 동안 유대 광야에서 방랑한 것도 바로 자신들의 잘못을 반성하고 인내하기보다는 이를 끊임없이 합리화하다가 빚어낸 일일 수도 있다는 생각이 들었다. 그들의 신 여호와는 유대인의 이런 본성을 깨닫고 개선시키기 위해서 그런 말씀을 하셨던 것이다.

신약에서 예수가 행한 여러 설교들을 받아들이기에는 너무 어려웠다. 그러나 유난히 한 대목이 나의 마음에 들어왔고, 나는 그 말에 감복하게 되었다. "무엇이든지 남에게 대접을 받고자 하는 대로 너희도 남을 대접하라 이것이 율법이요 선지자니라." (마태복음 7장 12절)

나는 이 구절을 읽으면서 정말 예수님의 위대성을 발견하게 되었다. 벌써 수천 년 전에 지금의 우리에게도 너무나 소중하고 의미 있는 말씀을 이미 남기신 것이다. 우리들은 서로 다른 생각과 사고방식을 가졌다고 너무 쉽게 다툰다. 특히 한국인은 이질적인 생각이나 삶의 방식에 대해 아직 폐쇄적인 경향들이 많다. 그러나 자신의 생각이나 가치를 존중받고 싶다면 그만큼 남의 생각도 존중해 주어야 하지 않을까?

유혹의 땅, 예리코

서안 지역에 있는 예리코는 1993년 '오슬로 협정' 이후 팔레
스타인 자치지구가 되었다. 수면보다 무려 250m 아래에 위치
한 세계에서 가장 낮은 도시. 그 덕분인가, 무척 무더운 곳이다.
예루살렘의 스코프스산(해발 830m)에서 보면 예리코로 가는 광
야가 한눈에 들어온다. 동예루살렘에서 아랍인이 운행하는 합
승택시를 타고 6세겔(1500원)을 낸 뒤, 약 40분 정도를 달리면
닿는 곳이다. 그러나 각오할 것은 무더위 날씨에도 불구하고 차
에 에어컨이 없다는 것이다.

예리코는 고고학적으로 세계에서 가장 오래된 성의 유적이 있
는 곳으로 유명하다. 또한 기독교인들에게는 유대인이 함락시
켰던 여부스족의 성은 물론, 무엇보다 예수가 40일 동안 악마로
부터 시험을 받았다고 하는 산이 있어서 많은 관광객과 순례자
들이 찾는다. 팔레스타인 자치정부 입장에서 보면 앉아서 달러
를 벌게 해주는 노른자위 땅이라고 할 수 있다. 그러나 진짜 알

뜨거운 태양만이 있는 유대 광야는 2000년 이산의 역사를 살아내야 했던 유대 민족의 상징이다. 이스라엘의 곳곳에는 이런 광야가 펼쳐져 있다.

짜배기 손님들은 성지순례자들이 아니다. 2000년 전 예리코에서 예수를 유혹했던 악마 대신 지금 관광객들을 유혹하는 것이 따로 있기 때문이다. 바로 카지노이다. 카지노에서 귀한 달러를 버리고 가는 관광객들이야말로 팔레스타인 자치정부로서는 가장 환영하고픈 손님들인 셈이다.

예리코에 갔을 때, 나 역시 카지노에 가 볼까 하는 호기심이 일었다. 그곳의 카지노가 배당률이 좋다는 소문 때문이었다. 그렇지만 이를 절대로 믿지 마시라. 어떤 한국인은 7만 달러를 잃기도 했다. 괜히 요행을 바랐다가는 팔레스타인의 아라파트만 좋은 일 시켜줄 것이다.

나는 예리코의 중심인 시청 앞 광장에서 간단히 요기를 했다. 빵에 염소고기를 넣어서 만든 음식이었는데 그런 대로 괜찮았다. 식사를 마친 나는 주위 관광지를 구경하기 위해 무더위 속을 걸어다녔다. 이곳은 팔레스타인 자치지역이지만 오가는 아랍인들의 분위기에서 별다른 긴장감이 느껴지지는 않았다. 유대인과 서로 피를 보며 앙숙이 되어 대치하고 있는 사람들이라고는 보이지 않았다. 무더위 때문인가, 아니면 관광객들의 호주머니에만 관심이 쏠려 있어서 그런 걸까?

2000년 전 예수가 40일 동안 악마의 시험을 받았다는 '유혹의 산'을 둘러보는데 내 입에서는 쓴웃음이 절로 나왔다. 그 옛날이나 지금이나 예리코는 여전히 유혹의 땅이구나 하는 생각 때문이었다. '악마가 그렇게 나를 유혹하더니 이제는 어떤 놈이 사람들을 유혹하러 드느냐!' 하는 예수의 호통이 당장에라도 하늘에서 쩌렁쩌렁 울릴 것만 같았다. 예수는 유혹을 이겼는데 지금의 우리는 과연 어떠할까?

사실 예리코는 기독교와 관련이 없는 사람들에게는 매력적인 관광지가 아니다. 흥미를 끌 만한 관광 코스가 별로 없기 때문이다. 낙타를 타며 환호성을 지르는 관광객들이 있어 나도 한 번 타 볼까 하는 생각이 들었지만 타고나서는 허벅지가 아프다고 투덜대는 것을 보고는 이내 그 마음도 사라졌다. 나는 주위를 좀더 둘러보며 기념품을 몇 개 샀다.

다시 예루살렘으로 돌아오는 비좁은 택시 안에서 차창 밖으로 스쳐 가는 광야를 바라보는데 공허함이 밀려왔다. 이렇게 더운 곳까지 일부러 와서 유혹에 빠지는 사람들은 누구일까? 그런데 그런 사람은 의외로 가까운 곳에 있었다. 바로 이스라엘 주재 한국 대사였다. 그가 바로 7만 달러의 돈을 카지노에서 잃고 본국에 소환 당했던 주인공인 것이다.

그런데 이 사건이 마침 내가 이스라엘에 있을 때 일어났다. 예루살렘의 한인교회에 갔다가 교포들이 수군거리는 소리를 듣게 되었다. 한인 교포들은 나라 망신이라고 쉬쉬 했지만, 그럴수록 더 빨리 퍼지는 게 소문 아니던가! 한 교포 여학생은 대학교에서 유대인 친구들이 『예루살렘 포스트』에 대문짝 만하게 난 기사를 보여줬다고 한다. 결국 이 사건은 교포 자녀들의 귀에까지 들어가게 되었다.

나라 망신임에는 틀림없지만 한편에서는 대사가 측은하다는 생각도 좀 들었다. 이스라엘은 그만큼 재미가 없는 나라이기 때문이다. 우리처럼 오락시설이나 눈요기거리가 많지 않다. 그렇다고 사람들과 쉽게 친해질 수 있는 나라도 아니다. 물론 '대사'란 직함이 남의 나라에서 놀다 오라고 주어진 것은 아니겠지만 공인이라고 인간적인 욕구가 없겠는가! 아무튼 그는 '본국소환'이라는 불명예를 당하고 말았다.

그 사건이 불거지게 된 배경에 대해서는 현지 교포 사회에서 두 가지 설이 나돌았다. 하나는 대사관 직원들이 대사의 카지노 출입에 대해 여러 번 경고를 하다가 결국 본국에 보고했다는 것이고, 다른 하나는 이스라엘이 개입했다는 이야기였다. 이스라엘 첩보기관이 이를 알고 비밀리에 한국 정부에 정보를 흘렸다는 것이다. 확인된 내용은 아니지만 이스라엘 입장에서야 숙적인 팔레스타인에게 거액의 건국 자금(?)을 뭉텅이로 갖다 바치는 한국 대사가 보기 좋았을 리는 없다. 아무튼 아라파트에게는 좋은 자금원 하나가 사라진 셈이 되었다.

대사가 본국에 소환되고 나서 새로운 대사가 부임하게 된 것은 약 4개월쯤 지나서였다. 이스라엘에 온 지 며칠 뒤에 대사 내외분이 예루살렘의 한인교회에 나왔는데 나도 마침 그날 예배에 참석하고 있었다. 그리고 예배가 끝나고 나서 미팅이 있었다.

사실 한 나라를 대표하는 자리인 대사를 4개월이나 비워두는 것은 굉장히 드문 일이다. 물론 한국 대사관이나 외교통상부는 이에 대해서 별다른 해명을 하지 않았다. 그러나 내 생각에는 후임자 임명 문제를 놓고 진통이 있지 않았을까 하는 생각이다.

외교관들에게는 전임자가 카지노 출입으로 물의를 일으켰던 자리가 암만 해도 편할 수는 없을 것이다. 모르긴 해도 외교통상부의 관리들은 주이스라엘 대사직을 기피했을 것이다. 더군다나 한국의 입장에서 이스라엘은 외교적으로 각광을 받는 자리도 아니다. 결국 서로 안 가겠다고 버티는 상황에서 총대를 멜 사람을 찾느라 4개월이 흘렀을 것이다. 나라를 먼저 생각해야 할 공인의 신분이라면 "국가의 실추된 명예를 회복하기 위해 제가 가겠습니다" 하고 나서야 되겠지만 외교 무대에서의 밥그릇 싸움은 나와 같은 보통 사람들이 생각하는 그런 싸움은 아닌 모양이다.

재미있는 것은 이런 사정을 현지의 교포들도 대강은 짐작하고 있다는 것이었다. 새로 부임한 대사는 첫인상이 매우 온화하고 점잖으신 호인풍의 신사였다. 미팅에 참석한 대사 내외분의 표정은 참으로 불편해 보였다. 말은 안 했지만 '오고 싶지 않은 나라에 왔다' 는 표정이었고, 교포들의 표정 역시 밝지만은 않았

다. 분위기가 영 어색했던 나는 결국 슬그머니 밖으로 나올 수
밖에 없었다.

'대사님, 너무 주눅들지 마시고 열심히 하세요! 교포들이 의
지할 데가 대사관밖에 더 있겠습니까?'

그런데 이스라엘에서 사소하게 생각하고 넘어갔던 문제를 귀
국 후에 다시 한 번 생각하게 되는 계기가 있었다. 처음에 내가
가졌던 생각이 너무 한 면만을 보고 있었다는 것이다. 그것은
다큐저널리스트로 활동하고 있는 주철현 씨에게서 받은 이메일
때문이었다.

한국에 돌아온 나는 이스라엘에서의 이야기를 틈틈이 원고로
옮기면서 시오노 나나미가 쓴 『로마인 이야기』를 읽었다. 그런
데 그 중에서도 특히 '무릇 선정, 좋은 정치란 정직한 사람이 무
참한 일을 겪지 않게 만드는 것'과 '나서고 싶어하는 사람보다
는 내세워야 될 사람을 써라'는 대목이 가슴에 와 닿았다. 그런
데 그 구절의 의미를 더욱 확연하게 느끼게 된 것은 그가 보낸
글 때문이었다. 이스라엘에서의 경험담을 정리한 글을 이스라
엘에 있는 지인들한테 보냈는데 그분이 다음과 같은 조언을 해
주었던 것이다.

"새로 부임한 대사에 관한 글인데 이스라엘 대사 자리가 외교
관들에게는 그리 원치 않는 자리일 수도 있습니다. 하지만 그
대사 부부가 자신들은 원치 않았지만 힘에 밀려서 이스라엘로
온 것처럼 묘사한 책이 나온다면 어쩔까요? 아마 그 책은 이스

라엘을 한 번이라도 다녀온 사람이나 그곳에 거주하고 있는 사람들이 먼저 보게 될 겁니다. 대사관 직원들도 볼 확률이 높죠. 그 사람들이 그 글을 읽는다면 아연실색할 겁니다. 그들은 외교 무대의 한직에서 국가를 위해 봉사하는 공무원들입니다. 전에 이스라엘 대사로 있던 박동순이란 분은 스스로 이스라엘 대사로 가길 원했고, 또 이어서 연임하기를 소원했으나 그렇게 되질 않았습니다. 박기상 씨는 그때의 분위기를 떠올리며 재미있게 쓴 글일 수 있겠지만 그들에게는 사기를 저하시키는 이야기일 수 있겠지요. 필경 그것은 본인이 원치 않는 결과일 겁니다. 전 차라리 대한민국 외교계의 편파적이고 당략적인 인사배치에 대해 이야기하는 게 나았다고 생각합니다. 상대 나라에 가장 어울릴 만한 적절한 외교관의 배치가 미흡한 게 사실 아닙니까?"

그분의 비판을 읽고 나는 '아차!' 하는 생각이 들었다. 내가 나라를 위해 힘겹게 일하는 분들을 경솔하게 웃음거리로 만들 수도 있다는 생각 때문이었다. 혹여 지금의 이 글이 나라를 위해 한직에서 묵묵하게 일하고 계실 많은 외교관들에게 누가 되지 않았으면 한다.

분명 외교 무대는 국가를 대표해 국제 정세를 냉철히 직시하며 국가의 이익을 위해 싸워야 하는 아주 미묘한 곳이다. 순간의 판단 착오나 말 한 마디의 실수가 국가의 위신과 이익에 치명상을 줄 수도 있다. 그만큼 각 국가의 대사관에 대한 자리 배치는 신중하고 적절해야 할 것이다.

그런데 우리 외교계는 그 동안 적절한 인사를 해왔을까? 카지

노로 물의를 일으킨 대사는 다른 어느 나라에 부임했더라도 도
박을 했을 확률이 높다. 실제 이 문제로 과거에도 물의를 빚었
다고 한다. 개인 사생활까지 일일이 감시할 수는 없겠지만 외
교관이라는 미묘하고 막중한 임무를 감안한다면 적절한 인사
라고는 할 수 없을 것이다. 소위 말하는 노른자위 요직이 학연,
지연, 혈연으로 얽힌 이해관계에 의해 특정인들에게 독점되고
있다면 분명 인사는 공정하고 합리적으로 이루어지지 못할 것
이다.

우리가 이름도 모르는 국가에서 평생을 묵묵히 국가를 위해
일하는 외교관들은 정말 존중받아야 할 분들이다. 그렇지만 정
직하고 실력 있는 분들이 소수의 출세와 이익을 위해 희생당하
는 일도 있어서는 안 되겠다.

한때 우리 사회는 OECD에서 가입하면서 선진국 문턱에 들어
선 듯한 착각과 희망을 가졌다. 당시 나에게 선진국이란 경제적
으로 부유한 나라 이상의 의미가 없었다. 그러나 지금 내가 뼈
저리게 느끼는 것은 우리가 지향해야 할 선진국의 의미는 '넉넉
한 부' 보다 '정직한 사람이 무참한 꼴을 겪지 않는 사회' 라는
것이다. 남들의 시선이 미치지 않는 곳에서 묵묵히 나라를 위해
애쓰시는 분들이 대우받는 사회야말로 그분들에게 해 드릴 수
있는 최상의 선물이라는 생각이다.

이스라엘에선 참으세요

　이스라엘의 수도, 예루살렘은 종교의 도시이다. 유대교와 기독교의 발상지이자, 이슬람교에서도 성지로 여기는 곳이다. 이슬람교를 창시한 마호메트가 승천할 때 남긴 지상의 마지막 자취가 남아 있는 곳이기 때문이다. 그런데 예루살렘에는 유대교, 기독교, 이슬람교만 있는 것이 아니라 러시아 정교회, 아르메니아 교회 등에 이르기까지 많은 종교가 뿌리를 내리고 있다. 그에 따라 예루살렘에는 이름에 걸맞게 곳곳에 종교 건축물들이 많이 있다. 한 마디로 전 세계 종교 전시장의 메카라 불러도 과언이 아닐 정도이다.

　그런데 정작 이곳의 주인인 유대인들에게는 이런 호칭이나 건축물들이 반가울 수만은 없다. 특히 유대교 라비들은 자신들을 오랜 세월 탄압했던 기독교와 현재 숙적관계에 있는 이슬람교의 종교 건축물들을 보자면 자연 울화통이 치밀어 오를지도 모른다. 현재 이스라엘 내에서 타종교의 건축물을 세우는 것은 거

예루살렘 성전산에 있는 이슬람교 사원. 예루살렘에 있는 기독교와 이슬람교의 건축물들은 유대인들에게 눈엣가시 같겠지만 그들이 이를 철거할 수 없는 이유가 있다.

의 불가능하지만 아랍인 자치지역의 이슬람교는 예외다.

유대인의 솔직한 심정으로는 눈엣가시 같은 기독교와 이슬람교의 건축물들을 다 부숴 버리고 싶겠지만, 정말 그랬다가는 3차 세계대전이 일어날 것이다. 그리고 그 건축들을 무시할 수 없는 또 다른 중요한 이유가 있는데 바로 그건 바로 '돈' 때문이다. 이런 유서 깊은 건축물들을 보고자 전 세계에서는 관광객이 몰려오고, 그들은 예루살렘에 많은 돈을 뿌리고 간다. 이재에 밝은 유대인 입장에서는 모른 체하고 넘어가는 게 더 나을 것이다. 가끔(?) 돈에는 인종도, 종교도, 이념도, 감정도 초월하게 만드는 힘이 있는 것이다.

예루살렘이 '종교의 도시' 라면, 이스라엘 제2의 도시 텔아비브는 '환락의 도시' 라고 불린다. 그렇다고 너무 이상야릇한 것만을 생각해선 안 된다. 예루살렘에 비하면 그렇다는 것이다.

텔아비브에는 스트립쇼를 하는 곳이 있는가 하면, 매춘이 행해지는 곳도 있다. 매춘은 법으로 금하고 있지만 인류 역사에서 가장 오래된 직업이 바로 매춘이라고 하지 않는가! 종교의 나라, 이스라엘이라고 예외일 리는 없다.

내가 텔아비브에 갔을 때 호기심(?)으로 그런 곳이 밀집되어 있다는 곳에 가 보았다. 지중해 해변의 오페라 타워 근처가 바로 그런 곳이었다. 그런데 이곳에서 일하는 여성은 대부분 유대인이 아니라 러시아에서 온 여자들이 많았다. 소위 '인터걸'이란 말이 널리 알려져 있는 것처럼 러시아 여자들이 외국에 나가 향락 사업에 종사하는 것은 어제 오늘의 일이 아니다. 그러나 이러한 현상이 부쩍 증가한 것은 소련이 붕괴하고서이다.

내가 있을 때도 보모로 일할 수 있다고 러시아 여자들을 현혹해 입국시킨 뒤, 감금해놓고 매춘을 시킨 조직이 적발되어 사회적 물의를 일으킨 적이 있었다. 러시아 여자들이 늘씬하기로 유명해서 그런지 이곳에서도 인기가 좋은 편이다. 그런데 막상 텔아비브에 와서 러시아 여자들을 보니 '매력적'이라는 느낌보다는 '허탈'하다는 느낌이 들었다. 한때 미국과 더불어 세계의 패권을 양분했던 러시아가 어쩌다 저 지경이 되었는지. 왠지 남의 일처럼만 여겨지지 않아 씁쓸했다.

예루살렘으로 비자 발급에 필요한 서류를 받으러 갔을 때의 일이다. 텔아비브에서 승합차를 타고 갔는데 마침 옆에 앉은 아가씨가 동양인처럼 보여 말을 걸어 보았다. 그녀는 2년 전에 필리핀에서 요리사로 일하러 이스라엘에 왔단다. 그날이 쉬는 날이어서 친구들을 만나러 예루살렘으로 돌아가는 길이라고 했

다. 그녀가 예루살렘에서 잠잘 곳이 있느냐고 묻길래 호스텔을
이야기했더니 저녁이나 같이 먹자고 했다. 그리고 괜찮다면 예
루살렘에 있는 동안 자기 집에서 숙박하라고 했다. 친구 사귀기
좋아하는 나는 쾌히 응했다.

그녀의 집은 버스 터미널 근처에 있었다. 그 집에는 여섯 명이
집세를 나눠내며 함께 살고 있었는데 필리핀 사람이 네 명, 태
국 사람이 두 명이었다. 그들 모두 나를 반갑게 맞아주었다. 서
로 처음 보는 사이였지만 어색함이란 별로 없었다. 오히려 문제
는 다른 곳에 있었다. 잠시 후 저녁을 준비하던 그들이 나에게
돼지고기를 좋아하느냐고 물어왔다. 나는 '웬 떡이냐. 간만에
고기 구경할 수 있겠구나' 라는 생각에 애써 미소를 참으며 고개
를 끄덕였다.

그런데 웬걸! 저녁상이 나왔는데 족발탕이었다. 언뜻 보아도
기름 천지였다. 뭔가 심상치 않았다. 저걸 먹었다간 분명 배탈
이 날 게 뻔했다. 그래도 차마 거절할 수 없는 상황에서 '어떻게
이 난관을 벗어날까?' 고민하는데 마침 가방 안에 있는 라면이
생각났다. 나는 그들에게 고맙다고 말하고 답례로 한국 라면을
대접하고 싶다고 했다. 다행히 그들도 좋다고 응했다. 결국 족
발탕은 그들에게 슬그머니 미루고 저녁은 라면에 밥을 말아서
해결했다.

이들 동남아시아인은 영어로 의사소통을 한다. 그래서 그날
만났던 사람들은 대부분 유대인 가정이나 병원에서 노인들 '케
어Care(간병인)' 로 일하며 길게는 5년에서 짧게는 2년까지 이스
라엘에서 장기 체류하고 있었다. 나는 그들에게 유대인에 대한

생각들을 물어보았다. 그런데 대부분 유대인들에 대한 감정이 좋지 않았다. 아주 지겹다는 평가였다. 휴대폰이나 TV, 비디오를 보여주며 너희 나라엔 이런 거 있냐, 있더라도 부자들만 구입할 수 있지 않느냐는 등 무시를 한다는 이야기였다.

외국에 나오면 애국자가 된다는 말이 있는데 그때는 정말 내가 대한민국에서 태어났다는 것이 자랑스럽고 고맙기까지 했다. 이곳에는 우리 자동차와 휴대폰을 어렵지 않게 볼 수 있으므로 이들처럼 구박을 받지는 않는다. 가난한 나라의 백성들은 서러울 수밖에 없다. 남의 나라에 돈 때문에 와서 자존심을 구기며 살아야 하는 것이다.

영어 사용에 익숙한 이들은 유대인 가정에서 일할 기회가 많고 자연 유대인과 접할 기회도 많다. 따라서 아랍인들보다도 유대인의 성격에 대해 잘 알고 있다고 할 수 있다. 그들에 따르면 대부분의 유대인은 폐쇄적이고 이중적인 성격이 많다는 것이었다. 겉으로는 친절하지만 어느 정도 이상의 관계를 원치 않고, 계약이 끝나면 언제 그랬냐는 듯이 싸늘해진다는 것이다.

그런데 이런 말은 아시아 노동자뿐만 아니라 다른 유럽 국가에서 온 사람들에게도 자주 듣는 말들이었다. 나는 그들에게 왜 이런 나라에서 일하러 왔느냐고 물었는데 답을 듣고 보니 어리석은 질문이라는 생각이 들었다. 이유는 간단했다. 본국에서는 직업을 구하기 힘들고, 직업을 구해도 보수가 아주 적다는 것이었다. 보통 이스라엘에 오기 위해선 브로커나 에이전시에게 2000달러에서 2500달러의 수수료를 지불한다고 한다. 이곳에서의 돈벌이가 자기들 나라보다 낫기 때문에 거금을 주고 왔고,

또 돈을 벌 때까지 머무를 수밖에 없다는 것이다.

나는 그 말을 들으면서 참 묘한 생각이 들었다. 유대인이 나라를 잃고 방랑할 때 그들은 여러 나라에서 반유대주의로 인해 많은 구박과 설움을 당했다. 그런데 이제 반유대주의가 아시아로 수출되고 있는 것이다.

물론 이 말에 화를 낼 유대인들이 많을 것이다. 그리고 그들은 나를 반유대주의자로 비난하며 나의 말에 코웃음칠 것이다. 유대인들은 아마도 '반유대주의' 라면 히틀러에 의해서 자행된 광기 즉 테러, 약탈, 방화, 학살과 같은 어마어마한 짓을 떠올릴 것이다. 그렇지만 유대인이 환영받지 못하는 이면에는 자신들에게도 일말의 책임이 있다는 것을 깨닫지 못하는 것 같다.

예전에 내가 만났던 유대인 리디아는 정말 친절한 사람이었다. 나를 비롯한 여행자들을 정성껏 안내하고, 유대인의 역사와 아랍과의 관계에 대해 공정하게 설명해 주었다. 물론 그 일은 그녀의 직업이었다. 그러나 내가 보기에 그녀의 행동은 자신과 자신의 민족이 겪었던 반유대주의를 후손들은 겪지 않게 하려는 필사적인 노력처럼 보였다. 그런데 그녀의 노력 한편에서는 너무나 많은 유대인들에 의해 무심코 반유대주의의 씨앗이 뿌려지고 있는 것이다.

이스라엘을 경험한 우리 나라 여행자는 물론 다른 외국인들도 나와 비슷한 생각을 가질 것이다. 뭐라 꼬집어 말할 수는 없지만 결코 호감을 갖기 힘든 유대인들. 지겨워서 다시 보기 싫다는 느낌들. 물론 이것이 한 개인의 주관적인 체험이라면 별 문제가 안 된다. 그러나 이런 감정들이 쌓이고 증폭되다 보면 한

민족에 대한 증오가 된다. 훗날 이스라엘이 급박한 상황을 당하더라도 유대인에 대한 동정보다는 '거만하고 잘난 척하더니 꼴좋군. 그래 한 번 당해봐라' 는 심정이 된다. 지구촌 이웃들에게 소외당할 수밖에 없는 것이다.

그런데 이런 진리는 유대인들에게만 해당되는 것은 아니다. 우리 역시 외국과의 교류가 잦아지다 보니 많은 외국인들이 우리 땅을 찾고 있고, 또 많은 한국인들이 외국으로 나가고 있다. 이 과정에서 반유대주의와 비슷한 반한反韓주의를 만들어 가고 있는 것이다.

현재 동남아를 비롯해서 많은 아시아 노동자들이 한국에 체류 중이다. 이들에 대한 한국인들의 태도를 보면 유대인과 거의 비슷하다. 아니 내가 볼 때는 우리가 더 심하다. 이스라엘에서도 인종차별이 심하지만 대한민국에 비하면 한 수 아래이다. 1992년 미국의 LA에서 흑인폭동이 일어났을 때 차이나타운도 있고, 리틀 도쿄도 있었지만 유독 큰 피해를 당한 곳은 코리아타운이었다.

물론 여기에는 몇 가지 이유가 있다. 우리 동포 사회는 일본인이나 중국인처럼 결속이 되지 않아 공격 대상이 되기 쉬웠고, 또 우리 동포들은 이민 후발주자였다. 그래서 주로 빈민층인 흑인들을 상대로 하는 일들이 많다 보니 자연 그들과 접촉하는 일도 많았다.

그러나 그 이면에 숨겨진 또 다른 이유는 우리 한국인들이 평소에 흑인들에게 대하는 태도가 문제였다. 흑인들에게 노골적으로 욕을 하고, 물건을 속여 파는 등 그들을 무시했다는 것이다. 구태여 미국의 동포 사회를 들먹이지 않더라도 자기보다 못하다고 하는 사람을 무시하는 한국인들을 흔하게 볼 수 있다. 이는 저개발국가인 동남아 사람이나 흑인에 대한 태도를 보면 확연히 알 수 있는 일이다. 이는 정말 고쳐야 할 우리의 큰 단점이다.

물론 중국인이나 일본인들도 남을 무시하는 경우가 있지만 적어도 우리처럼 노골적이지는 않다. 그리고 중국이나 일본에게는 국제 사회에서 인정해주는 '힘'이라도 있다. 그러나 우리에게는 그런 힘도 별로 없다. 흑인들 입장에서 볼 때는 별 것도 아닌 것들이 아니꼽게 구니 얼마나 얄미웠을까! 우리가 너무 순진한 탓일까? 특히 말이 안 통한다고 함부로 말을 하는 경우도 있는데 그러나 상대방의 감정은 꼭 말을 통해서만 전달되는 것은 아니다. 시선과 태도를 통해서도 사람들은 상대방의 생각이나 감정을 읽을 수 있는 것이다. 결국 평소의 감정들이 점점 쌓여서 LA 폭동과 같은 사건이 터지면 희생양이 되는 것이다. 히틀러가 뛰어난 선동가라는 점은 이런 유대인에 대한 감정을 교묘하게 이용해서 그들을 희생양으로 삼고 파시즘 체제 속에 독일 국민들을 결속시켰다는 것이다.

만약 지금과 같은 상황이 계속된다면 우리도 언젠가는 아시아 사람들에게 소외를 당할 수 있다. 내가 이런 두려움을 갖는 건 한국 내에서의 상황 때문만은 아니다. 밖에서 느끼는 한국인에 대한 이미지는 훨씬 심각하다. 물론 내가 여행하면서 만난 외국인 중 한국을 노골적으로 나쁘다고 평하는 사람은 한 명도 보지 못했다. 겉으로는 칭찬하는 사람들이 더 많지만 외국인들이 내

심 한국인을 별로
좋아하지 않는다는
것을 여러 차례 느
낄 수 있었다. 솔직
히 내가 봐도 밉게
행동하는 한국인들
이 많은데 외국인의
눈에는 좋게 보이겠
는가!

압살롬의 무덤. 다윗왕의 아들인 압살롬은 왕좌를 빼앗으려 했지만 결국 비참한 최후를 맞이했다.

밉게 행동한다는 것이 꼭 도둑질과 같은 범법 행위나 싸움질만을 뜻하는 게 아니다. 우리에게는 너무 자연스럽고, 평소의 습관대로 하는 행동이지만 외국인의 눈을 거슬리는 행동들이 많다는 것이다. 물론 이는 단순한 문화적 차이에서 오는 것만은 아니다.

예루살렘성의 주변에 있는 유적을 구경할 때의 일이다. 성 아래에 있는 키드론 계곡*Kidron Valley*에는 '압살롬의 무덤*Absalom's Pillar*'이라고 하는 곳이 있다. 그는 다윗왕의 아들이었지만 아버지에게 반역한 패륜아였다. 그 때문인지 압살롬의 무덤은 말이 유적이지 폐허나 다름 없었다. 나는 그곳 유적을 둘러보다가 깜짝 놀랐다. "한국인 ×××, ×월 ×일 이곳에 오다"란 말이 아주 선명하게 한글로 새겨져 있는 게 아닌가! 물론 폐허지와 다름 없는 곳이라곤 하지만 남의 나라 유적에 이런 짓을 하다니 정말 부끄럽다 못해 어이가 없었다.

물론 이런 한국인은 한 명이다. 하지만 문제는 국내에서도 무심코 행해지는 행동들이 밖에서도 별 생각 없이 벌어진다는 것이다. 어쩌면 이는 우리가 폐쇄적인 울타리 안에서만 살다 보니 남과 접할 기회도 별로 없었고, 예절이나 교양이 채 성숙되기도 전에 외국과의 교류가 잦아지게 되었다는 점에서 그 이유를 찾아볼 수 있을지도 모른다. 우리에게는 나와 다른 사람들에게 상당히 배타적이고, 상대방의 것을 인정하지 못하는 경향이 강하다. 그러다 보니 남들의 방식을 잘 이해하지 못하고, 우리 식대로 편하게 생각하거나, 우리 방식대로 행동하는 것에 익숙한 것이다.

동남아에 가서 섹스관광을 하거나 중국에 현지처를 두고 산다는 한국인들의 이야기는 그냥 흘려버리고 싶다. 누가 이성과의 연애를 싫어할 것인가! 문제는 방식이다. 한국에서 '돈만 많으면 최고다', '돈만 있으면 모든 것을 해결할 수 있다' 라는 사고방식을 갖고 살다가 이를 외국에 나가서도 그대로 실천하니 외국인들이 한국인을 좋지 않게 본다는 것이다.

우리는 지금 우리도 모르는 사이에 '반한주의' 를 만들어 가고 있다. 이러다가 아시아는 물론 세계로부터 손가락질을 받을 날이 올 수도 있다. 쌓기는 어려워도 허물어지기는 순식간이다. 지금 우리가 받는 손가락질이 우리의 후손에게는 무엇이 되어 돌아올지 모른다. 홀로코스트는 결코 남의 나라 이야기만은 아니다. 나는 이것을 해외에 체류하며 여러 번 실감했다.

정체불명의 **감시자들**

“러시아 핵잠수함 쿠르스크호 침몰하다!”

2000년 8월, 노르웨이의 북쪽 바렌츠 해海에서 소련의 핵잠수함이 갑자기 침몰하는 사고가 일어났다. 그 후 이스라엘은 물론 CNN 등 세계 유수의 언론들이 경쟁적으로 이 사건을 보도했다. 우발적으로 일어난 일일 수도 있지만 왠지 미국과 더불어 세계를 양분했던 러시아가 그들의 경제적 몰락에 이어 군사적 몰락까지 보여주는 사건처럼 보였다.

본래 핵잠수함의 가장 강력한 무기는 핵미사일 그 자체보다도 ‘잠복성’에서 오는 ‘보이지 않는 위협’이다. 핵잠수함은 마치 ‘조스’처럼 상대국에 소리 없이 접근한 뒤 부상해서는 곧바로 한방 꽝 터뜨린다. 핵미사일의 위력에 예측 불가능성이 더해져 훨씬 더 큰 위협을 주는 것이다. 그러나 핵잠수함에게는 대양이 은신처이자 활동 무대이기도 하지만 무덤이 될 수도 있다. ‘쿠르스크호’에게는 그곳이 바로 무덤이 된 것이다. 그런데 이런 잠복성은 다분히 핵잠수함에만 국한된 문제는 아닌 것 같다. 사람들에게도 이런 특성이 있다. 그리고 유대인들에게도 이런 특성이 있다. 어쩌면 더 많이……

예루살렘에서 가장 번화한 곳 중의 하나는 벤 야후다*Ben Yahuda* 거리이다. 서울로 치면 '명동'에 해당하는 곳이다. 물론 면적은 훨씬 작지만 늘 사람들로 붐비는 것은 똑같다. 특히 주말이면 여흥을 즐기려는 사람들로 거리가 북적대며 분위기가 한껏 고조된다. 곳곳에서 거리의 악사들이 행인의 눈과 귀를 멈추게 하고, 노천 카페에서 차를 마시며 여유를 즐기는 사람들도 쉽게 볼 수 있다.

하루는 이곳에서 차를 마시는데 키파*Kippa*(유대인의 전통모자)를 쓴 한 청년이 눈에 띄었다. 정확히는 그가 입은 티셔츠가 눈에 들어왔다. 그런데 그만 티셔츠에 적힌 영어문구가 나를 실소하게 만들었다. "Don't worry America. Israel behind you(미국은 걱정하지 마라. 이스라엘이 네 뒤에 있다)." 나는 그 청년이 사라지고 나서도 한참을 웃었다. 아마도 이 말은 'Don't worry Israel. America behind you'라는 문구에서 나왔을 것이다. 그것을 이곳 유대인들이 재미있게 앞뒤로 단어를 살짝 바꾼 것 같다. 그날 나는 이 문장을 보고 웃고 말았지만, 이스라엘에 머무는 시간이 길어지면서 단순히 웃어넘길 일만은 아니라는 것을 실감하게 되었다.

내가 '바르타'라는 아랍 마을을 취재하고 있을 때였다. 어느 날 유대인 군인들이 이 마을에 와서 한 아랍인 남자를 총기소지 혐의로 체포했다. 이 마을에는 약 7000명의 사람이 살고 있지만 유대인 경찰이나 군인이 상주하고 있지는 않다. 그런데 이스라엘 군인들은 정확히 그 집에만 들이닥쳐 혐의자를 체포해서는 돌아갔다. 마을 집들을 샅샅이 뒤지거나 불신검문 끝에 우연히 그 남자를 체포한 것이 아니었다. 당연히 마을 사람들은 "우리 마을에 스파이가 있다. 누군지 모르지만 알면 죽여버리겠다"며 분개했다.

이 사건을 보면서 '역시 이스라엘이군' 하는 생각을 떨쳐버릴 수 없었다. 스파이가 없이는 정확히 한 아랍인 남자를 지목해 체포할 수는 없다. 물론 이를 입증할 수 있는 건 아니다. 실제 마을의 아랍인들 역시 심증만 갖고 있을 뿐이다. 분명 자신들의 마을에 스파이가 있다는 것을 절감하지만 그가 누구이며, 그에 대한 명확한 증거가 없다. 이스라엘측에선 어느 용감한 시민이 제보했으며 그 시민의 안전을 위해 신분을 밝힐 수 없다고 하면 그만이다.

그 뒤로는 바르타 마을을 취재하면서 나 역시 언행에 각별히 주의하게 되었다. 이스라엘과 관련해 문제의 소지가 발생할 수 있는 대화를 삼가게 된 것이다. 누가 주의를 줬기 때문이 아니라 보이지 않는 압력에 내 스스로가 위축된 것이다.

한 번은 그린라인 주변의 아랍 마을들을 여행할 때였다. 여러 곳을 자세히 보았지만 그 어느 곳에도 상주하는 유대인 경찰은 없었다. 모두가 아랍인 자치지역이었다. 언뜻 감시하는 이스라엘의 눈이 없으니 아랍인들은 행동의 자유를 누릴 수 있을 것처럼 보인다. 그러나 천만의 말씀, 보이지 않는 스파이들 때문에 아랍사람들은 심리적으로 구속을 당한다. 오히려 상주하는 경찰이 있다면 경찰의 눈을 피해 안 보이는 곳에서 무슨 일을 꾸미기가 더 쉬울 것이다. 보이는 눈을 피하는 것이 더 쉬운 일이기 때문이다. 그런데 '감시의 눈'이 보이지 않는 은밀한 형태로 존재할 때는 가늠조차 하기 힘들고 때로는 친구도 믿기 힘들어진다.

결국 이러한 상황은 유대인에 대한 아랍인의 불신을 키워갈 수밖에 없다. 눈으로는 볼 수 없지만 항상 뒤에서는 뭔가를 꾸미고 있다고 생각하게 되는 것이다. 어쩌면 바로 이 잠복성이 유대인의 성향을 잘 이해할 수 있게 해주는 좋은 단서가 될지도 모른다.

이런 속설이 있다. "유대인들이 세계경제를 장악하고 미국을 뒤에서 조종한다", "세계무대에서 성공하려면 유대인이거나, 뉴욕에서 성공하라."

말 그대로 속설이니 정확히 확인된 이야기는 아닐 수 있다. 또 이를 증명하는 것도 쉽지 않다. 세계 금융계의 대부라는 조지 소로스나 영화계의 대부라는 스필버그 감독이 증거를 대라고 하면 할 말은 없다. 그러나 많은 사람들이 이런 이야기를 하고 있고, 또 사실이라고 믿고 있다.

그런데 이런 이야기를 유대인에게 하면 어떤 반응을 보일까? 그러나 그들은 '반유대주의적 사고'라 하면서 유대인들에게 반감을 표하는 말로 받아들인다. 이런 말을 듣는 유대인들은 "그건 아무도 모르는 일이다. 그냥 추측일 뿐이다"라며 강력하게 부인한다. 그러니 이스라엘을 여행하거나 유대인을 만나는 사람은 이런 이야기를 삼가는 것이 좋을 것이다. 당신에 대한 인

이스라엘군에 잡혀가는 아랍인. 잠복성이라는 '보이지 않는 위협'에 사람들은 심리적 구속을 당할 수 밖에 없다.

상이 180도 바뀔 테니까. 그들의 속마음이야 알 수 없지만, 전 세계로부터 공격의 타깃이 될 수 있고, 자칫 반유대주의를 낳을 수 있기에 이런 말을 싫어하는 것으로 보인다.

2000년에 삼성그룹이 100억 원의 돈을 자선함으로써 이 부분에서 업계 1위를 차지했다. 대기업 입장에서는 적은 돈일지 모르지만 보통 사람들에게는 천문학적인 액수이다. 그런데 이런 거금을 자선기금으로 쾌척한 것은 오너의 사회 봉사의식이 강하기 때문만은 아닐 것이다. 많은 돈을 벌면 한편에서 질시를 받기 쉬운 것이 세상 인심이다. 그렇다고 이를 못난 사람들의 질투라고 무시하고 넘기기에는 세상사가 그렇게 단순하지 않다. 때로는 넓고 길게 보고 지출을 생각해야 될 때도 있다.

최근 몇 년 사이 동남아 경제위기에서 우리가 겪은 IMF까지 일련의 금융경제의 파탄에는 국제 투기세력들이 그 배후에 있었다는 것이 공공연한 사실로 알려지고 있다. 그런데 이들 국제적인 투기세력들의 본거지는 대부분 뉴욕의 월가*Wall Street*이고, 이곳의 돈줄을 유대인들이 장악하고 있다는 것 또한 공공연한 비밀이다. 그런데 이것은 증거가 없다! 많은 사람들은 유대인들이 아시아의 경제위기에서 많은 이익을 얻었다고 추측하지만 입증을 할 수는 없다. 말레이시아의 총리가 이례적으로 유대계 미국인인 금융시장의 큰 손, '조지 소로스'의 이름까지 거론하며 비난을 했지만 결국 자신만 더 비난을 받았을 뿐이다. 증거가 없기 때문이다.

유대인은 자신들이 세계경제를 장악하고 있다거나 미국의 뒤를 조종하고 있다는 말을 듣기 싫어한다. 입증이 되면 당장 세계의 비판적인 여론이 자신들을 겨냥할 것이고, 이는 유대인에 대한 반감 즉 반유대주의의 확산에 기여할 것이기 때문이다. 그리고 그 한편에선 눈에 보이지 않는 잠복성이 선사하는 장점도 많기 때문이다. 삼성그룹으로 하여금 많은 자선기금을 내도록 만드는 것과 같은 무언의 정치적, 사회적인 압력으로부터 자유로움을 보장받을 수 있다. 결국 누가 얼마나 수입을 올리는지 일반 사람들의 입장에선 알 길이 없기에 관심에서 멀어지게 되고 그만큼 행동의 자유가 주어지게 되는 것이다.

만약 유대인들이 내 글을 본다면 '반유대주의의 산물', 혹은 '유대인을 모함하는 이야기'라고 비난할 것이다. 실제 나도 이를 입증할 증거가 없다. 아마 그 누구라도 이를 쉽게 입증하지는 못할 것이다. 하지만 내가 이스라엘에서 유대인과 접하고 그들을 관찰하면서 느낀 결과는 오히려 "Don't worry America. Israel behind you"라는 말을 더욱 믿게 되었다는 것이다. 그것은 유대인들이 아니라 그들과 적대관계에 있는 아랍인들을 통해서였다. 대부분의 아랍인들은 이스라엘이 미국을 뒤에서 조종한다고 믿고 있다. 걸프전에 대한 아랍인들의 생각은 이렇다.

"미국이 왜 이라크를 공격했는가? 바로 석유 때문이다. 그리고 중동에 강한 국가가 생기면 가장 먼저 이를 두려워할 나라는 어디인가? 바로 이스라엘이다. 그래서 이스라엘은 미국을 조종해 걸프전에 개입하게 한 것이다. 만약 그게 아니라면 미국은 왜 아프리카 내전에는 걸프전처럼 참여하지 않는가? 그 이유는 경제적 이득도 없고 이스라엘에 직접적인 위협이 되지 않기 때문이다."

물론 이런 말을 유대인에게 하면 말도 안 되는 소리라고 펄쩍 뛴다. "저희들끼리 전쟁을 일으키고, 아무런 관련도 없는 우리 이스라엘를 미사일로 공격하더니 이제는 뻔뻔스럽게 그 책임을 전가시키려 한다"는 것이다.

유대인 입장에서는 이러한 갖가지 비난과 손가락질을 모함이라고 생각하며 오히려 자신들을 피해자라고 여길 수도 있을 것이다. 실제 유대인들은 이산의 역사 동안 갖가지 선동과 모략에 의해 엄청난 피해를 입었다. 지금 우리가 유대인들에게 갖는 생각도 어쩌면 그러한 결과일지도 모른다. 사실 아랍인들의 이야기를 듣고 있으면 때로는 이들이 'X-파일'이란 영화를 너무 많이 본 게 아닌가 싶을 정도로 음모론에 빠져 있다는 생각을 할 때가 있다. 아무튼 재미있는 것은 이스라엘이 미국을 조종해 걸프전에 개입했더라도 이를 입증할 증거는 없다는 것이다. 반면에 이라크가 미사일로 이스라엘을 공격한 것은 전 세계가 보았고 다 알고 있다.

1948년 독립 이전에 유대인으로서는 다른 민족을 지배하거나 역사의 전면에서 활동한 적이 거의 없었다. 피지배 민족이나 이 중국적의 가면을 쓰고 활동해 왔다. 유대인이 전면에서 모든 것을 드러내고 활동하게 되면 반유대주의를 촉발할 위험이 따른다. 눈에 잘 띄고 갖가지 시기나 모함을 받을 수 있다. 그래서 그들은 지금도 잠복해서 활동할 필요가 많을지도 모른다. 지금은 오히려 팔레스타인 주민들을 지배하는 민족이 되었지만 유대인들에게는 여전히 적대 세력들로부터 쫓겨날 수 있다는 공포심과 피해의식이 강하게 자리하고 있다. 팔레스타인에 가혹한 정책을 쓰는 것도 이러한 피해의식 때문이다.

유대인에 대한 갖가지 추측과 부정적인 이미지에도 불구하고 유대인이 유능한 민족임에는 틀림없다. "Don't worry America. Israel behind you"라고 말할 수 있는 유일한 민족이 유대 민족이다. 그럼에도 불구하고 이런 잠복성이 유대인들에게 결코 긍정적인 결과만을 선사하는 것 같지는 않다.

몇 해 전 한국의 모 유력한 일간지의 사주를 '밤의 대통령'으로 호칭해서 화제가 된 적이 있었지만 사실 여부를 떠나 잠복성을 가진 세력들의 가장 큰 문제는 그들의 활동 내역이나 활동 자금 등이 투명하지 못할 가능성이 높다는 것이다. 비밀리에 획득한 이익은 아무래도 정당하지 못하거나 부정적인 배경이 있기 마련이고, 이런 이익은 사회에 환원되지 못할 가능성이 높다. 또 그 돈은 다시 불법적인 일에 사용될 여지가 많다.

한 마디로 공동체의 전체 이익에 부합하지 못하고 많은 해악을 낳을 수 있다는 것이다. 또한 이런 식의 움직임이 갖는 큰 문제는 결과에 대한 제대로 된 검증도 어렵거니와 사람들로부터 감시와 비판을 받을 수 없다는 것이다. 동서고금을 막론하고 이런 세력들이 존재했고, 또 존재하고 있지만 이런 세력들의 잠복성이 강하고, 그 세력이 클수록 공동체 구성원의 삶과 미래는 그만큼 불확실할 수밖에 없다.

내가 생각하기에 우수한 능력을 갖춘 사람은 크게 세 부류로 나눌 수 있다.

첫째는 압도형이다. 성격이나 행동은 마음에 안 들지만 실력이 너무 뛰어나서 감히 반발을 하기가 힘들다. 보통 사람들은 이런 유형의 사람과 동료가 되려고도 그렇다고 적이 되려고도 하지 않는다. 알렉산더 대왕이 이런 유형이다. 둘째는 원만형이다. 실력도 있고 사람도 호감을 준다. 주위 동료와도 잘 지낸다. 이상적인 모습인데 고대 로마제국이 여기에 속한다고 할 수 있을 것이다. 셋째는 미운 오리형이다. 분명 실력은 있는데 괜히 인정해주기 싫고 밉다. 또 조금만 실수하더라도 여기저기서 꼴좋다고 박수 소리가 요란하거나 구설수에 오르게 된다. 유대인들이 바로 이런 경우이다.

본래 사람들은 자기보다 뛰어난 사람을 인정하는 데에 인색한 경향이 있다. 이를 해소하기 위해선 세 가지 길밖에 없다. 포용력으로 감싸거나 비교 대상이 없을 정도로 아예 실력이 출중해버리면 된다. 아니면 아주 멀찍이 떨어져 사는 수밖에 없다.

그러나 유대인은 우수하긴 하지만 압도적인 것은 아니다. 그리고 그들의 성취도 다른 민족과의 부딪히며 교류하는 속에 얻어진 것이고, 특히 지금과 같은 시대에는 싫든 좋든 이웃들과 함께 살 수밖에 없다.

러시아 핵잠수함 쿠르스크호는 '잠복성'을 무기로 활동했다. 그리고 결국 심해에 가라앉고 말았다. '잠복'의 능력을 갖춘 이들은 '잠복'이 주는 매력을 즐기다 밝은 태양을 보지 못하게 된 것이다.

유대인들은 자신의 삶의 방식을 선택할 권리가 있다. 어떤 나라가 이를 요구할 수도 없고, 또 이스라엘은 이를 받아들일 의무도 없다. 그러나 나는 "Israel behind you"라는 말 대신 "Israel in front of you"를 외치는 유대인들의 모습도 보고 싶다. 물론 이는 대한민국을 향해서도 하고 싶은 말이지만…….

열두 살에 만난 섹스와 마약

지난 4월 나의 비자가 만료되었을 때의 일이다. 석 달짜리 비자 연장을 신청하기 위하여 나는 하데라에 있는 비자국에 가야 했다. 그런데 그때는 비자국의 파업이 끝난 지 얼마 되지 않아 일이 잔뜩 밀려 있었다. 게다가 나는 두 번째 비자를 신청하는 것이라 추가 연장이 굉장히 까다로웠다. 더군다나 이곳은 업무 처리가 굉장히 느리다는 이스라엘이다. 결국 나는 비자 연장 서류를 제출하는 데에 두 달을 허비해야 했다. 그 동안 비자국에 여러 번 전화했지만 내가 들을 수 있었던 대답은 아무렇지도 않은 듯 무심히 던지는 "기다리라"는 말뿐이었다. 구비서류를 다 갖추고는 세 번째 방문했지만 역시 돌아온 대답은 예루살렘에 있는 비자국 총본부에서 연락이 올 때까지 기다리라는 것이었다. "뭐, 이런 것들이 다 있어! 이러고도 뻔뻔스럽게 돈 더 달라고 파업을 하다니." 화가 났지만 별 수 없었다. 나는 비자국을 나와 버스 정류장으로 향했다.

그러나 그날 따라 '머리에 김 나는 일'이 계속 이어졌다. 버스마저 나를 약올리는 것인지 한참을 기다려도 나타나지 않았다. "에라, 모르겠다. 될 대로 되라." 아예 나는 모든 것을 포기한 채 의자에 몸을 맡겼다. 얼마나 시간이 흘렀을까. 마냥 시간을 흘려보내고 있는데 갑자기 옆에서 아이의 커다란 울음소리가 들려오는 게 아닌가! 고개를 돌려보니 다섯 살 정도의 남자아이가 땅바닥에 주저앉아 통곡을 하고 있었다. 그리고 그 옆에는 어머니로 보이는 여자가 서 있었다.

아이는 계속 대성통곡하며 뭐라 소리를 지르고 있었다. 그런데 그 옆의 여자는 차가운 표정에 꿈쩍도 안 하며 서 있었다. 단지 아이가 뭐라 말할 때마다 손가락을 휘휘 저으며 "로! 로! 로!('No'라는 뜻의 히브리어)"라고 말할 뿐이었다. 히브리어를 모르는 나로서는 영문을 알 수 없었지만 아이가 가게 앞에서 무엇을 사달라며 보채는 것 같았다.

그런데 아이는 물론 어머니도 보통이 아니었다. 아이는 결코 포기하지 않겠다는 듯이 연신 땅바닥을 치고 뒹굴며 계속 울어댔고, 어머니 역시 미동은커녕 얼굴색 하나 바꾸지 않고 "로! 로! 로!"를 연발할 뿐이었다. 오히려 이를 보고 있는 내가 더 마음이 불편할 지경이었다. 그러다가 나 역시 오기가 생겼는지 '모자간의 전쟁(?)'의 결과가 궁금해 이를 유심히 관찰하기로 했다. 결투는 약 15분간 지속되었는데 결과는 우리 한국인의 상식과는 달리 어머니의 승리로 끝나고 말았다. 아이는 15분이란 긴 싸움 끝에 결국 아무 소득도 올리지 못 하고, 어머니한테 호된 꾸지람을 들은 채 울면서 끌려가야 했다. 그들의 뒷모습을

바라보는데 내 머릿속에는 그 어머니의 모습이 지워지지 않고
남아 있었다.

'무슨 엄마가 저리 냉정하냐. 아이가 먹고 싶은 게 있으면 하
나 사주면 되지, 저렇게 사람들 앞에서 냉정하게 구는 건 또 뭐
야. 우리 한국인 같으면 아이가 원하는 것을 진작 사주고 기분
좋게 이곳을 떠났을 텐데.'

아이의 엄마라 하기에는 너무 몰인정하고 냉정했다. 아마도
대부분의 한국인은 이 광경을 보면 나와 같은 생각을 했을 것이
다.

이후에도 나는 이스라엘에서 벌어지는 부모와 아이들의 결투
를 여러 번 목격하게 되었다. 그런데 희한한 것은 단 한 번도 유
대인 부모들이 자식들에게 져주는 것을 보지 못했다는 것이다.
보통 이런 일이 벌어지면 남자아이든 여자아이든, 실내든 실외
든, 사람들이 있거나 말거나 굉장히 엄한 꾸지람이 있었다. 세
상이 떠나가라 울더라도 부모들은 전혀 개의치 않고 아이들을
나무랐다. 유대인이 사는 곳에서는 아이들의 투정을 들어주는
부모를 단 한 번도 만날 수 없었다.

처음에는 몰인정하다고 혀를 끌끌 찼지만 자주 목격하다 보니
이는 유대인의 교육방식이라는 생각이 들게 되었다. 실제 유대
부모들은 자식에게 굉장히 엄했고, 잘잘못을 그냥 넘기는 법이
별로 없었다. 이런 모습을 많이 보면서 나는 이곳 부모들의 태
도가 너무 모순된다는 것을 발견했다. 어릴 때에는 자식에게 그
렇게 엄하고 냉정했던 부모들의 태도가 아이들이 커감에 따라
180도 바뀌기 때문이다.

키부츠내 유대인 가족. 간섭하지 말라! 유대인들의 처절한 교육 방식은 성년이 된 아이들에게 책임감과 무엇이 진짜 옳고 그른지를 스스로 깨달아 가게 만든다.

유대 아이들은 남자는 만 13세, 여자는 만 12세가 되면 '바르미쯔바'라는 성인식을 치른다. 그런데 이 무렵부터는 부모들은 자녀들에게 일절 간섭을 안 한다. 간섭을 안 하는 정도가 아니라 아예 무관심한 태도를 취한다. 우리 입장에서 보면 완전히 직무유기처럼 보일 정도이다.

이스라엘은 성에 대해 굉장히 개방되어 있는 사회이다. 대부분의 유대인들은 자유분방한 성생활을 즐긴다. 남자들은 물론 여자들도 빠르면 12~13세, 보통은 15세 정도부터 성관계를 맺기 시작한다. 내가 있었던 사리드 키부츠에서도 키부츠닉 여자들이 외국 볼런티어와 동거하는 일이 많았다. 결혼을 목적으로 해서가 아니었다. 몇 달 살다가 남자가 떠나면 그만이고, 이어서 다른 남자와 동거에 들어간다.

부모들은 자녀들의 이런 생활에 대해 아무런 제지를 하지 않는다. 나도 고등학생 여자아이가 남자들과 자고, 동거를 하는 것을 봤는데 부모들이 아무런 신경도 쓰지 않는 것이었다. 그 좁은 키부츠에 살면서 분명 부모들이 모를 리 없다. 그런데 우리 같으면 머리채 뽑혀도 수십 번 뽑혔을 일들이 이곳에선 눈 하나 깜짝 않고 일어나는 것이다. 도대체 부모들을 보면 남의 일이라도 되는 것처럼 무관심해 보였다. 아니 우리 나라에선 남의 일일지라도 그렇게 무관심하지는 않을 것이다.

나는 유대 부모들의 이런 극단적인 두 모습에 아연실색할 수밖에 없었다. 어릴 때에는 그렇게 엄하던 부모들이 어떻게 저리 변할 수 있는 건가! 더욱이 유대인 사회는 자식 교육이 우수하다고 소문이 난 사회가 아닌가! 그런데 어느 날 우연히 한 유대인 아버지와 이야기를 나누면서 그 의문을 풀 수 있었다. 그의 대답은 너무 충격적이었다. 그가 조용히 그리고 처연한 목소리로 들려준 이야기는 이랬다.

"아마 네가 겉에서 본 우리 이스라엘의 모습은 99%가 쓰레기일 것이다. 그러나 단순히 겉으로 보이는 것만으로 우리 나라를 평가하지는 말아라. 아이들의 음주, 흡연, 마약, 성관계 등을 우리도 모르지 않는다. 이를 우리가 간섭하지 않는 것은 아이들을 사랑하기 때문이다."

아니 이 무슨 소리야? 사랑하기 때문에 모른 척한다니! 사랑한다면 오히려 간섭하고 못 하게 막아야 되는 게 아닌가?

"우리가 어린아이들을 엄격히 대하고 통제하는 것은 인생에서 쉽게 얻어지는 것은 아무 것도 없다는 것을 가르치기 위해서

이다. 우리도 왜 아이들의 요구를 들어주고 싶지 않겠는가. 하
지만 그렇게 습관이 붙으면 아이들은 손만 내밀면 무엇이든 해
결된다는 생각을 무의식적으로 하게 된다. 뭔가를 얻는다는 것
이 얼마나 힘들고, 보람있는 일인지를 모르게 된다는 것이다.
이런 과정을 통해 아이들은 자기 욕심을 절제하기도 하고 뭔가
를 원하면 그만큼 대가를 지불해야 한다는 사실을 스스로 깨닫
게 된다.”

나는 그의 말에 할 말을 잃었다. 유대인이 성년이 지난 아이들
을 방치했던 이유는 바로 그들의 자립심과 독립심을 길러주기
위해서라는 것이다. 물론 아이들은 마약, 흡연, 성관계, 음주 등
을 경험할 수 있다. 그리고 이는 당장 아이들에게 해가 될 수도
있다. 그러나 누가 이를 통제하지 않으므로 아이들은 자기 행동
에 책임을 지고 무엇이 진짜 옳고 그른지를 스스로 깨달아 갈
수밖에 없다는 것이다.

유대인들의 교육은 한편에서 ‘처절한 방식’이라는 생각이 들
었다. 어차피 자녀를 붙들고 지식을 불어넣든 아니면 다른 교육
을 시키든, 교육의 진정한 의미를 깨닫는 사람은 소수에 불과하
다. 유대인 아버지의 지적대로 쓰레기더미와 같은 상황을 헤쳐
나온 자는 전체의 1%에 불과할 수도 있다. 그런데 이스라엘은
바로 이들 1%가 끌고 가는 나라인 것이다.

비정해 보이지만 한편에선 일리 있는 이야기로 들렸다. 우리
사회에선 부모의 관심이 지나쳐 아이들을 온갖 통제와 감시가
있는 온실 속에서 키우지만 과연 부모의 뜻대로만 크는 아이들
은 얼마나 될까? 부모와 학교의 감시가 미치지 않는 곳을 찾아

결국 아이들은 끝없이 탈주의 곡예를 펼치는 것 아닌가!

인간의 습관을 바꿀 수는 있지만 천성은 고칠 수 없다는 말이 있다. 사람을 억지로 통제하거나 뜯어고칠 수는 없는 일이고, 이는 자칫 역효과만 불러일으킬 수 있다는 사실을 유대인은 통찰한 것 같다. 그 유대인 아버지의 말은 나의 머리를 망치로 치는 듯한 통렬한 충격을 주었다. 정말 유대인은 냉정하다 못해 처절하며 무서운 민족이라는 것을 다시 한 번 절감케 했다.

한 조직이나 사회, 국가는 결국 소수의 엘리트에 의해 움직일 수밖에 없다. 물론 이는 다수를 이루는 대중이 허수아비라는 것을 의미하지는 않는다. 문제는 그 대중 속에서 소수의 엘리트가 만들어지는 과정이 조직과 사회, 국가의 근원적인 힘이 된다는 것이다.

그런 점에서 우리 사회의 엘리트들은 기성세대가 "이건 아냐. 이건 나쁜 거야. 이것만 해야돼. 공부만 잘해"라고 만들어준 울타리 속에서 탄생한다. 탈선을 허락하지 않는 분위기 속에서 옳다고 정해준 길을 따라가는 교육인 셈이다. 그러니 여기에서 나온 엘리트는 온실의 화초와 같을 수밖에 없다. 결국 우리 사회에선 기성의 1%가 정해준 울타리에서 나온 1%의 엘리트가 대한민국을 이끄는 시스템이다. 1%에서 계속 1%가 나오는 상황인 것이다.

유대인들의 자식에 대한 태도를 좀더 깊이 들여다보면 다음과 같은 뜻이 있다. 어른들의 눈에는 아이들의 태도나 생각이 틀리게 보이더라도 이를 어른의 기준으로 맞추려고만 하다 보면 결국 아이들은 자기 눈으로 판단할 수 있는 힘을 잃게 된다. 이는 아이의 자립심뿐만 아니라 창의성도 잃게 되고 이는 곧 공동체의 손실로 이어진다.

한 사회를 이끄는 리더는 강해야 한다. 그러나 단순히 남보다 좋은 점수를 따고 좋은 대학과 직장에 간다고 강해지는 것이 아니다. 진정으로 강해지기 위해서는 자기 자신이 몸으로 부딪혀 보며 자기의 눈으로 사물을 보고 판단할 수 있는 과정을 거쳐야 한다. 이는 자식을 잘 되게 하기 위해서는 우리처럼 오래도록 붙잡고 있는 것보다는 빨리 풀어주고 간섭을 하지 말아야 됨을 의미한다. 혹자는 우리에게 정이 많아서 그런다고 반문할지 모르겠다. 그러나 나는 분명히 느낄 수 있었다. 냉정한 유대 부모들 역시 마음 속으로는 피눈물을 흘리며 참고 있었던 것이다.

나는 모든 학생들을 획일화된 점수로 서열을 매기는 우리 교육이 정말 문제가 많다는 것을 절감한다. 이런 환경에서는 다른 사람보다 점수나 학력이 상대적으로 우수한 엘리트는 나올 수 있어도 공동체의 현실을 직시하며 미래를 설계할 수 있는 보다 보편적인 철학과 능력을 갖춘 엘리트는 나오기 힘들다. 기성세대가 정해준 울타리에서 벗어나 살아 있는 사회를 접하고 성찰할 수 있는 기회가 적기 때문이다.

물론 유대인의 자식 교육이나 사회 시스템이 우리 풍토와는 맞지 않는다고 할 수도 있을 것이다. 내가 보아도 그런 점이 있다. 그러나 한 가지 확실한 것은 우리 사회가 자녀들을 '학력'이라는 울타리에 집착하며 묶어 놓을수록 우리 자식들은 본인들이 원하지 않는 인생과 사회를 살게 될 것이라는 점이다.

이스라엘에서의 경험은 내게 많은 변화를 가져다 주었다. 우선 사회를 보는 눈이 많이 달라져 있었다. 내가 귀국해서 보니 한참 러브호텔이 사회 문제로 떠오르고 있었다. TV에서는 경기도 고양시의 주민들이 시위를 하는 장면이 연일 화면을 채우고 있었다. 한 어머니는 아기를 안고 "학교 앞 러브호텔! 애들은 뭘 배우나!"라는 팻말을 들고 있었다. 예전 같으면 나 역시 학교 앞에 있는 불건전한 시설들에 대해 발끈했을 것이다.

그런데 나는 그 방송을 보면서 마음이 복잡했다. 과연 아이들은 학교 앞의 러브호텔을 보면서 무엇을 배울까? 사실 나는 이 질문을 어른들을 향해 던지고 싶었다. 정작 얼마나 많은 사람들이 이 문제에 대해 진지하게 생각해봤을까? 대다수 학부모들은 깊이 생각할 필요도 없이 러브호텔이 아이들에게 안 좋은 것이라고 단정하지 않았을까 싶다. 그러나 정말 아이들은 안 좋은 것만 배웠을까?

물론 이에 대해선 학생들마다 편차가 있을 것이다. 어떤 학생들은 말 그대로 나쁜 영향을 받을 것이고, 어떤 학생들은 인생을, 법을 악용하는 교묘한 세태를, 러브호텔이 난립하는 이유에 대해 생각해보게 되는 계기가 될 수도 있을 것이다. 그럼에도 불구하고 우리는 일단 안 좋은 것을 배운다고 기정사실화 한 뒤 대책을 강구한다. 아이들은 세상물정을 알 필요 없이 그저 보호받아야 할 수동적인 존재일 수밖에 없다. 그러나 소수일망정 나와 비슷한 생각을 가진 아이들이 커서 이 문제에 대한 근원적인 대책을 내놓을 수도 있다. 그런데 이 모든 가능성은 오로지 어른들의 상식과 편견, 그리고 몇몇 잣대로만 판단될 뿐이다. 그러나 요즘 학교나 사회에서 죽어라 하고 외치는 창의성은 판에

박힌 교육이 아니라 똑같은 사물과 현상을 새롭게 바라보는 시각에서 출발하는 것이다.

물론 나는 지금 학교 앞에 러브호텔이 난립하는 것을 묵인하자고 하는 것이 아니다. 다만 이런 식의 문제에 대해 아이들이 스스로 깨닫고 판단할 수 있을 때까지 때로는 참고 묵인하는 것이 오히려 우리 사회와 아이들의 발전으로 이어지는 점도 있다는 것을 말하기 위해 예를 들었을 뿐이다.

학교 앞에 러브호텔이 한두 개 있을 수도 있다. 그렇다면 아이들과 함께 그 러브호텔 앞에 가서 얼마나 많은 사람이 오가고, 연령층은 어떻고, 지역사회에 미치는 영향은 어떤지 리포트를 쓰게 하면 어떨까? 학생들과 선생님이 함께 토론하며 머리를 맞댈 수 있는 산교육장도 될 수 있는 것 아닌가!

벌레와 뱀의 **화해**는 가능한가

2000년 6월 15일 평양에선 우리의 김대중 대통령과 북한의 김정일 국방위원장의 역사적인 만남이 있었다. 당시 나는 이 장면을 CNN의 화면을 통해 보았다. 먼 이국에서 접하는 고국의 소식은 남다른 감회를 불러일으키고도 남음이 있었다. 그러나 그 모든 장면이 처음부터 내게 익숙했던 것은 아니다. 특히 비행기 트랩을 내린 김 대통령과 김정일 위원장이 포옹하는 장면이 그랬다. 나 역시 오랫동안 북한에 대해 불편한 생각을 갖도록 교육을 받아왔던 것이다. 그러나 대통령이 지나는 도로 주변에서 북한 사람들이 보내는 환호와 박수소리를 들으며 나의 이런 낯설음은 차츰 사라졌다. 대신 가슴 아래에서 뭉클한 감정이 올라오는 것을 느낄 수 있었다. 역시 나도 같은 한 민족일 수밖에 없었던 것이다. TV를 보면서 나는 어렵게 시작한 통일의 물꼬가 절대로 단절되는 일이 생기지 않도록 우리가 노력해야 한다는 다짐을 조용히 가슴에 묻었다.

South, North! 영어로 방위를 나타내는 단어이다. 그러나 이 말들은 내가 해외에 있는 동안 항상 나를 따라다니며 늘 압박감을 주었다. 많은 외국인들은 내가 어디에서 왔느냐고 물었는데 나는 "Korea"라고 답하곤 했다. 그러면 대부분의 경우 "North Korea or South Korea?"라는 질문을 재차 들어야 했다. 결국 나는 시간이 좀 지나면서 아예 "South Korea"라고 답하게 되었다. 그리고 그때마다 우리의 등뒤에는 분단국가라는 꼬리표가 따라다니고 있음을 절감해야 했다.

계속되는 이스라엘과 팔레스타인의 대립을 지켜보면서 내가 늘 잊지 않았던 것도 바로 우리의 통일에 관한 문제였다. 전쟁과 테러의 와중에서 남북의 화해와 통일의 문제가 더욱 소중하고 절실하게 다가왔던 것이다.

처음에 나는 일 년을 체류할 계획으로 이스라엘에 갔었다. 그러나 8개월쯤 되었을 때 고비가 닥쳤다. 내가 혼자서 결정하고 처리할 수 있는 일이 한계에 도달했던 것이다. 사실 돈도 다 떨어졌고, 건강도 좋지 않았다. 그리고 이런 상황을 무시한 채 이스라엘에서 더 버텨야 할 이유도 없었다. 더 많은 경험과 공부를 하고 싶었지만 결국 나는 조기 귀국을 준비할 수밖에 없었다.

그런데 그때 나를 망설이게 하는 일이 생겼다. 팔레스타인의 아라파트 의장이 9월 13일에 일방적으로 국가선언을 하겠다고 발표한 것이다. 물론 이스라엘은 즉각 이에 반발해 경고를 했다. 당시 현지인들은 실현 가능성을 놓고 의견이 반반으로 갈렸지만 아라파트 의장이 국가 건설을 강행할 것이라는 쪽으로 생각하는 사람들이 좀더 많았다. 그렇다면 이는 내가 놓칠 수 없는 이슈였다. 하지만 미래를 알 수 없는 상황에서 무작정 기다릴 수도 없는 일이었다.

이렇게 내가 망설이고 있을 때 도움을 주신 분이 이곳에서 다큐저널리스트로 활동하는 주철현 씨였다. 이스라엘에 오래 체류하며, 중동 문제에 대해서도 폭넓은 식견과 안목을 갖춘 분이어서 내가 이스라엘에 있는 동안 많은 도움을 받았다. 그분의 조언은 이랬다.

"다들 이번에는 팔레스타인이 자신들의 나라를 세운다고 하지만 내가 볼 때 그것은 불가능해요. 국가를 세우는 게 무슨 장난입니까? 지금 팔레스타인을 보세요. 아무 준비도 안 되어 있어요. 캠프 데이비드*Camp David* 협상이 결렬되고 고작 두 달 동안 그게 가능하다고 봅니까?

게다가 팔레스타인의 경제가 이스라엘에 종속되어 있는 상황에서 독립은 또다시 힘든 삶을 예고할 뿐입니다. 그것은 아라파트가 더 잘 알고 있고, 이스라엘과의 합의가 없는 국가독립은 사실상 아무 의미가 없어요."

실제 내가 그분의 말을 듣고 확인한 팔레스타인의 분위기는 그의 지적을 더욱 신빙성 있게 해주었다. 아랍이스라엘리나 팔레스타인 사람들은 성립 가능성 여부는 둘째 치고 아예 아라파트 의장에 말에 시큰둥한 반응을 보이며 관심을 보내지 않았다. 나라가 세워진다고 뭐가 변하겠느냐는 생각들이었다.

나는 그들의 반응 속에 아라파트의 국가 건설 선언이 불발로 끝나리라 예감하며 다시 귀국 준비를 서둘렀다. 아라파트에게는 다른 정치적인 노림수가 있었을지 모르지만 적어도 지금의 분위기에서는 건국과 같은 대역사는 이루어질 수 없다고 판단한 것이다. 팔레스타인 사람들은 다시 한 번 좌절을 겪을 수밖에 없겠지만, 냉혹한 현실에서 실력이 뒷받침되지 않는 생각이란 그처럼 종종 꿈으로 그치고 만다. 과연 이 나라에는 얼마나 많은 사람들이 피를 흘려야 되는 것일까?

그런데 고국으로 돌아와 이 글을 쓰던 나는 이 지역과 관련된 언론기사나 서적들을 열심히 참조해 보았는데 일부 외국인의 저서를 제외하고는 이스라엘이나 중동지역에 관해 제대로 정보를 전달해주는 매체가 없었다. 정확히 말하면 한국인이 현지에서 관찰하며 이 지역의 정치와 사회를 분석한 글들이 아주 드물었다. 대부분 종교 관련서적이거나 역사서, 그리고 외국 저자의 번역본이었다. 이스라엘이나 중동이 우리와는 별 관련이 없다는 생각 때문에 나온 결과일 것이다. 그 덕분인지 대부분의 정보는 외국의 유명 언론사 기사를 통해 들어왔다. 그러나 문제는 이러한 외국 언론사 역시 피상적인 분석 기사나 왜곡된 정보를 전해주고 있다는 것이었다. 나로서는 분노할 수밖에 없는 일이었다.

우리가 아랍인 하면 떠오르는 이미지 중의 하나가 테러리스트이다. 실제로 아랍인들은 자살공격과 같은 소름끼치는 행위를 저지르고 있다. 많은 분들은 이번 팔레스타인 유혈충돌에서 가자지구의 12세 소년이 아버지와 같이 벽에 붙어 총알을 피하다 이스라엘군에 죽었다는 뉴스를 보았을 것이다(프랑스 국영방송국이 취재). 당시 이 뉴스로 이스라엘은 각국으로부터 많은 비난을

받았다. 그런데 우리의 일부 언론은 이를 이렇게 보도하기도 했
다(물론 이것도 어디서 인용한 것일 수 있겠지만).

"어린 소년들의 희생이 많은 이유는 팔레스타인에서는 이스
라엘과 투쟁해서 죽은 소년을 영웅시 하는 분위기와 이를 성전
으로 생각해 신성시 하기 때문이다."

나는 정말 이 기사를 보며 분노를 느꼈다. 어떻게 현지에 대한
깊은 분석과 통찰도 없이 저런 기사를 태연히 내보낼 수 있는
지. 나는 팔레스타인 사람들이나 아랍인을 옹호하는 것도, 이스
라엘을 비난하는 것도 아니다. 다만 이런 기사는 아랍인들은 과
격하다, 어린아이까지 희생시키고 있다, 위험한 테러분자들이
라는 왜곡된 인식을 심어준다는 것이다.

정말 팔레스타인 아이들은 영웅이 되고 싶어서 돌을 던지며
싸우는 것일까? 어른들의 맹목적인 교육에 세뇌 되었을까? 아
니면 이슬람교가 성전聖戰을 선포하면 모든 사람들이 목숨을 버
리며 기꺼이 싸우기 때문일까?

그러나 팔레스타인의 아이들은 알고 있다! 그들의 부모들이
10명이 넘는 대가족을 꾸리기 위해 새벽부터 밤늦게까지 뜨거
운 태양과 갈증과 싸우며 일하는 것을. 대학을 나온 형들이 일
자리를 구하지 못하고 거리를 배회하는 것을. 이스라엘과 분쟁
이라도 발생하면 그나마 힘든 일자리도 없어지고, 며칠 때로는
몇 달씩 빵조각으로 연명해야 하는 것을. 그리고 자신들이 어른
이 되었을 때 결코 그들이 원하지는 않았지만 결코 벗어날 수
없는 운명이 기다리고 있음을 아이들은 무의식적으로 깨닫는
것이다.

배고프게 살다 죽든, 유대인에게 돌을 던지다 총에 맞아 죽든 똑같다는 생각을 하게 될 때 그들이 선택할 길이란 뻔하다. 그들은 목숨이 아깝지 않거나 영웅이 되고 싶어서 돌을 던지는 것이 아니라 "우리에게 미래는 없다"는 처절한 현실이 그렇게 만든 것이다. 사지로 몰리는 상황에서 그들은 "이왕 죽을 바에야 미운 유대인 한 명이라도 더 죽이고 보자" 라는 생각을 할 수밖에 없는 것이다.

팔레스타인의 라말라 지역에 있던 영국인 친구가 그곳에서 일어난 상황을 들려준 적이 있다. 그녀는 어느 날 아침 팔레스타인 사람들이 하나둘씩 거리에 모이는 것을 목격했다고 한다. 그들을 선동하는 사람은 없었지만 무리를 이룬 팔레스타인 사람들은 곧 이스라엘 군인들에게 돌을 던지기 시작했다고 한다. 아라파트나 다른 누군가가 팔레스타인 사람들을 선동했다는 주장은 거짓이라는 이야기이다. 나는 현지에 없었지만 능히 그 분위기를 짐작할 수 있었다. 바로 분노에서 나오는 그 어떤 힘이 그들을 움직여 모이게 한 것이고, 그 분노는 바로 그들이 겪고 있는 좌절감과 박탈감에서 나온 것이다.

그런데 과연 이것이 단지 남의 일에 불과한 것일까. 아니다. 바로 우리가 성취해야 할 통일에 있어서도 충분히 예상될 수 있는 비극이다. 우리에게 있어 통일은 50년 동안 헤어져 있던 이산가족이 다시 결합한다는 차원 외에도 서로 다른 환경과 생각을 갖고 있는 사람들이 공존의 묘를 터득해야 하는 문제이다. 그렇다면 우리는 어떤 식으로 통일에 접근해야 될까? 우리는 과연 미움과 차별, 분열을 극복하고 서로를 이해하며 인정하는 지

혜를 터득할 수 있을
까?

한 팔레스타인 사람
은 유대인 회당에 들
어가 "나치는 인간을
죽인 것이 아니라 벌
레를 죽였다"라고 썼
다. 그리고 유대 종교
정당인 '사스'의 정신
적 리더인 라비, 요셉
은 아랍인들을 뱀이라
불렀다. 서로를 사람
으로 보지 않는 가운

시위하기 위해 나가는 팔레스타인 청년들. 한 팔레스타인 사람은 유대인 회당에 '나치는 인간을 죽인 것이 아니라 벌레를 죽였다' 라고 썼으며 유대 종교정당인 사스의 정신적 리더는 아랍인들을 '뱀' 이라 불렀다.

데 유혈충돌이 멈출 수도, 테러에서 오는 죄의식이 생길 수도
없다. 그 틈새에 세력을 넓히고, 사람들은 현혹하는 것은 선동
가들이다. 이성이 멎고, 광기와 선동이 춤출 때, 지혜와 공존의
싹은 자랄 수 없다.

김대중 대통령이 대북정책으로 햇볕정책을 표방했다. 여기에
서 중요한 개념은 '동화'이다. 서로에게 부담이나 거부감이 들
지 않고 차별 받는다는 의식도 없을 때 서로의 생각은 자연스럽
게 삶에 스며들 수 있다.

이런 동화의 가장 어려운 점은 단순히 경제적인 이득의 공유
만이 아니라 우리와 다른 사상이나 사고방식까지 공유를 해야
된다는 점이다. 서로가 서로를 절대 받아들일 수 없는 제로섬

게임*Zero Sum Game*에서 벗어나 나와 다른 생각을 존중해 주고, 동등하게 대우해 주는 자세를 갖추는 것이 필요하다. 이 과정에 는 당연히 시행착오도 있게 마련이고, 부작용을 지적하며 혼란 을 부채질하는 선동가들도 나오기 마련이다. 당장은 이질적인 것에서 오는 두려움이 서로의 대화를 가로막을 수도 있다. 또 개인적인 이해관계가 먼 장래, 전체 공동체의 이익보다 더 크고 급하게 보일 수도 있다. 그럼에도 불구하고 동화는 영원히 악순 환을 불러올 수도 있는 분열과 대립보다는 값진 것이기에 우리 가 선택해야 할 길이기도 하다.

우리가 만약 북한과의 동화가 가능하다면 그 기간은 얼마나 걸릴까? 답은 없지만 위의 예처럼 분단된 기간에 비례할 것이 다. 지금 우리가 분단된 지 55년이 되었으니 그에 버금가는 시 간이 걸릴 것이다. 혹자는 55년이면 두 세대나 되는 긴 시간이 고, 설령 그 시간 동안 기득권을 포기하며 참고 기다린다고 해 서 과연 좋은 결과가 나온다는 보장이 있느냐고 할 수도 있을 것이다.

북한은 대포동 미사일 발사 실험을 하는가 하면 강원도에 잠 수정을 침투시키고, 서해에서 교전을 일으켰다. 우리가 밖에서 아랍인들을 위험한 테러리스트라고 보는 것처럼 북한 역시 위 험하게 보일 수 있다. 그러나 혹시 북한도 팔레스타인의 아이들 처럼 막다른 골목에 몰려 있었던 것은 아닐까? 돌파구가 보이지 않으면 극단적인 방법을 선택할 수밖에 없다. 우리는 과연 북한 의 실정에 대해 어느 정도 마음으로 이해하고 있었던 것일까? 유대인과 팔레스타인 주민들의 대립을 보면서 자꾸만 드는 생각은 남과 북의 관계이다. 서로에 대한 이해의 노력을 거부할 때 결국 남는 것은 증오이기 때문이다.

이것은 멀리 중동지역이 아니라 우리의 지역감정만 보더라도 금방 알 수 있는 사실이다. 없는 사실도 만들어 갈등을 증폭하는 마당에 서로 다른 사고방식으로 접촉도 하지 않고 살아왔던 집단 사이의 갈등은 선동적인 정치꾼들에게 너무나 군침 도는 먹이일 수밖에 없다. 우리의 통일은 지역감정은 물론 나와 말과 피부색이 다른 해외 교포, 외국인과 이혼하고 외국에서 사는 동포들도 편견 없이 포용할 수 있을 때 가능할 것 같다. 이런 동포를 우리 선 안에 들어오라고 강요하기보다는 우리가 먼저 울타리를 넓히고 포용력을 발휘해 그들이 우리 옆에서 숨쉴 수 있도록 빈자리를 마련해주는 것이 필요하다고 본다. 우리가 가진 작은 기득권을 고통스럽지만 미래를 위해 포기할 수 있다는 용기와 포용력을 발휘할 때 그만큼 통일의 초석은 굳건히 마련된다고 나는 본다.

다시 한국으로 !

  2000년 8월 31일, 나는 한국에 돌아왔다. 지난 이국에서의 시
간이 비행기 바퀴가 고국의 땅에 닿는 순간 한줌의 추억으로 바
뀌었다. 그 동안 나는 많은 것을 보고 배웠지만 한국은 별로 바
뀐 것이 없는 것 같았다. 비행기가 공항 활주로에 착륙하자 안
내방송이 나오기도 전에 자리에서 일어나 부산하게 짐을 내리
는 승객들의 모습을 보면서 이곳이 한국이라는 것을 실감했다.

  처음 며칠은 시차적응도 겸해서 푹 휴식을 취했다. 40도가 넘
는 중동 땅에서 한국으로 왔으니 좀 시원하겠지 하는 기대를 했
지만 이는 착각이었다. 한국의 여름은 더 무덥고 끈적끈적했다.
서울도 대기오염이 심각하다는 것을 피부로 절감했다.

  신문이나 잡지를 보니 그 동안 한국 사회에도 여러 사건들이
있었다. 한국 사회는 변하고 있었다. 인터넷의 『아이러브스쿨』
이라는 사이트가 최단 기간 400만 회원을 돌파하는 선풍을 일
으켰고, 2000년 총선에서 시민연대의 낙선운동이 사회의 큰 반

향을 불러일으켰다. 현대그룹에서 '왕자의 난'이 있었고, 대우
그룹의 김우중 회장이 경영의 책임을 지고 물러나 해외로 나갔
다고 한다.

　이런저런 이야기를 접하면서 나는 이스라엘에서의 여행을 정
리도 하고 반성도 해 보았다. 과연 나는 그 동안 거기에서 무엇
을 얻었던가? 처음 계획한 것을 얼마나 이루었나? 무엇이 부족
했었나? 얻은 게 있다면 그것을 어떻게 내 인생에 활용할 수 있
을까?

　먼저 나는 이번 긴 여행에서 내 조국에 대해 강한 자부심을 갖
게 되었다. 아마도 지금까지 이 글을 읽어온 독자들은 거짓말을
한다고 할지도 모른다. 책 곳곳에서 우리 사회를 비판했기에 이
러한 생각은 당연하다 할 수도 있다. 물론 우리 사회를 유대인
의 그것과 비교하며 많은 쓴 소리를 한 것은 사실이다. 그렇지
만 돌아오는 비행기에서 내가 느꼈던 것은 조국에 대한 자부심
이었다. 이상하게 들릴지도 모르겠지만 이러한 자부심은 바로
유대인들이 심어준 것이었다.

　흔히 우리는 반만 년의 역사를 가졌다고 한다. 우리 민족은 이
긴 시간 동안 중국 민족이나 중국을 점령했던 북방 민족과 생존
이라는 문제를 놓고 기나긴 싸움을 해야 했다. 땅이나 인구, 자
원 등에서 빈약했던 우리 민족은 공격보다는 외적의 침입을 막
아내는 데 보다 긴 시간을 보내야 했다.

　그런데 우리는 눈에 보이는 전쟁이라는 싸움 외에 그보다 더
힘든 '동화'라는 눈에 보이지 않는 싸움을 치러야 했다. 사실 얼
마나 많은 민족들이 중국 문명에 동화 되었던가! 그럼에도 불구

하고 우리의 정체성을 잃지 않았던 것에는 우리 나름의 문화적 독창성과 잠재력이 있었기 때문일 것이다.

사실 나는 이를 한국에 있을 때는 그다지 실감하지 못했다. 이스라엘에서 유대인의 역사와 그들의 삶과 비교하면서 우리 민족의 저력과 근성을 깨닫게 되었다. 맹목적인 애국심에서 나온 말이 아니라 다른 나라의 문화와 역사를 현지에서 체험하는 가운데 깨달을 수 있었던 것이다.

우리는 이런 말을 흔히 한다. "우리는 저력 있는 민족이다. 위기 때마다 우리는 저력을 발휘해서 국난을 극복하곤 했다." 교과서에만 있는 말이 아니고 최근의 IMF 위기 때에도 이런 말을 많이 하곤 하였다. 그런데 나는 이런 말을 들을 때마다 한 가지 의문이 든다. 왜 우리는 위기 때에만 저력을 발휘할까? 평상시에 미리 저력을 발휘해서 위기가 오지 않게 하면 안 되는 것일까? 물론 평상시에 발휘되는 저력은 눈에 잘 띄지 않고, 위기에서 발휘되는 저력이 더 돋보이는 법이다. 또 평소에 긴장하며 저력을 발휘하고 살기란 무척 힘든 이야기일 수도 있다.

그러나 이런 상황을 감안하더라도 우리 사회는 지금 갖가지 문제를 안고 모순을 드러내고 있으며, 아직 국제 사회에서도 인정을 받지 못하고 있다. 또 우리 스스로가 자긍심을 잃고 사는 경우가 많다. 반만 년의 찬란한 역사를 외치지만 그것이 세계적인 설득력을 갖지 못하거나 당장 우리에게 실력이 부족하다면 이는 공허한 메아리이거나 더 비극적인 결론에 도달하게 될 뿐이다.

내가 이스라엘에 가기 전에, 그리고 이스라엘에 가서 유대인과 우리를 비교하며 관심을 가졌던 것은 현재 우리의 문제점을 해결할 수 있는 돌파구를 찾는 것이었다. 무엇이 잘못되었던 것일까? 지금까지의 글들은 이에 대한 내 나름대로의 해답이었음은 물론이다.

물론 내가 지적한 우리 사회의 문제들은 나뿐만 아니라 다른 많은 분들이 알고 있고, 느끼고 있는 부분일 것이다. 어쩌면 각 분야의 전문가들이 훨씬 정교하고 명확하게 지적할 수 있을 것이다. 나는 여기에 내 나름대로의 대안까지 제시하고자 했다. 물론 내가 제기한 대안들에 얼마나 많은 사람들이 공감하고 지지할지는 의문이다. 그러나 하나 확실한 것은 우리가 이러한 대안들에 대해 관심을 기울이고 힘을 모으지 않을 때 그 어떤 대안이라도 영원히 비현실적인 것이 될 수밖에 없다는 것이다.

나는 여기서 선배의 소개를 통해 알게 된 이경훈 씨라는 분의 편지를 소개하고 싶다. 현재 미국의 LA에 계신 분인데 나는 이 분을 한 번도 만난 적이 없지만 내가 이스라엘에 있을 때 여러 도움을 주신 분이다.

"지금 두 가지 큰 변화가 한국에서 일어나고 있습니다. 하나는 경제적인 측면에서 벤처기업 등에 의해 '재벌은 망하지 않는다'는 신화가 무너지고 있다는 것입니다. 그렇게 막강한 힘을 자랑하며 영원히 부를 세습해 줄 것처럼 보이던 재벌기업들의 모양새가 초라합니다.

다른 하나는 정치적인 측면입니다. 소위 낙선운동 등이 한국의 정국을 뜨겁게 달구었습니다. 수십 년 동안 권력에 의지해 한국의 총체적인 문화를 왜곡하던 정치인들의 옷이 발가벗겨진 채 수난을 당하고 있습니다. 정말로 관중의 입장에서 볼 때 이렇게 재미있는 일도 없습니다.

하지만 여기서 주목할 만한 점이 하나 있다고 생각합니다. 하필이면 왜 낙선운동이냐는 것입니다. 사실 낙선운동은 대단히 수동적인 운동입니다. 적극적으로 어떤 나라를 세우자, 어떤 사회를 만들어 보자는 운동이 아닙니다.

왜 낙선운동일까? 그 이유는 아직 한국 사회의 미래를 담보할 세력이 준비되어 있지 않기 때문이라고 생각합니다. 예를 들어, 시민단체의 활동이 큰 효과를 일으켜 지적된 정치인들이 모두 물러났다고 생각합시다. 그렇다고 한국 사회가 일순 바뀔 것인가? 저는 그렇지 않다고 생각합니다. 새로운 문화, 새로운 사회를 만들어 가는 일은 대단히 큰 경험과 비전과 결속과 대중으로부터의 인정이 필요합니다.

사실 우리(글쎄, 우리가 누구일까요? 그냥 현재 한국 사회의 모순을 마음 깊이 아파하며 새로운 사회를 만들어 보고자 노력하는 양심 있는 사람 정도라고 말해 볼까요)가 현재 정권을 잡아도 우리는 아직 준비되어 있지 않기 때문에 이전과 크게 달라진 사회를 만들 수는 없습니다. 이런 '실력'의 한계로 인해 한국의 정치운동이 현재에는 '낙선운동'이라는 소극적인, 그러나 엄청난 대중적 반향을 일으키는 운동에 머물러 있다고 저는 생각합니다.

이렇게 생각하면 간단합니다. 우리가 고속도로를 닦아야 합니다. 그런데 아직 고속도로를 닦을 돈도 없고, 경험도 없습니다. 그리고 고속도로를 놓아야 할 곳에 현재 너무 쓰레기가 많습니다. 결국 우선 해야 될 것은 쓰레기부터 치우는 것입니다. 이렇게 쓰레기를 치우면서 지형도 살피고, 경험도 쌓고 신뢰도 쌓아서 고속도로를 놓을 힘을 키우는 것입니다.

현재 저나 당신 같은 사람이 해야 할 일은 나중에 고속도로를 닦는 데 '힘'을 보태기 위해 '실력'을 쌓는 것입니다. 일련의 정치적 변화 뒤에 일어날 한국 사회의 변화를 예상하면서 수련을 거듭해야 됩니다. 제가 보기로는 한국 문화가 가진 장점을 간직한 채로, 세계가 요구하는 보편적인 윤리와 문화를 받아들여 '경쟁력 있는 한국 사회'를 만들 재목이 되기 위해 노력해야 한다고 봅니다."

한국에 온 뒤 9월 13일 아라파트가 선언한 일방적인 국가선언은 역시 무위로 끝났다. 그리고 9월 28일 강경우익 리쿠르당의 총수인 아리엘 샤론은 동예루살렘 분할안에 반대한다는 뜻을 표명하기 위해 예루살렘성 안에 있는 이슬람의 성지, 엘 아크사 *Al Aksa*사원을 방문하면서 팔레스타인과 이스라엘 사이에는 유혈사태가 촉발되었다. 그리고 이러한 충돌이 확산되면서 그 동안 진행되었던 평화협상은 중단되었고 유화적인 태도를 보이던 이스라엘의 바라크 총리도 강경한 입장을 취하게 되었다. 현재까지 양쪽의 많은 사람들이 죽었고(팔레스타인 쪽이 압도적으로 많음) 수 차례 정전을 선포했지만 유혈충돌은 계속되고 있다. 혹자는 1987년에 일어난 '인티파다'가 재현될 것으로 예상하기도 한다.

나는 이 소식을 한국에서 돌아와 접했기에 이번 사태의 의미

이스라엘과 팔레스타인의 평화는 언제쯤이나 가능할까? 평화정착을 촉구하며 유대인들이 대규모 집회를 하고 있다.

와 파장에 대해서 현장감을 갖고 있지를 못하다. 다만 내가 이스라엘에 있을 때 느끼고 관찰한 경험으로 판단할 수밖에 없다.

이번 사태는 9월 13일 팔레스타인 국가선언이 무위로 그친 뒤, 새로운 협상을 시작하면서 서로가 우위를 점하기 위한 과정에서 나온 결과이다. 우익 강경파가 이런 돌출행동을 하는 것은 자신들의 기득권을 지키기 위한 행동임은 물론이다. 현재 바라크의 연정聯政은 깨지고, 평화협상 자체를 거부하는 리쿠르당과 연정을 모색하고 있어 중동평화는 물 건너간 이야기처럼 들린다. 그러나 나는 바라크가 결코 평화협상을 포기하지 않을 거라 본다. 현재처럼 이스라엘의 생존이 걸린 문제는 죽은 라빈 수상이 돌아오더라도 비슷한 조치를 취할 수밖에 없을 것이다.

평화라는 궁극적으로 내부의 발전과 연관된 문제는 지금처럼 생존이 걸린 안보의 문제 앞에서는 뒤로 밀릴 수밖에 없다. 평화를 거부하는 이스라엘의 강경 우익과 종교인들도 이런 관계를 알기 때문에 자신들의 기득권이 위협받는다고 여기면 아리엘 샤론의 이슬람 성지 방문과 같은 돌출행동을 하는 것이다. 이것이 바라크의 고민이자 그가 풀어야 될 숙제이다. 평화를 원해도 자신의 권력까지 포기하면서 실현할 수는 없는 것이 정치가의 숙명이니까! 지금의 사태가 혹 장기화되더라도 대립의 초점은 이스라엘과 팔레스타인이 아니라 이스라엘 내부의 주도권 싸움으로 봐야 한다. 바라크는 변신을 하면서도 궁극적으로 종교인들의 정치 권력을 제거하면서 평화협상 쪽으로 갈 것이라는 게 나의 예측이다.

그러면 팔레스타인은 어찌 될까? 그들에게는 미안한 말이지만 어제도, 오늘도, 내일도 한숨만 쉬거나 뜬구름 잡는 기대 속에서 살아야 될 것이다. 그들에게는 실력이 없기 때문이다. 그리고 그들이 자신의 문화와 지도자에 대한 맹신에만 빠져 있을수록 실력을 키울 기회도, 그리고 실력이 있더라도 이를 제대로 활용하기 어려울 것이다. 굉장히 주관적인 생각이지만 이스라엘에 오래 있거나 여행을 해본 사람들은 알 것이다. 유대인보다 아랍인들 중에 똑똑한 사람들이 더 많다는 것을. 그런데 똑똑한 사람들이 많은데 왜 저렇게 서러운 꼴을 당하고 있을까?

이스라엘의 힘은 내부보다는 외부에서 오는 것도 많지만 우선 조직력에서 경쟁이 안 된다. 이스라엘에는 눈에 보이지는 않지만 톱니바퀴처럼 돌아가는 시스템이 있다. 이것은 개개인의 뛰어난 능력이나 자질과는 또 다른 문제이다. 이런 능력들이 전체 공동체와 유기적으로 결합하지 않으면 조직과 조직, 국가와 국가의 경쟁에서는 질 수밖에 없는 것이다. 나는 유대인에게서 개개인의 똑똑함보다는 심중에 감춘 처절한 지혜를 봤다고 이야기하고 싶다. 이스라엘이 가진 조직력은 두 가지 전제조건이 성립해야 가능하다.

첫째는 개개인의 자유로운 발전이 선행되어야 한다. 조직력으로 묶여진 힘이 강해도 구성원의 발전이 없는 조직은 한계를 가질 수밖에 없다. 이것은 "너 실력 키워라" 해서 되는 게 아니다. 각자가 가진 능력을 이에 맞는 영역에서 발휘하도록 편견 없이 인정해주니까 가능한 것이다. 물론 이스라엘의 시스템이 개인을 기계의 부속품처럼 보이게 하는 면이 없지 않지만 이렇게 그들은 각자의 능력이나 개성을 존중해 주고 있는 시스템을 갖고 있는 것이다.

둘째는 사회나 국가에 대한 개인의 헌신이 나를 비롯해서 전체에 도움이 된다는 공감대를 형성하고 있다. 흔히 공동체의식이라고도 표현되는데 이것이 형성되기 위해선 국가의 지도층이나 기득권층이 다수의 약자에 대해서 배려하고, 함께 희생한다는 자세가 공유되어 있어야 한다. 말로만 전체 다수와 국가를 위한다면서 실제로는 자신과 소수의 기득권만을 위한다면 공동체의식은 성립할 수 없다. 중요한 것은 이를 구호가 아니라 눈에 보이지 않는 사회 분위기에서 자연스럽게 의식하고 깨닫는 것이다. '민심은 천심'이라는 말처럼. 이기적인 사람도 많지만 이들과 접하다 보면 보이지 않는 유대인만의 공동체의식을 아주 강하게 느낄 수 있다. 나는 이런 유대인의 시스템이 현재 아랍국을 상대로 하면서도 우위를 점하는 가장 중요한 요인이라고 본다.

나는 유대인들을 보면서 참으로 지혜로운 민족이라는 인상을 받았다. 충분히 선민이라 불릴 만한 역량이 있다. 그런데 이들이 가진 지혜로움은 아쉽게도 그들 이외의 다른 민족이나 국가와는 공유할 수 없는 지혜로움이다. 배타성이나 폐쇄성으로 표현할 수도 있는 유대인의 특징이 한편에선 그들의 한계이다.

유대인과 이스라엘은 배울 점이 굉장히 많은 민족이고 국가이다. 그러나 배우지 말아야 될 점도 굉장히 많이 갖고 있다. 어차피 유대인은 유대인이고 우리는 우리이다. 유대인은 유대인의 사고방식으로 살 것이고 우리는 우리들의 사고방식으로 살 것이다. 유대인이 어떤 사고방식으로 살든 그것이 그들의 자유이겠지만 유대인의 미래는 어쩌면 그들이 가진 폐쇄성과 배타성을 얼마나 완화하느냐에 달려 있을지도 모른다는 생각이다. 유대인이 그들만의 국가와 사고방식을 고집할수록 유대인들의 미래는 그들이 꿈꾸는 모습에서 더욱 멀어질 수도 있다. 이것이 이스라엘에서 관찰한 유대인과 아랍인에 대한 나의 최종 결론이다.

짧게 읽는 이스라엘 역사

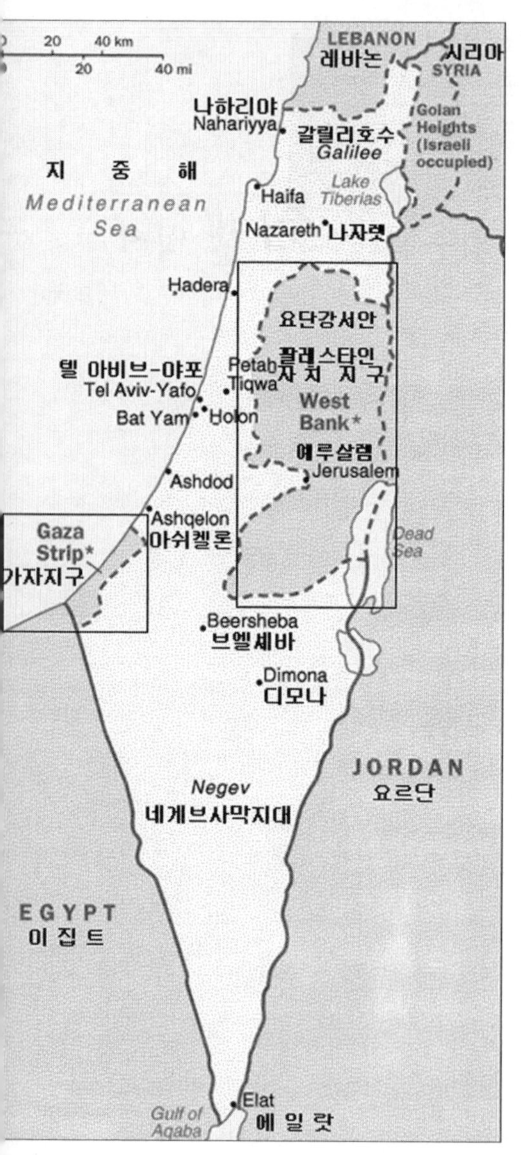

이스라엘 역사에 대한 시대 구분은 학자마다 다르다. 이 글에선 크게 성서 시대(기원전2000년~기원전 538년), 제2신전 시대(기원전 538년~서기 70년), 이산 시대(서기 70년~19세기), 현대의 독립국가 시대로 나누어 이야기해 보기로 한다.

1. 성서 시대의 출발은 아브라함이 출현하면서부터이다. 아브라함과 함께 유대 민족이 시작되었다고 보는 것이다. 이후 기원전 1280년경에는 모세가 이집트에서 450년 동안 노예생활을 하던 유대인을 이끌고 시나이 반도로 탈출해 그들의 신 여호와에게 십계명을 받는다. 기원전 1020년경에는 사울

이 이스라엘 최초로 왕이 되었고, 3대왕 솔로몬은 예루살렘에 신전을 건설하는 등 고대 이스라엘의 절정기를 구가하였다. 그러나 솔로몬이 죽고 나서 이스라엘은 북쪽의 이스라엘과 남쪽의 유대로 분열되고, 각각 아시리아와 바빌로니아의 침입을 받아 멸망한다. 여기까지가 성서 시대이다.

2. 제2신전 시대는 바빌로니아가 페르시아에 의해 점령되고 유대인이 예루살렘으로 돌아와 신전을 재건하던 기원전 538년부터 시작된다. 그러나 이스라엘은 기원전 323년에 알렉산더 대왕이 죽으면서 그리스의 지배하에 들어간다. 기원전 164년 마카비가 일으킨 반란으로 유대인들은 예루살렘 성전을 되찾을 수 있었지만 이스라엘의 역사는 기원전 63년 로마의 폼페이우스가 입성하면서 또다시 비극을 맞이한다. 다시 로마제국의 지배를 받게 된 것이다. 서기 66년에서 70년까지 로마에 저항하는 반란이 있었지만 로마의 티투스에 의해 진압되면서 유대인의 독립의 꿈은 무참히 짓밟힌다. 이로써 제2신전 시대가 종언을 고하고 유대인은 나라를 잃은 채 전 세계로 뿔뿔이 흩어져 방랑하는 이산의 역사에 들어선다.

3. 유대인들의 **이산 시대**는 길고도 험했다. 서기 132년에서 135년 사이에 바르 코크바가 로마에 저항해 반란을 일으켰지만 하드리아누스 황제에 의해 무참히 진압되었다. 황제는 예루살렘을 알리아 카피톨리나*Aelia Capitolina*라는 로마식 이름으로 바꾸고, 유대인의 거주를 금지시켰다. 그리고 오직 성전 파괴일(아

브월 9일)에만 유대인이 예루살렘을 방문할 수 있도록 허락했다. 아울러 황제는 이스라엘의 이름도 시리아–팔레스타인으로 바꾸어 유대인이 아예 이 땅에 대한 애착을 갖지 못하도록 하였다. 이후 팔레스타인 지역은 서기 673년에서 1072년까지 아랍, 1072년에서 1099년까지 셀주크, 1099년에서 1291년까지 십자군, 1291년에서 1517년까지 마물룩 왕조, 1517년에서 1917년까지 오스만 터키의 지배를 받는다.

4. 오랜 이산의 시대를 보내던 유대인들에게 다시 **독립국가의 시대**가 찾아온 것은 19세기 무렵이다. 1894년 프랑스에서 유대계 프랑스인 드레퓌스 대위가 대역죄 혐의로 기소되는 사건이 일어나면서 유대인들 사이에는 독립국가를 세우기 위한 움직임이 구체화되기 시작한다. 뿌리 깊은 반유대주의 감정을 확인하면서 유대 국가의 건설만이 해결책이라는 생각이 유대인들 사이에 지지를 얻기 시작한 것이다.

1896년 테오도르 헤르츨은 『유대인 국가』라는 책을 저술해 "팔레스타인으로 돌아가자"라는 시오니즘 운동을 제창했다. 이어서 1897년 스위스 바젤에서 제1회 국제 시오니스트 회의가 열리면서 시오니즘 운동은 본격적인 시발점을 맞는다.

제1차 세계대전이 치열하던 1917년 영국은 유대인의 협력을 얻어내기 위해 발포어 경의 이름으로 팔레스타인에 유대인의 국가를 건설하는 것에 협력한다는 '발포어 선언'을 한다. 그런데 영국은 이미 1915년에 메카의 후세인에게 팔레스타인이 아랍인의 땅임을 인정하는 각서를 보낸 적이 있었다. 이중계약을 한 것이다. 1922년 영국은 국제연맹으로부터 팔레스타인의 위임통치를 인정받아 세계 각지에 있는 유대인들을 팔레스타인으로 이주시켰다. 이후 팔레스타인으로 돌아가자는 유대인의 시오니즘 운동이 급속히 확산되면서 많은 유대인이 팔레스타인으로 밀려들었고, 이에 따라 유대인과 아랍인들 사이에는 충돌이 잦아졌다. 많은 유대인들이 팔레스타인 지역으로 몰려들어오는 가운데 영국의 대 중동정책에 원한을 품은 팔레스타인의 아랍 지도자들은 1920년에 반유대 폭동을 일으켰다.

한편 그 사이에 히틀러가 만든 독일의 나치당은 1932년 선거에서 집권당이 된다. 그리고 1933년 선거에서 92%의 압도적인 지지를 얻은 히틀러는 반유대주의 정책을 펼치기 시작한다. 1935년에는 뉘른베르크법을 제정해 하루 아침에 유대계 독일인의 정치적, 사회적 권리를 박탈해 버렸다. 유대인과 비유대인의 결혼을 금지시켰고, 유대인을 3대조 내에 혈통이 있는 자로 규정한 뒤 1938년부터는 유대인들이 노란 표찰을 의무적으로 착용하도록 해 쉽게 이들을 식별하도록 했다. 이후 나치와 히틀러는 그들의 세력이 미치는 유럽 각국에서 조직적이고 대대적인 유대인 학살을 전개하였다.

한편 팔레스타인에서는 1946년과 1947년에 유대인 지하 테러조직의 대원들이 10만 영국 주둔군을 대상으로 기습적인 폭탄공격을 감행하였다. 테러조직인 이르군 즈바이 레우미*Irgun Zvai Leumi*와 슈테른은 아랍인들에 대한 폭력운동을 주도하였다. 그리고 벤구리온과 골다 메이어(두 사람 모두 뒤에 이스라엘 수상이 된다) 같은 다른 전투적 시온주의자들은 무기를 밀반입하

고, 영국 순찰함을 피해 난민들을 팔레스타인 땅으로 이주시켰
다. 그들은 영국 정책에 반대하도록 세계 여론을 움직이는 데에
온 힘을 쏟았다. 결국 영국은 1947년에 이 문제를 국제연합에
회부하고 말았다.

1947년 11월 29일, 몇 주일에 걸친 열띤 토론 끝에 유엔총회
는 33대13(기권10)으로 팔레스타인을 두 개의 독립국으로 분할
하는 결의안을 통과시킨다. 즉 110만 아랍인의 국가와 65만 유
대인들의 국가를 따로 건설한다는 안이었다. 1947년 12월이 되
면서 팔레스타인은 사실상 내전 상태에 들어갔고, 군대를 철수
시키던 영국은 이 사태에 개입하기를 거부하였다. 그리고 1948년
5월 14일, 드디어 이스라엘은 독립국가를 선포했다.

그러나 이스라엘의 독립국가 건설은 순조롭지 않았다. 바로
그 다음날인 5월 15일 이집트, 요르단, 시리아, 레바논, 이라크,
사우디아라비아(실제 사우디아라비아는 전쟁에 직접 참여하지는 않
음)는 이스라엘을 공격하였다. 그러나 이 전쟁의 승리자는 이스
라엘이었고, UN이 아랍 국가에게 정해준 땅의 약 절반을 점령
하였다. 1949년에 휴전협상이 타결되어 제1차 중동전쟁은 종결
되었는데, 이 전쟁에서 이스라엘은 당시 인구의 약 1%인 6000
명이 전사하였다.

1956년에는 이집트의 나세르 대통령이 수에즈 운하의 국유화
를 선언하고 선박 운행을 봉쇄하는 조치가 있었는데 이는 다시
제2차 중동전의 빌미가 되었다. 이스라엘은 동맹을 맺은 영국,
프랑스 군대와 함께 제2차 중동전쟁을 일으켜 시나이 반도를 점
령했다. 1957년 미국과 소련의 압력으로 이스라엘은 시나이 반

도를 포함한 가자지구를 이집트에 반환했다.

중동전은 여기에서 그치지 않았다. 1967년 이집트가 아카바만의 에일랏 항구를 봉쇄하고 요르단, 시리아, 이라크와 함께 이스라엘을 군사적으로 압박하자, 이스라엘은 다시 이집트를 선제 공격해 제3차 중동전쟁을 일으켰다('6일전쟁'이라고도 함). 아랍은 "유대인을 지중해로 쓸어 넣어 버리자*Push the Jews into the Sea*"는 구호를 외쳤지만 전황은 아랍의 뜻과 정반대로 진행되었다. 이스라엘은 이집트와 요르단, 시리아를 격파하고 이들 나라의 영토였던 시나이 반도와 가자지구, 동예루살렘과 웨스트 뱅크*West Bank*(요르단강 서안), 골란고원을 점령했다. 단 6일만에 전쟁은 이스라엘의 승리로 끝나고 말았다. 이때 이스라엘은 430대의 적 항공기와 800대의 탱크를 노획, 파괴했다. 이집트, 요르단, 시리아군이 1만 5000명의 사상자를 내는 동안 이스라엘에선 불과 40대의 비행기 손실과 800명의 전사자가 발생했을 뿐이다.

1948년 독립 후 이스라엘은 영토 내에 있던 팔레스타인 주민들에게 이스라엘 시민권을 발급했다. 바로 아랍이스라엘리*Arab-Israeli*(현재 약 130만 명 정도로 추산됨)로 불리는 자들이다. 그런데 1967년 6일전쟁 후 점령했던 가자지구와 요르단강 서안에 있던 팔레스타인 사람들에게는 시민권을 주지 않고 통제를 하고 있다. 지금 이스라엘의 인구는 유대인 약 500만 명에 아랍인이 약 130만 명이다. 현재 UN은 전 세계에 약 360만 명의 팔레스타인 난민이 있는 것으로 추산하고 있다.

1973년에는 이집트가 시리아와 함께 이스라엘의 속죄일에 선

제공격을 가함으로써 제4차 중동전이 일어났다(속죄일 전쟁이라고도 함). 전쟁은 영토의 변화 없이 2주만에 종결되었다. 이때 이스라엘에선 약 3000명의 전사자가 발생했다. 일련의 전쟁으로 많은 사상자가 생겼고, 특히 이스라엘에서는 팔레스타인 난민 문제가 심각해졌다.

1964년 팔레스타인 해방기구*PLO*가 창설되었고, 1969년 의장에 아라파트가 취임해 팔레스타인 해방과 국가 건설을 목표로 주변 아랍국의 지원하에 이스라엘과 투쟁을 전개했다. 1979년 이집트의 사다트와 이스라엘의 베긴 수상이 캠프 데이비드 *Camp David*에서 평화조약을 맺고, 1982년에 이스라엘은 시나이 반도를 이집트에 반환하였다.

1978년 레바논 내전에 개입한 이스라엘은 1982년에 다시 레바논을 침공했다. 이때 이스라엘은 레바논의 베이루트에 있던 팔레스타인 자치정부 수반을 내몰고, 팔레스타인 난민촌에서 대규모 학살을 자행했다. 레바논에는 이스라엘에 대항하는 시아파 회교세력이 조직되었다. 이들은 시리아와 이란의 배후 지원을 받으며 지금도 이스라엘이 점령한 남부 레바논 지역의 회복을 위해 로켓포와 박격포를 이용한 게릴라식 공격을 하고 있다. 이들 세력은 약 5000명 정도의 군사력을 가졌는데 지금까지 이스라엘과의 싸움에서 약 1400명 이상이 죽은 것으로 알려졌다.

1987년에는 이스라엘 지배하의 가자지구에서 일어난 사건이 발단이 되어 '인티파다*Intifada*(팔레스타인 민중봉기)'라는 이스라엘에 대한 저항운동이 시작되었다. 이 봉기는 요르단강 서안까지 파급되었는데 1993년 워싱턴에서 팔레스타인 아라파트 의장과 이스라엘 라빈 총리가 중동평화안을 승인하면서 일단락 되었다. 이때 맺은 협정이 '오슬로 협정'인데 그 골자는 "팔레스타인 내의 가자지구와 예리코를 우선 자치구로 정해 5년 동안 실시한 후, 이를 모든 점령지역으로 확대해 나간다"는 것이다.

1991년에 일어난 걸프전은 한때 전체 중동지역의 전쟁으로 확산될 뻔했다. 미국 등을 비롯한 연합군의 공격을 받은 이라크가 이스라엘을 스커드 미사일로 공격하며 전쟁의 확산을 기도한 것이다. 그러나 미국은 이스라엘이 걸프전에 참가하지 않는다는 조건으로 러시아에서 이스라엘로 건너온 이민자들의 정착을 위해 300억 달러를 지급한다고 약속해 걸프전이 확대되는 것을 막았다.

1995년 중동평화의 주역이었던 노동당의 라빈 수상이 극우 유대인 청년에게 암살 당한 후 평화협상은 교착 상태에 빠졌고, 1999년부터는 노동당의 바라크 총리가 새 연정을 이끌었다.

2000년 7월 11일부터 13일까지 미국의 캠프 데이비드에서 바라크 이스라엘 총리와 아라파트 의장은 클린턴 대통령의 중재로 협상을 했지만, 동예루살렘의 지위와 유대인 정착촌에 대한 이견을 좁히지 못해 결국 협상이 결렬되고 말았다. 이에 아라파트 의장은 2000년 9월 13일에 이스라엘의 동의 없이 일방적으로 국가를 세우겠다고 선언했지만 성사되지 못했다.

그런데 이스라엘과 팔레스타인 사이에 예루살렘의 지위에 관한 협상이 진행되는 과정에서 강경우익인 리쿠르당의 아리엘 샤론이 아랍인의 성지인 엘 아크사*Al-Aksa* 사원에 들어간 것이

기폭제가 되어 다시 유혈사태가 벌어졌다. 그리고 이스라엘의 여당이었던 노동당 연합은 와해된 뒤, 바라크 총리는 퇴임하였고, 이후 아리엘 샤론이 새 총리로 선출되었다. 지금까지 계속되는 테러와 충돌로 양쪽에선 많은 사람이 죽어가고 있지만 중동평화협상은 교착 상태에 빠져 있다.